Eckhard Hagedorn
Fette Beute

W0011068

www.fontis-verlag.com

Für Gerlinde

Eckhard Hagedorn

Fette Beute

Warum die Bibel so dick ist

tsc – investieren in Menschen

BRUNNEN BASEL

Bibliografische Information der Deutschen Nationalbibliothek
Die Deutsche Nationalbibliothek verzeichnet diese Publikation in der
Deutschen Nationalbibliografie; detaillierte bibliografische Daten sind im
Internet über www.dnb.de abrufbar.

© 2017 by Fontis – Brunnen Basel

Umschlag: Spoon Design, Olaf Johannson, Langgöns
Umschlagfoto: Wolf Suschitzky, Getty Images
Satz: InnoSet AG, Justin Messmer, Basel
Druck: Finidr
Gedruckt in der Tschechischen Republik

ISBN 978–3–03848–128–7

Inhalt

Kapitel 3 · Orientierungen

Kapitel 4 · Missverständnisse

Kapitel 5 · Konkretisierungen

Finale Gedanken

Danksagung

Seit Jahrzehnten lese ich in neuen Büchern besonders gern und fast immer mehrmals die Dankesworte, die ihnen vorangestellt sind. Sie spiegeln etwas von einem großen Abenteuer wider, dem Entstehen eines Buches. Dass ich jetzt selbst in die Lage komme, ein paar solcher Worte auszusprechen, macht mich glücklich.

Unseren Kindern Judith, Christine, Thomas, Markus, Lisa und ihren Ehepartnern danke ich für ihr Interesse an diesem Buch von Anfang an. Sie haben die Rohfassung erster größerer Abschnitte aufmerksam gelesen, ihre eigene Sicht der Dinge beigesteuert, immer wieder behutsam und hartnäckig nachgefragt, wann das Buch denn endlich fertig ist, und unterdessen in ihrem Bekanntenkreis bereits nach potenziellen Lesern Ausschau gehalten. Das tat gut.

Als es darum ging, jahrelang Notiertes nun auch zu sortieren und zu gliedern, halfen Tage ungestörter Konzentration in der Ferienwohnung von Birgitta und Christoph Siebold. Die Leitung des Theologischen Seminars St. Chrischona genehmigte mir ein Freisemester; Stephanie Korinek und Dr. Dirk Kellner haben meinen Unterricht übernommen.

Elisabeth Bockmühl und Schwester Ursula Rohner würdig-
ten das Rohmanuskript einer intensiven Urlaubslektüre. Ihre
Bleistiftnotizen motivierten mich zusätzlich. Ernst-Reinhard
Steinke hat mit einem großzügigen Druckkostenzuschuss die
Tür zur Veröffentlichung aufgemacht, und in den letzten Monaten haben mir Vera Hahn, Anne Helke und Christian Meyer
vom Fontis-Verlag alle meine positiven Vorurteile über die Tu-
genden guter Lektoren bestätigt. Ich danke Euch allen sehr!

Dass ich dieses Buch der Frau, die seit langem Bibel und Leben mit mir teilt, zum 40. Hochzeitstag widmen kann, freut
mich besonders.

Einleitung

WENN DIE GROSSE SCHERE
AUSEINANDERGEHT

Das Wichtigste in Kürze: Die Bibel ist mehr als tausend Seiten dick. Die meisten Menschen kommen aber nicht als Leseratten zur Welt. – In diesem Buch geht es darum, wie zusammenfinden kann, was scheinbar gar nicht zusammenpasst.

Weiteres Interesse? Gut, dann etwas ausführlicher.

«Nicht kleinzukriegen!»: ein Kompliment für Menschen mit Durchhaltevermögen. «Hart im Nehmen!» – «Verschleißresistent!» – «Unkaputtbar!»: Diese anerkennenden Worte wären aber auch passende Komplimente an die Bibel. Sie hat sie sich im Lauf der Jahrhunderte redlich verdient.

«Nicht kleinzukriegen!», kann zweitens bedeuten: nur groß zu kriegen, nur in voller Größe, als Ganzes, zu bekommen. Wie kann man die Bibel in ihrer ganzen Größe lesen und lieben lernen? Wie kann aus Last Lust werden?

In der Tat: Die Bibel ist kein dünnes Buch. Sie ist auch nicht vollschlank. Sie ist dick, richtig dick, für sehr viele unpraktisch dick, für viele sogar unzumutbar dick. Deshalb raten manche zur Schlankheitskur. Der Wettbewerb der Hungerkünstler ist in vollem Gang: «Ich komme mit noch weniger aus als du.» Sprach's und verhungerte.

Aber als Jesus sagte: «Der Mensch lebt nicht vom Brot allein» (Matthäus 4,4), war das keineswegs als geistliche Diätempfehlung Richtung Nulldiät gedacht. Wenn es gut ging, wurden die Jesusjünger zu lebenslangen Bibelschülern. Das dicke Buch ist nämlich aller Mühe wert. Eine Christenheit, die im 21. Jahrhundert gegenüber der Bibel aufs Ganze geht, kann viel gewinnen. Dazu will *Fette Beute* beitragen.

Die optische Täuschung

Zwölfkommasechs mal achtkommaacht mal zweikommasechs Zentimeter: Eine Schachtel in dieser Größe hätte gerade mal Platz für einhundertzwanzig Gummibärchen. Aber es sind die Maße einer vollständigen Bibel. Sie passt in eine Damenhandtasche, in die Gesäßtasche einer Jeans, ins Handschuhfach eines Autos. Sie kann mitkommen ins Schwimmbad, in die Pizzeria, in die Schule, fast überall hin. – Sie sieht aus, als könne man sie in einem halben Tag durchlesen.

Das ist freilich eine Täuschung. Erst beim Öffnen entdeckt man, wie klein Buchstaben sein können und wie dünn Dünndruckpapier. Der Winzling hat stolze 1212 Seiten. Er ist sozusagen innen viel größer als außen, eben: eine optische Täuschung. Je kleiner die Bibel, desto größer die optische Täuschung. Und weil es so viele verschiedene Bibelausgaben gibt, weiß kaum jemand, wie dick die Bibel in Wirklichkeit ist. Man kann das Problem natürlich digital lösen und sich vom Computer sagen lassen, wie viele Zeichen eine Bibel hat. Dann ist aber wenig gewonnen, denn die meisten können sich unter dieser Riesenzahl nichts Genaues vorstellen.

Am besten ist, man vergleicht die Bibel mit anderen Büchern. Würde man die Bibel in gleichem Seitenformat, mit gleicher Papierstärke und gleicher Buchstabengröße drucken wie einen Klassiker der deutschen Nachkriegsliteratur, den 1968 erschienenen Roman *Deutschstunde* von Siegfried Lenz (1926–2014), sie würde 19,75 Zentimeter dick! Ein Fall nur für ausgesprochene Leseratten – möchte man meinen. Die aber sind selten. Die meisten Menschen kommen nicht als Leseratten zur Welt.

Deswegen hat das, was die Leute lesen, meist viel weniger Seiten als die Bibel. Ein Asterix-Heft begnügt sich mit 48 Seiten. Der «Spiegel» bleibt aus guten absatztechnischen Gründen nur fingerdick, und selbst ein Promi-Kochbuch wie die Kochschule von Johann Lafer kommt mit 416 Seiten aus. Die sind freilich reich bebildert und wollen auch nicht wie Asterix in einem Zug durchgelesen werden.

Ab und zu überschreiten Bücher die 1000-Seiten-Grenze. Ken Follett und George R.R. Martin schreiben regelrechte Buchklötze. Aber das sind hochgepuschte Ausnahmen.

Man kann auch ohne Lafers Kochbuch kochen, Nachrichten aus anderen Medien beziehen als dem Spiegel, George R.R. Martin, Ken Follett und Siegfried Lenz links liegen lassen; nicht einmal Asterix muss jeder mögen. Auch soll es bereits Statistiken geben, nach denen die Zahl der «funktionalen Analphabeten» zunimmt. Das sind Menschen, die einmal Lesen gelernt haben, später aber ganz oder fast ganz aufs Lesen verzichtet haben. Längst sind es in Deutschland weit mehr als sieben Millionen.

Die Christenheit befindet sich also mit ihrer Bibel in einer ganz besonderen Lage.

Einerseits hat sie schon seit Jahrhunderten betont: Dieses außerordentlich dicke Buch ist Gottes Wort an die Menschen, das Lese- und Lebensbuch schlechthin, das Buch, von dem man, wenn es mit rechten Dingen zugeht, gar nicht genug kriegen kann. – Andererseits fällt den meisten Christenmenschen das Lesen genauso schwer wie anderen Leuten.

Eine Bibel ist schnell gekauft, aber kaufen ist nicht dasselbe wie lesen. Also muss man die Frage stellen, wie groß der inhaltliche Unterschied zwischen theoretisch vorhandener und praktisch angeeigneter Bibel ist. Meistens ist er groß. Außerdem geht die Schere zwischen Aneignungsmöglichkeiten und Aneignungswirklichkeit immer weiter auseinander. Mitten in der Fülle herrscht Mangel. Es lohnt sich, hier etwas genauer hinzusehen.

Die große Schere

Nie war es für die deutschsprachige Christenheit so bequem und so billig, sich die Bibel anzueignen. Wir leben mitten in einer bisher nie dagewesenen Fülle von Möglichkeiten.

So billig: Heute kostet eine Bibel weniger als ein schlecht entlohnter Arbeiter in zwei Stunden verdient. Und wer kein Geld hat, kann sich eine schenken lassen. In Deutschland, Österreich und der Schweiz gibt es wohl keinen Ort, von dem aus man nicht innerhalb von zwei Stunden auf ehrliche Weise kostenlos zu einer Bibel kommen kann.

Das war einmal anders. 1983 veranstaltete das Germanische Nationalmuseum in Nürnberg eine Ausstellung zum 500. Geburtstag Martin Luthers. Die Besucher erfuhren nicht nur etwas über die Bedeutung seiner Bibelübersetzung, sondern auch über die Preise des im September 1521 publizierten Neuen Testaments und der späteren Vollbibel:[1] sechs Pflüge oder anderthalb geschlachtete Kälber für ein Neues Testament, zwei Gulden und acht Groschen für eine Vollbibel – in einer Zeit, in der ein Lehrer etwa dreidreiviertel Gulden Jahreslohn erhielt.

So bequem: Die Bibel ist heute nicht nur preiswerter, sie ist, wie ein Rückblick zeigt, auch benutzerfreundlicher geworden.

■ Bibelhandschriften aus den ersten Jahrhunderten bieten noch keine Kapitel- und Versangaben. Es gab viele Versuche, Abschnitte festzulegen; man zählte sogar die Wörter. Die gute Bibelkenntnis mancher Christen der frühen Kirche beeindruckt besonders, wenn man bedenkt, unter welch schwierigen Bedingungen sie zustande kam.

■ Wer im Mittelalter lesen konnte, konnte in der Regel auch Latein. Über tausend Jahre lang war die lateinische Bibelübersetzung, die Hieronymus (347–420) angefertigt hatte, die Bibel schlechthin. Der Erfolg spiegelt sich im Namen wider: «Vulgata», die Verbreitete. – In den Klöstern wurden täglich die Psalmen gebetet. Das war neben der Messe das spirituelle Rückgrat dieser Lebensform.

- Es dauerte sehr lange, bis Stephen Langton, Erzbischof von Canterbury (ca. 1150–1228), eine *Kapitel*einteilung einführte, die sich international durchsetzte. Die heutige *Vers*einteilung stammt sogar erst aus dem 16. Jahrhundert. 1559 hat sie der Pariser Drucker Robert Estienne (ca. 1500–1559) in seinen Bibelausgaben verwendet. Von da an war es kinderleicht, eine Stelle aufzuschlagen. Ein ungeheurer Fortschritt!

- Martin Luther (1483–1546) übersetzte 1521 das Neue Testament ins Deutsche, nicht als Erster, aber besonders gut. Das bestätigten viele Raubdrucke der folgenden Jahre. Die Übersetzung des Alten Testaments nahm noch einige weitere Jahre in Anspruch. Die Vollbibel erschien 1534. Aber immer noch konnten die meisten Menschen nicht lesen. Deshalb wurden die Lutherbibel und in der Schweiz die Zwinglibibel (Zürcherbibel) trotz ihres offenkundigen Erfolgs noch nicht zu wirklichen Volksbibeln.

- Im Jahr 1710 gelang ein großer Schritt nach vorne. Carl Hildebrand Freiherr von Canstein (1667–1719) schlug ein Druckverfahren vor, das zunächst sehr viel Kapital erforderte. Statt jeweils Buchstabe für Buchstabe neu zu setzen, wurden jetzt Druckplatten ganzer Seiten gegossen. Mit ihnen konnte man sehr viele Auflagen herstellen. Ergeb-

nis: Die einzelne Bibel war jetzt wesentlich billiger zu erwerben: Sie war wirklich auf dem Weg, ein Volksbuch zu
werden.[2]

▪ Zwischen 1800 und 1820, in einer Zeit, in der sich die Lese-
gewohnheiten und die Buchproduktion gesamtgesellschaft-
lich intensivierten,[3] wurden eine Reihe von Bibelgesell-
schaften gegründet, Hunderttausende von Bibeln verkauft,
verschenkt und gelesen. Jetzt war die Bibel auch in der
«breiten Masse» angekommen.

▪ Nach 1945 entstanden in immer schnellerer Folge eine
Reihe neuer Bibelübersetzungen. Gab es noch 150 Jahre zuvor kaum eine Alternative zur Luther- oder zur Zwinglibibel,
so stehen inzwischen mehr als zwanzig deutsche Überset-
zungen zur Verfügung. – Die Ausgaben in den Grundsprachen der Bibel, Hebräisch für das Alte und Griechisch für
das Neue Testament, sind auf einem Niveau angelangt, von
dem die Reformatoren im 16. Jahrhundert nicht einmal zu
träumen gewagt hätten.

▪ In der katholischen Kirche gab das Zweite Vatikanische Kon-
zil (1962–1965) starke Impulse zur Bibellektüre. «Der Zugang zur Heiligen Schrift muss für die Christgläubigen weit
offenstehen.»[4] Der «Katechismus der Katholischen Kirche»
(1993) legt den Gläubigen die «häufige Lesung der göttlichen
Schriften» nahe, weil so die überragende Christus-Erkennt-
nis (Philipper 3,8) gefördert wird. Mit Hieronymus heißt es:
«Unkenntnis der Schriften ist nämlich Unkenntnis Christi.»[5]

▪ Ab den 1990er Jahren stießen im deutschsprachigen Raum
elektronische Bibelprogramme auf wachsendes Interesse.

Fazit: Es ging uns noch nie so gut. Was die Zugangsmöglichkeiten zur Bibel angeht, muss man sagen: Wir werden auf Händen getragen.

Das Gleiche gilt im Blick auf die unüberschaubare Fülle von Hilfsmitteln, mit denen man sich die Bibel erschließen kann. Heute können sich ehrenamtliche Mitarbeiter Bibliotheken leisten, angesichts derer mittelalterliche Gelehrte vor Neid erblasst wären.

- Konkordanzen, also Stichwortverzeichnisse zur Bibel, stehen in vielen Variationen zur Verfügung. Das Sortiment reicht von kleinen Ausgaben mit beschränkter Stichwortzahl bis hin zu Großkonkordanzen, die den biblischen Wortschatz vollständig dokumentieren.
- Ein- oder mehrbändige Bibellexika geben schnell und zuverlässig Auskunft über biblische Personen, Bücher, Ortschaften, Klimaverhältnisse, theologische Begriffe usw. Der Archäologieboom in Israel seit Ende der 1960er Jahre hat größere Fortschritte in den Details und in manchen Grunderkenntnissen erbracht als die tausend Jahre vorher. Das hat sich in diesen Lexika niedergeschlagen.
- Wer zu Bibel*kommentaren* greifen möchte, sollte sich zunächst darüber klar werden, wie viel Zeit er zum Lesen erübrigen kann. Denn hier gibt es neben einer Fülle von Studienbibeln allgemeinverständliche Kurzkommentare von weniger als hundert Seiten, einen mittleren Bereich von zwei- bis fünfhundert Seiten und schließlich die wissenschaftlichen Groß-

kommentare. Sie erfordern Kenntnisse in den biblischen Grundsprachen Hebräisch (AT) und Griechisch (NT). Da kann es ein Matthäuskommentar schon einmal auf 2000 Seiten bringen oder ein Kommentar zum 1. Korintherbrief vier Bände umfassen.

Ansonsten gibt es viele Anzeichen, dass wir uns in einer Übergangssituation befinden. Die elektronischen Medien sind, auch was die Bibel angeht, auf dem Vormarsch. Was früher auf dem Bücherbrett einen halben Meter Platz beanspruchte, passt jetzt auf eine CD. Beim Pastorenumzug ist nicht mehr ein halber Möbelwagen für die Bibliothek nötig. Das Beauty-Case der Frau Gemahlin würde schon ausreichen, um die CDs mit zehntausenden digital gespeicherter Seiten mitzunehmen.

Die Researchfunktionen elektronischer Bibelprogramme sind so vielfältig, dass man selbst unter den Profis keinen Einzigen trifft, der sie wirklich ausschöpft. Oft werden auch exzellente Ergänzungen mitgeliefert. Etwa die Werke des jüdischen Geschichtsschreibers Josephus, dem wir viel für die Bibelauslegung verdanken; sie sind nur noch einen Mausklick entfernt. Der neutestamentliche Wortschatz lässt sich so einfach wie nie mit dem griechischen Wortschatz der kompletten Antike vergleichen, der alttestamentliche mit allen semitischen Sprachen. Landkarten und Bilder zur Archäologie sind in den meisten Programmen selbstverständlich.

Auch in die sogenannte «Stille Zeit» hat der Laptop Einzug gehalten. Constantine R. Campbell, Theologe in Sydney, nimmt sich am Morgen eine Stunde Zeit und wechselt bei seiner Lek-

türe täglich zwischen AT und NT hin und her. Bei alttestamentlichen Texten beginnt er mit dem hebräischen Text und liest
dann eine englische Übersetzung; es folgt ein neuer Durchgang,
bei dem sich Aramäisch, Griechisch, Deutsch und Französisch
jeweils nach wenigen Versen abwechseln. Bei neutestamentlichen Texten beginnt er mit dem griechischen Grundtext und
konsultiert dann je eine Rückübersetzung ins Hebräische und
ins Syrische. Zum Schluss liest er eine deutsche und eine fran-
zösische Übersetzung. – Das habe sich seit Jahren bewährt,
meint Campbell. «But it's not for everyone. Figure out what is
going to work best for you.»[6] In der Tat, das ist nichts für jedermann, aber ein guter Impuls zum Nachdenken, was das gute
Maß für einen selbst sein könnte.

Fazit: Es ging uns noch nie so gut. Auch was die Hilfsmittel zum
Bibelstudium angeht, muss man sagen: Wir werden auf Händen
getragen.

Der Mangel mitten in der Fülle

Wer immer auf Händen getragen wird, bekommt Muskel-
schwund in den Beinen.

Wenn man nicht aufpasst, wächst mit der Zahl der prinzi-
piellen Möglichkeiten diejenige der faktischen Bequemlich-
keiten, und man wird über kurz oder lang nicht mehr laufen
können. So wird die Bibel mitten in der wohlversorgten Christenheit je länger, je mehr zum unbekannten Buch. Neben gelin-

genden Formen der Bibelaneignung zeigt sich gegenwärtig eine starke Tendenz zu einem biblischen Analphabetismus, auch bei vielen, die (noch) sagen: «Die Bibel ist Gottes Wort.» Wo es nicht so weit kommt, passiert es doch, dass sekundäre, leichtere Aneignungsformen die trainingsintensiveren primären Aneignungsformen verdrängen. Dabei könnten sie einander doch gegenseitig fit machen.

Als sekundäre Aneignungsformen stehen außerordentlich viele christliche Zeitschriften, Romane, Andachtsbücher, Comics und Videos zur Verfügung. Hurra! (bzw. Halleluja!): Hier bekomme ich alles, was ich auch in der Bibel bekommen würde, nur verständlicher, bunter, leichter und aktueller. Hier werden mir lebensnahe Beispiele erzählt, die aktueller sind als die biblischen Geschichten. Warum soll ich es mir unnötig schwer machen? Die Autoren christlicher Romane haben es einfach verstanden, interessanter zu schreiben als Hesekiel, Paulus und Co. Ein Video zu schauen ist natürlich noch einfacher. Der Aufwand an eigener Aktivität ist viel geringer. So etwas geht auch noch, wenn man müde ist und nicht viel Lust hat nachzudenken. Und wenig Lust nachzudenken haben inzwischen viele auch dann, wenn sie nicht müde sind.

Seit ein paar Jahren ist eine Jesus-Spiritualität denkbar geworden, die keine Bibel-Spiritualität mehr ist. Dazu ein erfundenes Beispiel, konstruiert aus vorgefundenen Einzelteilen:

Ralf hatte keinen Kontakt mit Kirche und Bibel, bis er sechzehn wurde. Dann geriet er an ein paar engagierte Christen, diskutierte mit ihnen, ging mit ihnen ins Kino; anschließend war Party angesagt. Das kam immer öfter vor. Im Sommer nahm

Ralf an einer Jugendfreizeit teil. Irgendwann ertappte er sich dabei, dass er einen der christlichen Ohrwürmer mitsummte. Als er dann auch noch im Internet einiges anklickte, das ihm seine neuen Freunde empfohlen hatten, begann er sich Sorgen zu machen: Sein Unglaube – so nannten seine Kumpels das – war auch nicht mehr das, was er mal gewesen war.

Es kam der Tag, an dem Ralf das erste Anbetungslied auswendig konnte, obwohl es ihm keiner ausdrücklich beigebracht hatte. Sogar mit dem Beten fing er an. Verdächtig oft wurde er in den nächsten Monaten im Gottesdienst gesichtet. Als er einmal am Büchertisch im Foyer vorbeikam, wunderte er sich über die vielen Bibelausgaben, ging dann aber weiter. Auf ihn als Käufer würden sie vergeblich warten. Die Gespräche in der Clique waren doch geistliche Nahrung genug. Ralf konnte sich gut vorstellen, fünfzig Jahre lang Christ zu sein, ohne eine Bibel in die Hand zu nehmen.

Fake oder Wirklichkeit? Abwarten. Oder lieber nicht abwarten. Denn allzu schnell wird aus Glaube Ideologie. Der eine hält dies für christlich, der andere das, je nachdem, was die Kumpels gerade diskutiert haben, bei welchem frommen Magazin man denken lässt oder für welche Musik man sich begeistert. Das sollte man nicht vorschnell den Kumpels, den christlichen Verlagen oder der Musikszene in die Schuhe schieben und sie prinzipiell unter Ideologieverdacht stellen. Aber die Frage muss erlaubt sein, wie christliche Mündigkeit gefördert und wodurch sie verhindert wird. Was manche Christen mit fünfzig als Überzeugung vertreten, spiegelt häufig wider, welche Sonderangebote es gab, als sie achtzehn oder zwanzig waren.

Es lohnt sich nachzudenken, was geschehen wird, wenn wir zehn, fünfzehn Jahre so mit der Bibel umgehen, wie wir es gerade tun. Was hat sich so bewährt, dass man es auf jeden Fall weiter pflegen sollte? Was ergibt sich vielleicht? Was wird auf keinen Fall geschehen? Wie kommen wir der eigenen Betriebsblindheit auf die Spur?

Und wenn wir merken sollten, dass die Bibel für unseren Glaubensalltag wenig mehr ist als die Dekokirsche auf einem Stück Schwarzwälder Kirschtorte, welche Strategien helfen uns, dass es anders wird? Wie können wir verhindern, dass die Bibel wie ein Stück Knetmasse behandelt wird, das man sich für seine jeweiligen «Bedürfnisse» zurechtknetet? Oder dass sie das Image eines alten Schrottautos bekommt, aus dem man sich die Teile ausbaut, die man noch für verwendungsfähig hält?

Freilich gibt es noch andere Gründe, wenn das dicke Buch in unserem dünnen Leben nicht recht heimisch werden kann.

Die Zeit, die man für die Bibel bräuchte, ist zunächst einmal nicht da. Einem überfüllten Leben noch etwas hinzufügen, wie soll das gehen? Auch ist der Druck von außen so übermächtig, dass wir uns ohnmächtig vorkommen. Ein kurzes Bedauern, ein Moment des Erschreckens – und weiter in der Tretmühle. Die Zeit reicht nicht einmal für eine Zeitnutzungsanalyse, es sei denn, der Konkurrenzdruck verordnet sie. Wir fragen am Tagesende, wo bloß die Zeit geblieben ist. Jedenfalls ist sie weg.

Es könnten aber auch schlechte Erfahrungen im Hintergrund stehen, wenn es nicht zu guten regelmäßigen Kontakten mit der Bibel kommt. Viele sagen, sie hätten Christen, die sie zum Bibellesen angehalten hätten, als gesetzliche, verkrampfte Menschen erlebt. Theorie und Praxis seien da ganz verschiedene Welten gewesen. So etwas lähmt, egal ob es stimmt oder nicht. Leider stimmt es oft.

Lähmend wirkt auch die allgemeine Skepsis. Für viele Zeitgenossen sind die meisten biblischen Berichte historisch nicht ernstzunehmen. «Wenn dein Wort nicht mehr soll gelten, worauf soll der Glaube ruhn?», hat man früher gesungen.[7] Wenn aber der Glaube auf nichts mehr ruht, ruht irgendwann auch das Bibellesen. Warum sich das noch antun? – Skepsis bewirkt Sepsis.

Spätestens seit Friedrich Nietzsche (1844–1900) und Sigmund Freud (1856–1939) steht die Bibel unter dem Generalverdacht, seelisch krank zu machen. Als zutiefst inhumanes Buch gehöre sie eher gut verschlossen in den Giftschrank als offen zugänglich ins Bücherregal. Überholte Anweisungen, Geschichten von unzumutbar niedrigem Niveau, krankmachende Gottesbilder: «Willst Du gesund bleiben, lass die Finger von diesem Buch!» – Diese Kritik beeindruckt auch viele, die sie eigentlich nicht teilen.

Wer sich trotzdem in die Bibel hineinwagt, muss damit rechnen, an Dinge zu geraten, die er sich lieber nicht sagen lassen möchte. Manche sagen, es gebe auf der ganzen weiten Welt kein Buch, das uns so in Frage stellt, wie die Bibel es tut. Sie könnten recht haben …

Da ist also vieles zusammengekommen. Die europäische Christenheit erleidet gegenwärtig trotz der optimalen «Allgegenwart» der Bibel einen schleichenden Bibelverlust. Aber was heißt hier «erleiden»? Ein Leiden müsste sich doch durch Schmerzen bemerkbar machen …

Viele Mangelkrankheiten tun am Anfang nicht weh. Wenn die Schmerzen kommen, ist es manchmal schon zu spät. Zum Glück nicht immer.

Unsere Zeit könnte ja gerade eine überaus passende Zeit sein, das dicke Buch in unserem dünnen Leben willkommen zu heißen und mit ihm «fette Beute» zu machen. Einsichten und, ja, eine geistliche Abenteuerlust könnten sich einstellen und das Christsein beleben. Klärungsprozesse könnten stattfinden, durch die das Leben klarer und sinnvoller gelebt werden kann. Dazu möchte dieses Buch beitragen.

Für wen ist es geschrieben? Für Inge – die folgenden Personen sind frei erfunden, man trifft sie aber häufig –, die zwei Kinder und einen Halbtagsjob hat und immer noch davon träumt, die Bibel einmal ganz durchzulesen.

Für Robert, der seit vierzehn Jahren in jedem Sommer bei der Jugendfreizeit mitarbeitet, jedes Mal die biblischen Impulse toll findet und nach den Ferien nicht zu dem kommt, was er sich vorgenommen hat.

Für Inges Pastor, der seinen Arbeitstag mit einem Seufzen beginnt und mit einem Seufzen beendet, und der noch mehr seufzt, seit er im Hebräerbrief (Hebräer 13,17) den Satz gelesen hat, «damit sie das mit Freuden tun und nicht mit Seufzen».

Für Marion, die im Gottesdienst jede Predigt mitschreibt und Hunger nach mehr verspürt.

Nötigenfalls auch für Diethelm, den Theologiedozenten, dem es manchmal geht wie einem Ernährungswissenschaftler, der aufs Essen verzichtet, weil er mehr über die Zusammensetzung der Nahrung weiß als andere Leute. Diethelm kennt aber keinen Ernährungswissenschaftler, der sich so verhält …

Für Joachim, der als Rentner mit Sabine endlich um die Welt reisen wollte und jetzt nicht weiß, wie er nach Sabines plötzlichem Tod mit seiner Zeit umgehen soll.

Für Mirjam, die frustriert ist, dass man im Hauskreis immer dieselben Themen diskutiert, und die das Ganze langsam banal findet.

Vielleicht auch für Heike, die einfach nicht verstehen kann, warum Helga, ihre Nachbarin, von der Bibel schwärmt, obwohl die doch nicht erst seit gestern Schnee von gestern ist.

Also kann dieses Buch nur eine Zumutung sein, wenigstens streckenweise. Für jeden etwas Passendes und für jeden auch etwas Unpassendes, wenigstens auf den ersten Blick. Mancher wird auf Passagen stoßen, die ihm zu einfach gestrickt sind. Andere werden den Eindruck haben, sich ziemlich anstrengen zu müssen.

Es könnte aber sein, dass sich das lohnt. Aus Zumutungen kann Mut entstehen. «Banales» könnte sich als elementar erweisen und Wege in gelingendes Leben zeigen. Schweres könnte hinterher den Eindruck vermitteln, den man früher nur beim Zahnarzt hatte: «Es hat gar nicht so weh getan.» Und die Karies ist weg.

Das erste Kapitel zeigt ein paar ausgewählte **Spannungsfelder,** in die man hineingeraten kann, wenn man es mit der Bibel zu tun bekommt. – Spannungsfelder können zu Kraftfeldern werden, wenn man **Perspektiven** bekommt.

Wozu es gut sein könnte, dass die Bibel so dick ist, zeigt, wieder nur in beispielhafter Auswahl, das zweite Kapitel.

Im dritten Kapitel, **Orientierungen,** geht es um die beiden Erfolgsmodelle der Spruch- und Abschnittsorientierung, denen als Ergänzung die Buchorientierung zur Seite gestellt und nachdrücklich empfohlen wird. Die ist noch kein Erfolgsmodell geworden, hätte es aber längst verdient. Und manches lässt sich leichter verwirklichen, als es zunächst scheint.

Dass **Missverständnisse** nicht Missverständnisse bleiben müssen, will das vierte Kapitel zeigen. Man muss sich ja nicht unbedingt selbst ein Bein stellen.

In Kapitel fünf werden **Konkretisierungen** vorgestellt. Es könnte nämlich wirklich klappen!

Das Schlusskapitel sagt, wo die Bibel wohnt. Es ist kurz. Aufmerksame Leser werden merken, dass vieles, das hier auch noch seinen Platz finden könnte, heimlich, still und leise schon vorher vorkam.

Fast auf jeder Seite des Buches kommen Christen oder sonstige nachdenkliche Menschen aus verschiedenen Jahrhunderten vor. Zum Glück sind wir nicht die ersten Leser der Heiligen Schrift. Es tut gut, Freunde zu bekommen, die mindestens ein paar Jahrzehnte, besser noch: Jahrhunderte, älter sind als man selbst. Aus Fairnessgründen haben die ganz Alten oft gegen den Trend Vorfahrt vor den Zeitgenossen. Und manchmal liegen Kopieren und Kapieren erstaunlich nahe beieinander.

Von Motivation wird wenig die Rede sein. Reden über Motivation ist manchmal das Gegenteil von Motivieren. Nur so viel: Natürlich macht es einen Unterschied, ob jemand etwas gern tut oder der Hund zum Jagen getragen werden muss. Und es ist auch ein Unterschied, ob man sich nur auf ein kurzes Projekt einlässt oder etwas lebenslänglich tun will. Vor allem aber: Wer gemerkt hat, wer Christus ist, ja, dass in ihm die «ganze Fülle der Gottheit wohnt» (Kolosser 1,19; LB12), wird motivierter sein, dem Wort Christi reichlich Wohnraum einzuräumen (Kolosser 3,16a), als jemand, der diese Worte als unverbindliche Gesprächsbeiträge sieht, die man jederzeit nach Belieben überstimmen, korrigieren oder verwerfen kann.

Dennoch ist mit hoher Motivation allein noch keine Langzeit-Bibelkultur etabliert. Auf die käme es aber an. Martin Luther – Kennen Sie einen höher motivierten Bibelleser? – hat gegen Ende seines Lebens zu 2. Timotheus 3,16 notiert: «Wenn wir glauben würden, dass Gott selbst mit uns in der Schrift redet, so würden wir mit Fleiß darinnen lesen und sie für unsere selige Werkstatt halten.»[8]

«Wenn … würden … würden»: Das ist verräterische Sprache. Wir würden, aber wir tun es oft nicht. Längst nicht überall, auch nicht überall im engeren Kreis der Überzeugten, ist es zu gelingender Dauerpraxis der Bibellektüre gekommen. Auch misst man oft den anderen am wirklich Realisierten, sich selbst aber schon an den guten Absichten, die man in sich spürt … Also ist es ratsam, nicht von denjenigen auszugehen, denen immer alles zu gelingen scheint, sondern von ziemlich normalen Leuten, die ihre Durchhänger und manchmal recht lange Schwächeperioden haben.

Spannend wird es, wenn man in die Spannungsfelder der Bibel hineingezogen wird. Dann können aus Spannungsfeldern Kraftfelder werden.[9]

Kapitel 1
Spannungsfelder
WAS EINEM PASSIEREN KANN, DER ES MIT DER BIBEL ZU TUN BEKOMMT

Das Glück, verstanden zu werden: Wir blühen auf, wenn wir verstanden werden. Menschen, die uns verstehen, sind uns willkommen, in Krisensituationen auch nachts um zwei Uhr. Verstanden werden bedeutet Geborgenheit, Sicherheit, Entfaltungsmöglichkeiten, Glück. Einen Menschen verstehen und ihn stärken gehört zusammen. Verstanden werden schmeckt noch besser als Schweizer Schokolade, hält aber länger und macht nicht dick.

Wenn keiner uns versteht, macht das Leben keinen Spaß mehr. Wir sind verunsichert, resignieren, werden bitter. Die Nichtverstandenen von heute sind oft die Menschenverächter von morgen. – «Du verstehst mich nicht» ist in der Regel kein Vorwurf, den man überhören sollte, um dann zur Tagesordnung überzugehen. Es ist wohl meist eher eine Aussage über eine Beziehungskrise als über einen Sachverhalt. Wie viele sind wohl schon an einer Überdosis Nichtverstehen gestorben? Jeder von uns hat ein Existenzminimum an Verstandenwerden.

Wir werden misstrauisch, wenn jemand uns sehr schnell sagt: «Ich verstehe dich.» Wahrscheinlich hat er uns gar nicht wirklich zugehört. So leicht sind wir nämlich nicht zu verstehen. Es wäre hilfreicher gewesen, er hätte gesagt: «Ich habe den Eindruck, ich habe dich noch nicht gut genug verstanden.» So hätte er uns ernst genommen. Wir hätten uns vielleicht weiter geöffnet. Da wäre Würde gewesen, vielleicht ein Aushalten von Ratlosigkeit in der Hoffnung, dass es danach doch irgendwie zum Verstehen kommen könnte. – Gute Seelsorger gehen mit dem Satz «Ich verstehe Sie» sparsam um.

Verstehen strengt an. Jedenfalls kein bisschen weniger, als eine Steuererklärung auszufüllen, zwei Kästen Mineralwasser in die sechste Etage zu tragen oder mit der Handsäge einen Baum zu fällen. Wer es versucht, merkt es.

Verstehen strengt aber nicht nur an; es kann auch gefährlich werden. Wer sich den anderen zu Herzen nimmt, riskiert unter Umständen, herzkrank zu werden. Wir scheinen nur bedingt verstehensfähig zu sein, vertragen die Wirklichkeit nur in homöopathischen Dosierungen.

Wenn jemand kommt und sich uns mit dem ganzen Gewicht seiner Probleme zumutet, kommt gerade der an seine Grenze, der wirklich verstehen will.

Wer das Risiko des Verstehens eingeht, weiß selten schon am Anfang, wohin das führen könnte. Verstehen verändert auch den Verstehenden. Man weiß vorher nicht, was es mit einem macht. Wir sind manchmal nicht zum Aushalten. Wer uns verstehen will, bekommt das zu spüren.

Verständnis suchen – dem unverstandenen Gott begegnen

Hinter dem Satz «Ich möchte verstanden werden» kann die Einstellung stehen: «Hauptsache, *ich* werde verstanden.» Ob *du* verstanden wirst, ist mir egal. Du bist dafür da, mich zu verstehen. Du bedeutest mir etwas, solange du mich verstehst. Ich schätze dich als Zulieferer von Verstehen, so wie eine Autofirma einen Zulieferer von Zündkerzen oder Kotflügeln schätzt. Auch beim Verstehen gibt es Kosten-Nutzen-Rechner, Ausbeuter und Diktatoren.

Viele schätzen die Bibel, weil sie sich hier verstanden fühlen. Jedes Mal, wenn sie die Bibel aufschlagen, hoffen sie, von neuem Verständnis zu finden. So ist es nicht nur heute; das scheint seit Jahrhunderten so zu sein. 1758 geriet in London ein überforderter Geschäftsreisender aus dem deutschen Königsberg in Schwierigkeiten. Nach mehreren vergeblichen Versuchen, beruflich, finanziell und existenziell wieder auf die Füße zu kommen, griff Johann Georg Hamann (1730–1788) zur Bibel. Glücklicherweise sind uns Notizen, mit denen er seine Lebenswende dokumentierte, erhalten.[1] Verblüfft registrierte Hamann: Indem ich die Bibel zu verstehen suche, lege nicht ich die Bibel aus. Es ist umgekehrt: Die Bibel, ja Gott selbst legt mich aus! Gott wird zum Autor meiner Lebensgeschichte! Der Gott, der mich versteht, wird der Gott, der meine Lebensgeschichte schreibt.

Heute würde man das vielleicht Identitätsfindung nennen. Das Besondere aber ist, wie hier Identität zustande kommt. Identität wird hier nicht erkämpft; sie wird empfangen. Ha-

mann kommt bei der Bibellektüre die Zuneigung, die Zu-Nei-
gung Gottes entgegen. Er sieht sich in einer ungeahnten Tiefe
verstanden: Ich bin wer. Ich bin für jemanden von Bedeutung.
Sonst würde mein Gegenüber sich nicht solche Mühe geben,
mich zu verstehen. Wer bin ich? Einer, bei dem es sich scheinbar – ja, wirklich! – lohnt, ihn zu verstehen. Dann muss ich mir
wohl über meine Identität keine großen Sorgen machen. Ich
habe es nicht mehr nötig, den selbstzerstörerischen Kult meiner
Einmaligkeit zu zelebrieren. Ich werde auch den «treuen Begleiter» meiner Einmaligkeit, die Einsamkeit, los. Gott versteht
mich.

So weit, so gut. Aber bitte nicht weiter! Sonst ist es gar nicht
mehr gut. Denn dann wäre auch Gott nur so weit gut, wie er
uns versteht. Wir erniedrigten ihn zum Erfüllungsgehilfen und
Sklaven unseres Verstanden-werden-Wollens. Das aber hätte
schwerwiegende Folgen für unseren Umgang mit der Bibel. Sie
würde auseinanderfallen in die Bücher, Abschnitte, Sätze, von
denen wir uns verstanden fühlen, und die, bei welchen das
nicht der Fall ist. Wir wären die Richter, die je nach Tagesform
und Laune den Daumen heben oder senken: «Du verstehst
mich.» / «Du verstehst mich nicht.» Gott müsste sich dauernd
vor uns rechtfertigen: Gott, der Verantwortliche für das immer
noch oder gerade jetzt Unverständliche.

Wir kommen nicht um die Frage herum, wer das erste Recht
hat, verstanden zu werden. Und hier erfahren wir ausgerechnet
aus der Bibel, dass nicht wir es sind. *Gott* hat das erste Recht,
verstanden zu werden. Gott, der Schöpfer, hat mehr Recht, verstanden zu werden, als seine Geschöpfe. Jesus, der Erlöser, hat

mehr Recht, verstanden zu werden, als seine Erlösten. Gott, der Heilige Geist, kann für uns nur dann der verständnisvolle Geist sein, der in alle Wahrheit leitet (Johannes 16,13), wenn *er* bestimmen darf, was er uns zumuten kann, und führen darf, wohin *er* uns führen will.

Die Bibel ist zu großen Teilen das Buch vom unverstandenen Gott. Deshalb steckt mehr als nur ein Körnchen Wahrheit in dem Satz: Die Bibel ist deshalb ein so dickes Buch geworden, weil Gottes Menschen ihm so viel Missverstehen und Verstehensverweigerung zugemutet haben. Und da, wo wir die Bibel als Buch vom unverstandenen Gott zu lesen beginnen, könnte eine dicke Freude an diesem dicken Buch entstehen. – Drei Stichproben mögen genügen: das Buch Jesaja, das Johannes-Evangelium und die Paulusbriefe.

Am Anfang des *Jesajabuchs* (1,3) heißt es: «Ein Ochse kennt seinen Herrn und ein Esel die Krippe seines Herrn; aber Israel kennt's nicht, und mein Volk versteht's nicht.» Auf diesen Vers geht es zurück, dass Ochs und Esel Jahrhunderte später ihren Platz in den Weihnachtskrippen gefunden haben. In den Weihnachtsberichten der Evangelien kommen sie noch nicht vor. Jetzt sind sie ein Wink mit dem Zaunpfahl: «Passt auf, dass es euch nicht geht wie den Zeitgenossen Jesajas!» Was war das Problem?

Gott wird von denen nicht verstanden, die ihn doch besonders gut verstehen müssten. Er hat sein Volk großgezogen wie Kinder, es an nichts fehlen lassen, aber man kennt ihn nicht oder will ihn nicht kennen. Die Leute tun, als hätten sie mit ihm nichts zu tun. Sie orientieren sich anders. – Ochs und Esel aber verstehen ihren Herrn. Sie sind verständiger als Gottes Volk. Sie kommen und lassen sich füttern und sind vertraut mit dem, der ihnen bringt, was sie brauchen. Oh, wäre Gottes Volk doch endlich wieder auf Ochs- und Esel-Niveau!

Blättert man im Jesajabuch weiter, stößt man auf einzelne Sätze, die vielen Christen viel bedeuten. Manche Leser haben sie sogar farbig markiert, damit sie ihnen bei jedem neuen Lesen wieder neu auffallen. Etwa diese drei Stellen: «Ich bin der Erste, und ich bin der Letzte, und außer mir ist kein Gott» (Jesaja 44,6). «Ich bin der HERR, und sonst keiner mehr, kein Gott ist außer mir» (Jesaja 45,5a). «Höre mir zu, Jakob, und du, Israel, den ich berufen habe: Ich bin's, ich bin der Erste und auch der Letzte. Meine Hand hat die Erde gegründet, und meine Rechte hat den Himmel ausgespannt. Ich rufe, und alles steht da» (Jesaja 48,12f.).

Eigentlich ist es schade, dass diese Worte da stehen. Sie müssten doch jedem im Gottesvolk so selbstverständlich sein, dass man das nicht noch extra sagen müsste! Ginge es mit rechten Dingen zu, wären viel eher Worte des Lobpreises zu erwarten: «Du bist der Erste und der Letzte. Kein Gott ist da außer dir. Du hast Himmel und Erde geschaffen. Wir preisen dich, du, unser Gott.»

Aber nichts dergleichen! Stattdessen muss sich Gott zu Wort melden, wie wir das aus dem Kindergarten oder den ersten Schuljahren kennen. Wenn da ein kleiner Steppke am liebsten auf den Tisch steigen möchte, damit ihn auch jeder sieht, und er den Arm reckt und mit den Fingern schnipst: «Ich, ich! Ich will jetzt auch mal drankommen!

Das ist die elende Dramatik mitten in Gottes Volk. Ausgerechnet der lebendige Gott muss sich gebärden wie ein kleines Schulkind, das mit den Fingern schnipst, um endlich mal dranzukommen. «Ich! Ich! – Übersehen mich denn hier alle? Bemerkt mich denn keiner?» Ausgerechnet Gott muss für sich Werbung machen! Ausgerechnet bei denen, um die er sich Tag für Tag und Jahr für Jahr in rührender Sorgfalt und mit dem Augenmaß der Liebe gekümmert hat.

Vorher, besonders in Jesaja 44, ist von den Götzen die Rede. Die müssen keine Werbung machen. Die scheinen in den Herzen des Gottesvolkes Heimvorteil zu haben. Ihre Verehrung ist ein Selbstläufer.

Dasselbe schlimme Verhalten finden wir immer wieder, wenn es um das Schlüsselverhalten des Gottesvolkes, das Hören auf Gott, geht. Hinhören, zuhören ist der ideale Einstieg, um verstehen zu lernen. So entstehen Beziehungen, die reifen können.

Was für ein Glück, dass Israel es nicht mit einem toten Götzen zu tun hat! Der Bildhauer, so sagt es die prophetische Kritik, schnitzt dem Holzgötzen zwar einen Mund, doch der Holzmund schweigt. Aber Israel hat es nicht mit Götzen, sondern mit dem lebendigen Gott zu tun. Der redet! Wer so redet, dass aus diesem Reden Leben entsteht, auf den sollte man dringend und dauerhaft hören! Dieses Hinhören zu lernen ist die Grundberufung des Gottesvolkes.

Sehr passend beten Juden bis auf den heutigen Tag regelmäßig das «Schᶜma Israel»: «Höre, Israel, der Herr ist unser Gott, der Herr allein. Und du sollst den Herrn, deinen Gott, lieb haben von ganzem Herzen, von ganzer Seele und mit all deiner Kraft» (5. Mose 6,4f.). Das würde ein Hören, das zum Lieben wird, zum Leben, das konzentriert für Gott gelebt wird!

Nach der Mosezeit ist das der Fall bei *Samuel,* einem kleinen Jungen mit einer großen Zukunft. Der Priester Eli bringt ihm das Einstiegsgebet bei, das zu einem Leben mit dem redenden Gott führt: «Rede, HERR, denn dein Knecht hört» (1. Samuel 3,9). Mit dieser Hörbereitschaft findet eine geistliche Dürrezeit, in der das Wort Gottes eine Seltenheit war, ihr Ende.

Wieder einige Zeit später betet *Salomo* an der Schwelle zum Regierungsantritt das sachgemäßeste Gebet, das ein Verantwortlicher in Gottes Hör-Volk beten kann. Er betet um ein hörendes Herz (1. Könige 3,9)[2]. – Ein König, der Gott versteht! Was muss das für eine Wohltat sein für die, über die er regiert! Wie nahe beieinander sind hier das Hören, das Verstehen und das Gehorchen! Wenn so etwas Schule macht! Ein Volk, das auf Gott hört und ihm deshalb gern gehört. Menschen, die «ganz Ohr» sind für Gott.

Israels Propheten müssen dann später allzu oft sagen, dass das nicht der Fall ist. Gottes Volk hat für alles Mögliche und Unmögliche ein offenes Ohr, aber nicht für seinen Gott. So bekommt es ein Etikett, das den Widerwillen der Berufenen gegen ihre Berufung nennt: Dies ist das «Volk, das auf die Stimme des HERRN, seines Gottes, nicht hören … will» (Jeremia 7,28). Ausgerechnet die, die Gott seiner besonderen Nähe gewürdigt hat, erweisen sich als notorische Hörverweigerer. Weghör-Gemeinschaft statt Hinhör-Gemeinschaft. Der lebendige redende Gott: der unerhörte, unverstandene Gott.

Es wäre ja geradezu zum Verzweifeln, wäre da nicht der Knecht Gottes, der der Hörende geblieben ist. «Gott der Herr hat mir eine Zunge gegeben, wie sie Jünger haben, dass ich wisse, mit den Müden zu rechter Zeit zu reden. Alle Morgen weckt er mir das Ohr, dass ich höre, wie Jünger hören» (Jesaja 50,4). Für diesen Gottesknecht ist Gott niemals der unerhörte, unverstandene Gott gewesen. Dieser so einzigartig und entschlossen Hörende bringt eine neue tröstende Wirklichkeit. Wird er nun seinerseits Gehör finden?

Das *Johannes-Evangelium* hat eine besonders ausführliche Einleitung (Johannes 1,1–18), diese wiederum hat eine besonders kurze Weihnachtsgeschichte und einen besonders prägnanten Schluss. Weihnachten in kürzester Kürze: «Das Wort wurde Fleisch» (Vers 14). Der prägnante Schluss: «Niemand hat Gott je gesehen; der Eingeborene, der Gott ist und in des Vaters Schoß ist, der hat ihn uns verkündigt» (Vers 18).

Jetzt kann endlich das Rätselraten über Gott aufhören. Weil Gott uns auf eine Weise nahegekommen ist, die nur seine Liebe sich ausdenken konnte, gibt es nun Klartext über Gott. «Jesus ist der Exeget [Erklärer, Ausleger] Gottes», hat Julius Schniewind (1883–1948) gerne gesagt: Jesus legt Gott aus. Er macht Gott verständlich, und so sucht er die Gemeinschaft mit den Menschen.

Gerade die Einleitung des Johannes-Evangeliums berichtet aber auch davon, dass nicht gelungen ist, was doch so naheliegend gewesen wäre. Ausgerechnet «die Seinen nahmen ihn nicht auf» (Vers 11), die, bei denen das doch am selbstverständlichsten zu erwarten gewesen wäre. Ein stiller Schmerz durchzieht dieses Evangelium. Der wie kein anderer Hörenswerte wird überhört. Der, der uns Gott verstehen lässt, bleibt selbst unverstanden.

Aber einige gab es doch, die nahmen ihn auf und bekamen von Gott selbst die Erlaubnis, Gottes Kinder zu werden (Vers 12). Das beginnt im ersten Kapitel mit ersten Gesprächen. Ein paar Namen, Erstbegegnungen mit Männern, die bald darauf als Schülerkreis mit Jesus durchs Land ziehen. Mehr als andere bekommen sie mit, was Jesus sagt. Täglich haben sie Gelegenheit zu Rückfragen. Sie sehen mit eigenen Augen, was Jesus tut, seine «Zeichen»[3]. Sie werden von Jesus in das eingeweiht, was ihm und dem Vater, der ihn gesandt hat, wichtig ist. Ja, deshalb nennt Jesus sie sogar seine Freunde (Johannes 15,15).

«Jesusversteher» müsste man sie nennen können. Doch gerade das Johannes-Evangelium macht mehrfach deutlich, wie Jesus auch von denen nicht verstanden wird, denen er einzigartige Möglichkeiten des Verstehens eröffnet hat. – Der Meister hat es schwer mit seinen Jüngern. **Aber er bleibt ihnen treu.** Sie werden Helfer bei dem, was Jesus zutiefst interessiert: dass die Leute ewiges Leben empfangen. Das geschieht, wenn man den allein wahren Gott und seinen Gesandten Jesus erkennt (Johannes 17,3).

Paulus gehörte zu denen, die Jesus zunächst völlig missverstanden hatten (Römer 10,2; 2. Korinther 5,16). An Engagement für Gott hatte es ihm freilich nicht gefehlt. Gerade wegen dieses Eifers war es für ihn nur konsequent gewesen, Jesus als Pseudo-Messias und als Abtrünnigen gegenüber dem ersten Gebot einzuordnen. Er hatte für sich Ansprüche erhoben, die nur Gotteslästerer und Volksverführer anstreben können. So einer setzte sich dem verdienten Zorn und Fluch Gottes aus. Hatte die Thora nicht schon längst gelehrt: «Ein Aufgehängter ist verflucht bei Gott» (5. Mose 21,23)? – Es bedurfte schon eines überdeutlichen Bremsmanövers vom Auferstandenen her, dass Paulus Jesus neu verstehen lernte als Herrn, Messias und Sohn Gottes.

Was bedeutet hier «verstehen»? Für Paulus selbst hat es bedeutet, den Eindruck, den der Auferstandene auf ihn gemacht hatte, sorgfältig zu bewahren und diesem Impuls zu folgen. Jesus ist der, der jedes Vertrauens wert ist. Wer Jesus versteht, lässt sich vertrauensvoll auf ihn ein. Verstehen heißt lebenslang von dem profitieren, was er nun gibt, nachdem er «für uns» gestorben und auferstanden ist.

Dabei spielt die Bibel, für Paulus das heutige Alte Testament, eine höchst wichtige Rolle. Es scheint nie auch nur einen einzigen Augenblick gegeben zu haben, in dem Paulus sein Missverstehen gegenüber Jesus der Heiligen Schrift anlastete.

Genauso wenig gibt es irgendwelche Hinweise darauf, das Neue – die Begegnung mit Jesus und der Empfang des Heiligen Geistes – hätte die «alte» Bibel überflüssig gemacht. Gerade da, wo er die Neubewertung seiner Herkunft besonders deutlich charakterisiert (Philipper 3,7–11) und die überragende Christuserkenntnis ins Zentrum rückt, fällt kein kritisches Wort über die Bibel.

Hier galt für Paulus ein «Nun erst recht!». Jesus verstehen wollen und zugleich einen Bogen um die Bibel machen – das wäre für ihn eine Horrorvision gewesen. Die Bibel ist das Buch, durch das man Jesus kennen und verstehen lernt.

Dass dieses Buch schon damals ein dickes Buch war, scheint Paulus nie gestört zu haben. Wer einmal die Paulusbriefe daraufhin durchsieht, wie oft er das Alte Testament zitiert und auch seinen eigenen Auftrag als Apostel des Messias Jesus immer wieder im Licht von Bibeltexten reflektiert, der weiß, was er in Zukunft zu tun hat. Hinwendung zu Jesus ist zugleich Hinwendung zur Heiligen Schrift.

Wie tief dies in Paulus verwurzelt ist, zeigt zum Beispiel auch sein Beten. Wo man Gott unter die Augen tritt, kommen die Dinge auf den Punkt. Am Anfang seiner Gemeindebriefe informiert Paulus regelmäßig die Adressaten darüber, dass er sie betend neu aus Gottes Hand entgegennimmt, ehe er im Hauptteil des Briefes auf die jeweilige konkrete Situation beratend, warnend, ermutigend eingeht. Sehr realistisch schätzt er ein, was in den jungen Gemeinden schon gelingt und was noch nicht.

Er nennt die Christen «neue Kreaturen» (2. Korinther 5,17), während sein Brief Seite für Seite zeigt, dass diese neuen Kreaturen noch ziemlich alt aussehen. Oft muss längst Überwundenes neu abgewehrt werden, weil es sich wieder vordrängt. Das Mitgehen mit dem Auferstandenen ist oft ein Hinterherstolpern. Manchmal kommt es auch zum Sitzenbleiben gerade dann, wenn es aufzubrechen gilt. Das hindert Paulus nicht, sehr hoch von der Gemeinde Jesu zu sprechen. Sie ist Tempel Gottes, Leib des Messias, Braut des Messias. Wie Paulus von der Gemeinde denkt, zeigt, wie tief er Jesus verstanden hat und wie sehr er darum kämpft, dass Jesus verstanden wird.

Im Epheserbrief werden die Gebetsprioritäten des Apostels deutlich. Paulus erbittet für die Gemeinden, dass sie «stark … werden durch seinen [Jesu] Geist an dem inwendigen Menschen, dass Christus durch den Glauben in euren Herzen wohne und ihr in der Liebe eingewurzelt und gegründet seid. So könnt ihr mit allen Heiligen begreifen, welches die Breite und die Länge und die Höhe und die Tiefe ist, auch die Liebe Christi erkennen, die alle Erkenntnis übertrifft, damit ihr erfüllt werdet mit der ganzen Gottesfülle» (Epheser 3,16–19).

Quer durch die Jahrhunderte hindurch haben viele den Glauben an Jesus Christus zunächst von außen beurteilt und wie das Eingeschlossenwerden in eine enge Gefängniszelle verstanden. Christen waren dann immer Leute, die alles zu eng sehen. Wo es aber zu Schritten des Vertrauens kam, änderte sich die Sicht. Man bekam eher den Eindruck einer Freilassung als einer Verhaftung.

Bald kam einem der Glaube nicht mehr wie eine kleine Zelle vor, sondern wie ein großes Zimmer. Der Glaube wurde wohnlich und geräumig. Es gab manches zu entdecken. Nach einer Weile zeigte es sich, dass die Zimmerwände weiter nach außen rückten. Aus dem Zimmer wurde ein Saal. So vieles war schon entdeckt, doch die Grenze schien noch nicht erreicht: Gott war nochmals anders, noch gütiger, noch ernster, noch geduldiger, als man gedacht hatte – und man hatte ihm doch schon viel mehr zugetraut als früher! Ganze Kontinente des Verstehens wurden neu entdeckt, und nie kam man an eine Grenze. Gott war immer noch größer.

Auch mit dem Unverstandenen ging man jetzt anders um. Früher hatte man gedacht, Gott bestenfalls so weit über den Weg trauen zu können, wie man ihn begriffen hatte. Jetzt traute man sich auch ins Unverstandene hinein, wagte es, dem Schweren nicht auszuweichen, hoffte im Dunkeln, dass Gott dem treu bleiben würde, was man von ihm an hellen Tagen erfahren hatte. Eine Entschlossenheit bildete sich, Gott auf der Spur zu bleiben und hineinzuwachsen in die Dimensionen der Gotteserkenntnis. Nötigenfalls fand man ein Ja dazu, in Mitleidenschaft gezogen zu werden, aber auf jeden Fall wollte man durchhalten in der Bereitschaft, sich etwas sagen zu lassen und Gott das erste Recht einzuräumen, verstanden zu werden.

Im Spannungsfeld von Verstandenwerden und Verstehen wurde deutlich, wer das erste Recht hat, verstanden zu werden: nicht das Geschöpf, sondern der Schöpfer, nicht die Erlösten, sondern der Erlöser, nicht die Begeisterten, sondern Gottes Geist. Wo solche Klärungsprozesse durchgestanden wurden, kamen die Dinge in Ordnung. Es wurde wichtig, Gott durch Verstehen glücklich zu machen. Zurückhaltend, aber zuversichtlich formuliert: eine christliche Gemeinde zu werden, die Gott wenigstens ein bisschen versteht. Menschen wagten es, die eigene tiefe Sehnsucht, verstanden zu werden, hineinzustellen in die größere Sehnsucht, dass Gott endlich das Verständnis findet, das er verdient.

Bestätigung erwarten – Widerspruch erfahren

Wer sich auf die Bibel einlässt, erfährt einiges, das er lieber nicht erfahren hätte. Wer sich auf die dicke Bibel einlässt, muss lebenslang damit rechnen, dass ihm widersprochen wird. In keinem anderen Buch wird der Unterschied zwischen Gott und den Menschen deutlicher. Die passen nicht zueinander! Deshalb ist die Bibel alles andere als harmlos.

Der Gott, dem man hier begegnen kann, wird jedem Versuch Widerstand leisten, ihn zu vereinnahmen. Gerade in der Nähe der Begegnung wird Distanz deutlich. Es wäre ein gefährlicher Leichtsinn, zu meinen, hier würde man einfach bestätigt. Gottes Gedanken sind nicht einfach Wasser auf die Mühlen derer, die hier lesen lernen. Die Bibel ist kein Harmoniebuch, eher ein Buch, das verletzt und dem man daher lieber ausweichen möchte; ein Buch, das einem dauernd dreinredet und einem Dinge sagt, die man nicht hören will.

Insofern ist es verständlich, dass viele die Bibel meiden. Wer will schon dauernd und so radikal in Frage gestellt werden? Aber wer wirklich vorwärtskommen will, hält dem stand, dem er eigentlich ausweichen möchte. Ausweichen hat einfach keinen Sinn. In der Bibel meldet sich der Gott zu Wort, der das Recht hat, uns Widerstand zu leisten. Und sie ist dazu da, dass wir Gott recht geben, auch in den härtesten Aussagen über uns.

Da kann es einem passieren, dass man an die Bibel herantritt mit Fragen ... und auf einmal stellt Gott Fragen an uns. Er nimmt uns unsere Themen weg – auch sinnvolle, berechtigte Themen! – und krempelt unsere Tagesordnung um, setzt seine

Themen darauf. Ja, noch etwas frecher formuliert mit einem Wortlaut, der aus der Bibel selbst stammt: Wir begegnen dem Gott, der uns allen «den Mund stopft» (Römer 3,19). In der Bibel bekommen wir es auf Schritt und Tritt mit dem Gott zu tun, der damit, wie wir uns benehmen, nicht einverstanden ist. Sie ist das Aufklärungsbuch über das Dunkle in uns.

Jörg Zink (1922–2016) schrieb im letzten Jahr des vergangenen Jahrhunderts: «Irgendetwas in dir ist sehr dunkel. Wer je einen klaren Blick in sich selbst getan hat, kann nicht mehr sagen, es gebe das Böse nicht; und das Reden von ‹Sünde› sei ein Trick aus der Kiste der religiösen Einschüchterung. Wer in sich selbst hineingesehen hat und dabei nicht vor einem Horrorfilm stand, hat seine Augen dabei nicht wirklich offen gehabt.»[4]

Von **Søren Kierkegaard** (1813–1855) stammt ein Satz, den man kaum vergessen kann, wenn man ihn auch nur ein Mal gehört hat: «Es ist die höchste Vollkommenheit des Menschen, Gott nötig zu haben.»[5] – Wenn das kein Spannungsfeld ist! Und das soll zum Kraftfeld werden können? Die Bibel ist das dicke Buch, das uns zeigt, wie sehr wir Gott nötig haben.

Es sind tendenziell nicht die Menschen, die in der Bibel vieles fanden, das ihnen von vornherein einleuchtete, die dann langfristig mit ihr in engem Kontakt stehen. Wenn uns die Bibel vor allem bestätigt, brauchen wir sie nicht wirklich. Wir tragen ja bereits in uns, was wir gern bestätigt bekommen möchten. Insofern ist die Bibel letztlich überflüssig. Ja, es geht sogar besser ohne, denn die Bibel bestätigt uns ja nicht wirklich so, wie wir es gerne hätten. Wir müssten dauernd Angst haben, dass unsere Illusionen, besonders die über uns selbst, ins Wackeln gebracht werden und am Ende gar einstürzen. Wer will das schon riskieren? Das ist ja nicht zum Aushalten!

Aber was wäre das für ein Buch, das uns auf über tausend Seiten zeigt, wie wir sind – und das zugleich «zum Aushalten» wäre? Und was hätte eine Christenheit, die sich von der Bibel nicht mehr dreinreden ließe, noch zu sagen? Sie würde nur noch schwatzen. Akustische Umweltverschmutzung gibt es inzwischen aber schon genug. Also: Die Bibel bietet uns die Zumutung des Unzumutbaren. Sie setzt auf die Tagesordnung, was wir gern vom Tisch wischen möchten. Sie verbreitet nie banalitätskonformen Optimismus, denn Bestätigung kann das Gegenteil von Erlösung sein.

Der Schweizer Bibeltheologe Adolf Schlatter (1852–1938) formulierte kurz nach dem Ersten Weltkrieg: «Die Vernichtung unserer Illusionen ist ein Werk der göttlichen Gnade.»[6] Was als unzumutbare Zumutung erschien, wird zum unendlich barmherzigen Weg. Ausgerechnet das erschütterndste aller Bücher entpuppt sich als das menschenfreundlichste. Da sind dann über tausend Seiten keine Seite zu viel.

Das nächste Spannungsfeld hängt mit dem gerade Umrissenen eng zusammen.

Vertraut werden – Fremdheit zulassen

Es geht darum, dieses Buch zu einer fetten Beute für uns werden zu lassen, indem wir es uns aneignen und uns mit ihm vertraut machen. Andererseits wird dieses Vertrautwerden in sein

Gegenteil verkehrt, wenn die Heilige Schrift nicht zugleich immer mehr unser Gegenüber wird, das sich nicht von uns vereinnahmen lässt.

Wie sollte man nicht mit einem Buch vertraut werden wollen, in dem solche Sätze stehen: «Ich will euer Gott sein, und ihr sollt mein Volk sein.» – «Seht, welch eine Liebe hat uns der Vater erwiesen, dass wir Gottes Kinder heißen sollen – und wir sind es auch!» – «Euch aber habe ich gesagt, dass ihr Freunde seid.»[7] Drei Aussagen von vielen, die aussprechen, was die Glaubenden sind. Nicht zufällig sind es Aussagen, die das, was sie sind, auf Gottes erwählendes liebendes Handeln zurückführen. Zugleich lassen sie erkennen, wer Gott ist. «Gott ist die Liebe; und wer in der Liebe bleibt, der bleibt in Gott und Gott in ihm» (1. Johannes 4,16).

Im Umkehrschluss wird deutlich, was die Bibel ist: das Volksbuch des Gottesvolkes, das Kinderbuch der Gotteskinder, das Buch einer großen Freundschaft. Und auch wenn es nicht wörtlich so in der Bibel steht: Sie ist ein Liebesbrief. *«Was ist die Heilige Schrift anderes als ein Brief des allmächtigen Gottes an seine Geschöpfe?»*, schrieb Papst Gregor der Große (ca. 540–604).[8] Zugegeben, es ist ein ungewöhnlich dicker Liebesbrief, aber de facto ein Liebesbrief, und wer einen Liebesbrief bekommt, der soll ihn in dem Bewusstsein lesen, geliebt zu sein. Vertrautheit entsteht, wo einmal Fremdheit war. Das fremde Buch wird unser Buch, mein Buch.

Daher lohnt es sich, gebrauchte Bibeln anzuschauen. Die Gebrauchsspuren geben sich nämlich als indirekte Liebeserklärungen zu erkennen. Früher war es vielleicht ein ungelesenes, ungeliebtes Buch – und innerhalb von ein paar Monaten wurde es ein Buch mit Markierungen am Rand, mit Fragezeichen, Ausrufezeichen, mit Unterstreichungen in Blau und Rot: ein höchst persönliches Buch. Manche notieren sogar Daten am Rand: «An diesem Tag hat Gott mit diesem Satz in mein Leben hineingesprochen.» Andere notieren, wann sie mit einem neuen Durchlesen des Ganzen begonnen haben.

Eigentlich logisch: Liebesbriefe sind keine «Einmal und nie wieder»-Briefe; sie sind «Immer wieder und nie genug»-Briefe.

Und dass Liebe erfinderisch ist, zeigt sich bei vielen Bibeln schon von außen. Je nach Vorliebe und Begabung des Besitzers an selbstgebastelten Schutzhüllen aus Papier, Leder, Plastik oder Stoff, einfarbig oder gemustert, beklebt mit Bildern und Symbolen, versehen mit Autogrammen von Freunden, ausgestattet mit Griffregistern und manchmal sogar mit extra angefertigten Einstecktaschen für Notizzettel, Blei- und Buntstifte. Alles in allem mit viel Liebe zum Detail. So ist es nun mal mit der Liebe: Sie hat Fantasie und neigt dazu, konkret zu werden. So entsteht eine Bibel, die es so nur einmal gibt: meine Bibel.

Wenn aus Bibelumfangsbeseufzern Bibelliebhaber werden, werden sie bibelkundig. Sie wollen in diesem Buch zuhause sein, unbedingt. Vielleicht beklagen sie ihre bisherige Unwissenheit oder nennen die eigene Trägheit peinlich, aber auch das sind Echos der Liebe. Aus Distanz ist Nähe geworden, aus Flucht weg von Gott eine Flucht hin zu Gott, aus Fremdheit enge Beziehung.

Freilich: Es gibt Frühstarter und Späteinsteiger. Einen Frühstarter zeigt uns der 2. Timotheusbrief. Der inzwischen erwachsene Timotheus wird daran erinnert, dass Mutter und Oma ihn von Kindheit an mit den Heiligen Schriften bekannt gemacht haben. Etwas Besseres hätte ihm nicht passieren können, denn sie können «dich unterweisen … zur Seligkeit durch den Glauben an Christus Jesus». Und im Blick auf die Zukunft muss es Timotheus trotz seiner herausfordernden Aufgaben und seines vollen Terminkalenders nicht bange werden. Er kann sich von den heiligen Schriften tragen lassen, denn sie sind überaus nützlich «zur Lehre, zur Zurechtweisung, zur Besserung, zur Erziehung in der Gerechtigkeit» (2. Timotheus 3,15 und 16).

Nicht überall sind die Startbedingungen so gut. Da sitzt ein Mittvierziger am Küchentisch, vor sich eine aufgeschlagene, ganz neue Bibel. Bisher hatte der Mann eigentlich nur zwei Bücher häufig gelesen: sein Sparbuch und das Telefonbuch (und Letzteres seit der Erfindung des Smartphones auch nicht mehr wirklich), ab und zu auch die Zeitung mit den vier ganz großen Buchstaben im Logo. Es hatte zwar eine Bibel im Haus gegeben, aber die war nicht benutzt worden. Vorhandene Bibel: über tausend Seiten; angeeignete Bibel: null Seiten.

Und nun das: Schritte der Annäherung unter dem Eindruck, dass Gott ihm nahegekommen ist. Die Entscheidung, noch mit Mitte vierzig glauben zu lernen, war ein merkwürdiges Gemisch aus Kapitulation und Freude gewesen, und jetzt schaut er sich vorsichtig um in einer bisher fremden Welt. Die Bibel war in dieser neuen Welt zweifellos etwas, das dazugehörte, aber wie sollte er da hineinfinden? Die Schwierigkeiten waren größer als zunächst gedacht. Aber trotzdem ging es irgendwie.

Ob Frühstarter oder Späteinsteiger: je vertrauter, desto besser. Die Bibel und wir: die Unzertrennlichen. So gesehen möchte man gar nicht meinen, dass Vertrautheit etwas Gefährliches werden kann. Und doch ist es so. Wieder wird ein Spannungsfeld erkennbar. Wenn Gottes Buch unser Buch wird, kann es passieren, dass es so sehr unser Buch wird, dass es kaum noch Gottes Buch bleibt.

Es könnte dahin kommen, dass wir die Bibel vereinnahmen, ohne uns dessen bewusst zu sein. Der Unterschied zwischen der Bibel und uns kann verschwimmen. Unsere christlichen Gedanken können uns mit der Bibel deckungsgleich vorkommen. Dann können wir uns irren, ohne es zu merken. Gott kann wieder neu zum unverstandenen Gott werden, obwohl wir den Eindruck haben, ihn besonders gut zu verstehen – besser als viele andere.

Kostbare Worte der Bibel können dabei zu unfreiwilligen Helfern werden. So kann etwa aus dem wertvollen Versprechen, das Jesus seinen Jüngern gab: «Wer euch hört, der hört mich» (Lukas 10,16a), der verhängnisvolle Irrtum werden: Was ich meine, entspricht der Meinung Jesu.

Das Motto «Je vertrauter, desto besser!» ist ergänzungsbedürftig. Wir brauchen auch Abstand. Auf die Dauer geht es nicht ohne die Einsicht, dass die Bibel anders ist als wir, nicht nur anders als jene, die die Bibel verachten und vernachlässigen, sondern auch als diejenigen, die sie lieben. Man kann von Betriebsblindheit sprechen, von einem blinden Fleck im Auge[9] oder vom toten Winkel, mit dem der Autofahrer rechnen muss, wenn er in den Rückspiegel sieht.

Einige Sehhilfen stellt die Bibel selbst zur Verfügung. Im Folgenden drei Beispiele.

Beispiel 1: Im Alten Testament finden sich viele Bemerkungen und ganze Geschichten, die zeigen, wie sehr man sich mitten im Volk Gottes irren kann. Glieder des Gottesvolkes können zu «falschen Propheten» werden, die einen Weg weisen, der in ganz andere Richtung führt, als Gott es für gut hält.

Demgegenüber finden sich Gebetsworte, mit denen die Beter darum bitten, auf Gottes Weg bleiben zu können. Sie haben gemerkt: Das ist keine Selbstverständlichkeit. «Weise mir, HERR, deinen Weg, dass ich wandle in deiner Wahrheit; erhalte mein Herz bei dem einen, dass ich deinen Namen fürchte» (Psalm 86,11).

Darin steckt viel Problembewusstsein: Ich könnte mich für klug genug halten, meinen Weg in großer Selbständigkeit zu planen und zu gehen. In Wirklichkeit würde ich Gottes Wirklichkeit verfehlen, und ich könnte den Respekt vor Gott verlieren. Schon hätte ich mich ins Abseits manövriert. Da ist ein echtes Gegenüber nötig, jemand, der mir nötigenfalls energisch widerspricht und mir den Kopf zurechtrückt: das Wort Gottes.

Der längste Psalm der Bibel, Psalm 119, preist dieses Wort in

176 Versen und wird nicht müde, sich über das «Licht auf meinem Weg» (Psalm 119,105) zu freuen.

Beispiel 2: Jesus hat die Leute, die er in seine Nähe berief, seine «Jünger» genannt. Das Wort Jünger, *mathetés* im Griechischen, *talmíd* im Hebräischen, bedeutet «Schüler». Experten für das Judentum zur Zeit Jesu und für das Neue Testament haben zwei charakteristische Merkmale der Jesusschüler hervorgehoben.

Einmal: Nicht die Schüler wählen ihren Meister, sondern er beruft sie. Sodann: Der Lernprozess, den er ihnen zumutet, führt sie nicht zur Selbständigkeit. Nie werden sie sagen können: «Jetzt habe ich ausgelernt; ich brauche den Meister nicht mehr.» Er bleibt lebenslang ihr Gegenüber; der Lehrer, der mehr ist als ein Lehrer. Der echte Jünger ist der bleibend wortabhängige Jünger. «Wenn ihr bleiben werdet an meinem Wort, so seid ihr wahrhaftig meine Jünger» (Johannes 8,31).

Beispiel 3: Paulus hat im Brief an die Christen in Rom gerade elf Kapitel lang entfaltet, wie vielfältig Gott ihnen seine Barmherzigkeit erwiesen hat. Das muss doch motivieren, das Leben Gott zur Verfügung zu stellen! Die Umkehr zu Gott stellt uns auf den Weg der «Erneuerung des Sinnes» (Römer 12,2).

Erneuerung ist kein einmaliges Geschehen und bringt nicht sofort ans Ziel. Ein langer Weg der Neuorientierung wird geschenkt und zugemutet. Weil man sich auch weiter täuschen kann, weil man sich, vielleicht trotz besten Wissens und Gewissens, wieder von den «Schemata dieser Welt» gleichschalten lassen könnte, muss man unbedingt prüfen lernen, was der

Wille Gottes ist. Die Orientierungsfähigkeit und Glaubwürdigkeit unseres Christseins wird zu einem erheblichen Teil davon abhängen, ob die Bibel uns wirklich ein echtes Gegenüber bleibt, ja, immer mehr wird.

Jahrzehntelang, von 1898 bis in die 1960er Jahre, stand am Anfang der wissenschaftlichen Ausgabe des griechischen Neuen Testaments ein von Johann Albrecht Bengel (1687–1752) formuliertes Motto. «Te totum applica ad textum: rem totam applica ad te» – «Wende dich ganz dem Text zu; die ganze Sache wende auf dich an.» Es kommt darauf an, dass *beides* geschieht.

Nur die Texte genau zu lesen, sie aber nicht ins eigene Leben hineinreden zu lassen, würde zu einem Intellektualismus führen, der zur Seite schiebt, was das eigene Leben verwandeln soll. Andererseits, nur anwendungsorientiert zu verfahren könnte schnell zu einem selbstsicheren Christsein führen, das die Texte nur als Impuls für eigene Gedanken liest und sich ein Christentum zurechtbastelt, das mit der Bibel nur noch wenig zu tun hat. Das wäre eine sehr unpraktische Praxis.

Was manchem weh tut, ist in dieser Hinsicht etwas, wofür man dankbar sein kann: der geschichtliche Abstand zwischen uns und der Bibel. Am besten macht man sich das am Alten und am Neuen Testament möglichst konkret deutlich.

Altes Testament:

- Die Sintflut ist etwas anderes als der Tsunami in Südostasien am 26. Dezember 2004.

- Mose hat nicht im 20. Jahrhundert gelebt.
- Das Königtum in Israel war etwas anderes als die Monarchie in England zur Zeit Elisabeths II.
- Das babylonische Exil unterscheidet sich deutlich vom Exil des abgedankten Kaisers Wilhelm II. nach 1918 in Holland.
- Unter Nehemia und Esra wurde nicht die Stadtmauer von Rothenburg ob der Tauber denkmalsaniert.

Neues Testament:

- Jesus ist in Bethlehem geboren, nicht in Bangkok, Baden-Baden oder im Blüemlisalp-Massiv des Berner Oberlands.
- Johannes der Täufer hat sich von Heuschrecken und wildem Honig ernährt und nicht von Tiefkühlpizza.
- Bei der Flucht nach Ägypten mussten Josef und seine Familie keinen Todesstreifen mit Selbstschussanlagen überwinden wie nach dem Mauerbau DDR-Bürger, die in den Westen flüchteten.
- Jesus hat Zimmermann gelernt und nicht Informatik studiert.
- Die Hochzeit zu Kana war eine galiläische Dorfhochzeit. Man sollte die sechs steinernen Wasserkrüge (Johannes 2,6) wirklich im Zusammenhang mit pharisäisch geprägten jüdischen Reinigungsgebräuchen im 1. Jahrhundert verstehen[10] und hier nicht bloß ein wenig Wellness für anreiseverstaubte Hochzeitsgäste vermuten.
- Als den 5000 Zuhörern trotz der guten Worte von Jesus der Magen knurrte, konnte er sie nicht zum nahen Fast-Food-Restaurant mit dem großen gelben M schicken.

- Die arme Witwe in Markus 12 hat ihre «Scherflein» in trompetenförmige Tempelsicherheitsbehälter eingeworfen und nicht per E-Banking aufs Tempelkonto überwiesen.
- Die Pharisäer waren keine Oberkirchenräte oder Theologieprofessoren, auch wenn sie manchmal mit ihnen verglichen werden.
- Die Streitgespräche, die Jesus provozierte oder in die er verwickelt wurde, waren keine Fernseh-Talkshows.
- Bei der Kreuzigung von Jesus am 7. April 30 war Mel Gibson wirklich nicht dabei, und von Jesu Auferstehung hat damals keiner einen Videoclip gedreht.

Das sind keineswegs Einwände gegen eine Aktualisierung, wohl aber gegen eine vorschnelle Aktualisierung, die die Texte vereinnahmt und plattmacht.

Die Geschichten von damals sind nicht Schnee von gestern. Aber das Hören auf den Gott, der heute redet,[11] darf das «vor Zeiten», von dem in der Bibel selbst die Rede ist (Hebräer 1,1),[12] nicht verwischen. Gute Erfahrungen sind nicht dazu da, uns für die Bibel blind zu machen.

Wir brauchen das Spannungsfeld: eine Vertrautheit, die wirkliche Aneignung ist und die doch je länger, je mehr die Bibel ein echtes Gegenüber sein lässt. «Wem es nicht um seine eigenen Meinungen, sondern wirklich und allein um die Bibel zu tun ist, der meistert sie nicht nach seinen eigenen Gedanken und Wünschen. Im Glauben macht man sich nicht selber eine Bibel zurecht und begehrt sie nicht anders, als wie sie Gott uns gegeben hat.»[13]

Wenn es mit rechten Dingen zugeht, wird der Umgang mit der Bibel frei für eine Erfahrung, die der entspricht, die die Jünger Jesu damals mit ihrem Meister gemacht haben. Hans Urs von Balthasar formulierte dies 1965 so: «Je mehr er *mit* ihnen war, desto mehr gingen ihnen die Augen für seine Einzigkeit auf, je mehr er *in* ihnen weilt und sie von seinem Leben zehren und mitteilen, desto weniger verwechseln sie sich mit ihm, desto höher erhebt er sich *über* ihnen als der Kyrios, der Herr. Mit der Nähe wächst der Sinn für den Abstand, mit der Einsicht in seine unfassliche Erniedrigung wächst das Verständnis, dass gerade darin alle unvorstellbare Hoheit liegt und erscheint.»[14]

Wissen erwerben – Beziehung gestalten

«Christus liebhaben ist besser als alles Wissen.» – «Die Erkenntnis bläht auf; aber die Liebe baut auf.» Welcher Christ kennt diese Sätze nicht?

«Alles wirkliche Leben ist Begegnung», hat der jüdische Denker Martin Buber (1878–1965) geschrieben und bis heute anhaltende Zustimmung nicht nur von Pädagogen geerntet.[15]

Damit scheint der Fall entschieden: Man braucht gar nicht die vielen tausend Informationen, die die dicke Bibel enthält. Es geht auch mit viel weniger, ja, mit viel weniger geht es besser, viel besser. Wir scheinen hier kein Spannungsfeld vor uns zu haben, sondern eine einfache Alternative, und es ist ziemlich klar, welche Seite zu wählen ist, selbstverständlich die Beziehungsseite, die Begegnungsseite, die Liebesseite.

«Meine Dogmatik ist: Jesus liebt mich; meine Ethik ist: Ich liebe Jesus», sagte ein Theologiestudent. So einfach ist das. Für die Liebe braucht man schließlich keine Anleitung von über tausend Seiten.

Da ist viel Wahres dran. Aber ganz so einfach ist das glücklicherweise nicht, und es wäre auch furchtbar schade, wenn es so wäre. Es täte der Liebe nicht gut.

Das erste Zitat, «Christus liebhaben ist besser als alles Wissen», stammt ausgerechnet von einem Professor, Theodor Christlieb (1833–1889). Professoren pflegen einen großen Teil ihrer Energie in Wissensvermittlung zu investieren, so auch Christlieb.

Das zweite Zitat stammt aus dem ersten Brief, den Paulus an die christliche Gemeinde in Korinth geschrieben hat (1. Korinther 8,1). Wer einmal alle Paulusbriefe hintereinander durchliest, wird immer wieder auf eine Hochschätzung der Erkenntnis, des Wissens stoßen.

Im vorliegenden Fall geht es um einen Konflikt: Dürfen Christen Fleisch essen, das vorher von Heiden ihren Göttern geweiht wurde? Man braucht klare Erkenntnis, um das zu entscheiden. Die setzt Paulus auf beiden Seiten, bei den Ja- und den Neinsagern, voraus: «Wir wissen, dass wir alle die Erkenntnis haben.» Es kommt nun darauf an, ob die vorhandene Erkenntnis lieblos durchgeboxt wird und das Gewissen eines andersdenkenden Gemeindegliedes beschädigt wird oder ob Erkenntnis und Liebe zusammenbleiben. Umgekehrt ist Liebe ohne Erkenntnis für Paulus kein Thema. Deshalb bittet er für die Gemeinden, dass die Liebe an Erkenntnis wachse.

Hier noch zwei Beispiele, zunächst noch fernab aller Theologie.

Erstes Beispiel: Gemeinsames Frühstück. Man redet über dies und das. Nach einer Weile merkt Martin, dass Hannelore ihn immer wieder einmal fragend, wohl auch etwas traurig anblickt. «Ist was?» – «Heute ist unser zwanzigster Hochzeitstag.» Wenn Martin jetzt sagt: «Schatz, das ist doch bloß totes Wissen. Es geht doch um eine lebendige Beziehung», wird Hannelore ihm zustimmen? Sicher nicht. Sie wird diesen Satz als das nehmen, was er ist: eine blöde Ausrede.

Viel schöner ist das zweite Beispiel. Siegfried Lenz (1926–2014) hat nach vielen Romanen und Erzählungen mit über achtzig Jahren zum ersten Mal eine Liebesgeschichte geschrieben: *Schweigeminute.* Die junge Englischlehrerin Stella Petersen verliebt sich in ihren Schüler Christian. Und mit dem Aufblühen der Liebe fängt das große Nachfragen und Erzählen an. Es zeigt sich, dass Wissen für eine Beziehung elementare Bedeutung hat. «Kein Wissen genügt, wenn man gewahr wird, dass man jemanden liebt.»[16]

Hilfreich ist, sich klarzumachen: Es gibt nicht einfach «das» Wissen an sich. Wir sprechen zum Beispiel von Ambivalenzwissen, Angeberwissen, Angriffswissen, Behandlungswissen, Bewältigungswissen, Bildungswissen, Erlösungswissen, Förderungswissen, Glaubenswissen, Halbwissen, Jägerwissen, Kausalwissen, Leistungswissen, Liebeswissen, Luxuswissen, Machtwissen, Orientierungswissen, Teilwissen, Trennungswissen, Opferwissen, Verführungswissen, Verhinderungswissen, Verteidigungswissen, Wissensballast, Wissensmanagement und Zerstörungswissen.[17] In den meisten dieser Begriffe steckt von vornherein auch ein Beziehungsaspekt. Es kommt nicht nur darauf an, was einer weiß, sondern mit welchen Motiven er wem gegenüber dieses Wissen wie einsetzt. Im Extremfall kann das gleiche Wissen großen Nutzen oder großen Schaden verursachen.

Wir leben in einer Wissens- bzw. Informationsgesellschaft. Da herrschen Wissensüberschuss, Wissensverfall, Wissensorganisation, Verlernen und lebenslanges Neulernen. Vor nicht allzu langer Zeit sagte man noch, das Wissen der Menschheit habe sich zwischen 1800 und 1900 verdoppelt, nun aber erneuere es sich alle fünf Jahre. Das geht inzwischen schneller. Dauernd muss altes Wissen Platz machen für neues. – Und die Christen haben seit knapp zweitausend Jahren dasselbe Buch. Der Vorwurf, sie seien «von gestern», stimmt nicht. Sie sind noch viel älter … Ihr dickes Grundlagenbuch macht das offensichtlich.

Die Begeisterung über den rasanten Wissenszuwachs ist inzwischen bei vielen Zeitgenossen verschwunden. «Das notwendige Wissen erwerben, sich unnötigen Wissens erwehren»[18]. Dazu braucht man Kriterien, die zwischen notwendig und unnötig unterscheiden lehren. Das ist anstrengend, manchmal fast aussichtslos.

1983 notierte der Philosoph Peter Sloterdijk (geb. 1947): «Wir sind aufgeklärt, wir sind apathisch. Von einer *Liebe* zur Weisheit ist weiter keine Rede. Es gibt kein Wissen mehr, dessen Freund (*philós*) man sein könnte. Bei dem, was wir wissen, kommen wir nicht auf den Gedanken, es zu lieben, sondern fragen uns, wie wir es fertigbringen, mit ihm zu leben, ohne zu versteinern.»[19] Und: «Am Ende des großen Willens zum Wissen steht notgedrungen immer die ‹theoretische Verzweiflung›; es verbrennt dem Denker das Herz, wenn er einsieht, dass wir nicht wissen können, was wir ‹eigentlich› wissen wollen […]. Der Wille zum Wissen [wird] von einem Willen zur Macht gespeist […]. Darum kann der Wille zum Wissen nicht im Wissen zur Ruhe kommen, da sein Trieb von der Wurzel her ein maßloser ist, weil hinter jeder Erkenntnis neue Rätsel sich auftürmen …»[20]

Es empfiehlt sich also doch, hier von Spannungsfeldern zu sprechen. Die Bibel kann in dieser unübersichtlichen Lage sowohl hinsichtlich ihrer Qualität wie auch ihrer Quantität zum Lehrbuch der Behutsamkeit werden. Schon statistisch fällt auf, dass sie zum Erkennen anleitet: Das hebräische Verb *jada* kommt im Alten Testament mehr als 1600-mal, das griechische *ginoskein* (beide Wörter: wissen, erkennen) im Neuen Testament 222-mal vor.

Hier kommt es zu Wahrnehmungen, die den, der sie macht, in Beschlag nehmen und ihn zur Antwort aufrufen. Das Erkennen will nicht objektiv-neutral sein, sondern zum Anerkennen werden, es will verantwortungsvolle Beziehung stiften. Aus der Erfahrung, dass Gott handelt, entsteht ein Wissen. Das aber will zum Stehen vor Gott führen.

Wissen leitet zur Anbetung Gottes an, nicht zu einem Hochmut, der meint, über alles Wissen verfügen zu können. Nicht Selbständigkeit des Menschen durch Verfügbarkeit umfassenden Wissens ist das Ziel, sondern Weisheit, die sich etwas sagen lässt und sich einlässt auf eine Beziehung, an der man existenziell beteiligt ist, die man aber nicht in der Hand hat. Gott wird erkannt als der, der Erkenntnis eröffnen und verschließen kann. Erkennen ist ein Beziehungsgeschehen, das Wirklichkeit stiftet und Leben schenkt.[21]

Soll das Spannungsfeld Wissen/Beziehung zum Kraftfeld werden, ist es ratsam, die Bibel als Beziehungsbuch zu lesen. Dann wird aus der leider furchtbar dicken die glücklicherweise dicke Bibel. Der lebendige Gott hat ein großes Mitteilungsbedürfnis. Sein Reden ist nach Hebräer 1,1 «vielgestaltig und vielartig».[22] Dem müsste eigentlich ein vielgestaltiges Entgegennehmen entsprechen.

Jesus hat das Hören und Tun seiner Worte als den Weg nachhaltig gelingenden Lebens charakterisiert.[23] Damit hat er für seine Jünger eine Haltung ausgeschlossen, die nur denken will. – «Das Traurigste, was vielleicht von einem Menschen gesagt werden kann, ist: Er kann nicht erhoben werden, sein eigenes Wissen kann ihn nicht emporheben. Wie das Kind, das seinen Drachen aufsteigen lässt, so lässt er sein Wissen steigen; ihm nachzuschauen, ihm mit den Augen zu folgen, das findet er fesselnd, ungeheuer fesselnd, aber – sich selbst erhebt er nicht, er bleibt im Sumpf, immer süchtiger nach dem Aufreizenden. Deshalb, wer Du auch seist, wenn es auf irgendeine Weise derart mit Dir steht: Schäm Dich, schäm Dich, schäm Dich!»[24]

Gefährlich ist aber, was häufig geschieht: Man setzt das «tote Wissen» in Gegensatz zur «lebendigen Beziehung». Das ist solange recht, als man damit Buße predigt. Es ist grundverkehrt, wenn es zur Hauptaussage gemacht wird. Als *Korrektur* ist das richtig, als *Regel* verkehrt. Wer auch in diesem Zusammenhang noch von «totem Wissen» redet, hat jedes Recht verloren, von «lebendigen Beziehungen» zu reden. Die Sache geht vollends den Bach runter, wenn man gegen alle biblische Lehre vom Menschen Kopf und Herz gegeneinander ausspielt und im Kopf das Wissen und im Herzen das Gefühl ansiedelt. In der Bibel geschehen Denken, Fühlen und Wollen im Herzen.

Natürlich kann man Wissen anhäufen, wie manche Leute Bierdeckel sammeln. Wer bloß Wissen erwirbt, hat damit noch nicht unbedingt etwas gelernt. Und kein Bibelleser muss gleich ein schlechtes Gewissen bekommen, wenn er etwa Eglon und Ekron[25] verwechselt oder kurz nach der Lektüre von 2. Samuel 17,28f. eine der dort erwähnten Getreidesorten bzw. Lebensmittel vergessen hat oder wer die Namen der beiden Tempelsäulen am salomonischen Tempel nicht parat hat.[26] Aber wenn man im Jugendkreis unten durch ist, weil man Heidi Klum mit Angelina Jolie verwechselt oder Hugh Grant mit Johnny Depp, es auf der anderen Seite aber überhaupt nichts mehr ausmacht, wenn keiner Nahum von Habakuk unterscheiden kann oder Obadja von Barack Obama, dann wird es schwierig.

In einer Zeit schnell abnehmender bzw. gar nicht erst zustande kommender Bibelkenntnis sollte man nicht zu schnell vor «Verkopfung» warnen. Studierende der Theologie etwa, die die Vorbereitung auf die Bibelkundeprüfung nicht als geistliches Geschehen, sondern als bloß mechanisches Lernen beseufzen, irren fundamental.

«Gewisse Dinge muss man wissen. Sie nicht wissen bringt großes Unglück in die Welt»[27], meint dazu Paul Schütz (1891–1985). Und «Kenntnis rangiert vor Verstehen!», schrieb der Neutestamentler Klaus Haacker (geb. 1942) bei seiner Abschiedsvorlesung am 12. Juli 2007 den Hörern ins Stammbuch. Und weiter: «Das Problem des Verstehens stellt sich überhaupt erst dann, wenn man die Bibel kennt oder kennen lernt. Die wenigstens ungefähre Kenntnis der Bibel gehört aber nicht mehr zum Bildungskanon unserer Gesellschaft. Die Aufgabe der Exegese[28] ist darum heute nicht mehr primär, das Schwierige verständlich zu machen, sondern besteht darin, das Unbekannte nahe zu bringen und zum Entdecken der Bibel zu animieren.»[29]

Es klingt wie Zukunftsmusik, ist aber ein Satz aus dem 12. Jahrhundert; er stammt von Bernhard von Clairvaux (1090–1153): «Wissen(schaft) ohne Liebe bläht auf, Liebe ohne Wissen verirrt sich, Wissen mit Liebe baut auf.»[30]

Kapitel 2
Perspektiven
Wozu es gut sein könnte, dass die Bibel so dick ist

Wozu könnte es gut sein, dass die Bibel so dick ist? Eine Antwort setzt zweierlei voraus: die komplette Bibel und eine Sicht von außen. Innerhalb einzelner biblischer Schriften gibt es lediglich einige wenige Aussagen zu bestimmten Teilen, und nie ist der Umfang eigenständiges Thema. – Rückblickend auf Gottes Reden in der Mosezeit heißt es in 5. Mose 32,47: «… es ist nicht ein leeres Wort an euch, sondern es ist euer Leben» (LB84).

Über die «heilige Schrift», damals noch ausschließlich das Alte Testament, wird in 2. Timotheus 3,15–17 gesagt: Jene kann «weise machen zur Seligkeit» (Vers 15); sie «ist nütze zur Lehre, zur Zurechtweisung, zur Besserung, zur Erziehung in der Gerechtigkeit» (Vers 16).

Über die Paulusbriefe heißt es in 2. Petrus 3,15, Paulus habe sie «nach der Weisheit, die ihm [von Gott] gegeben ist», geschrieben.

Darüber hinaus gibt es in der Bibel viele Menschen, die Gottes Wort preisen, weil es ihnen kostbar und konkurrenzlos wichtig geworden ist.

Solche Aussagen können einen anspornen, selbst nachzudenken und Perspektiven zu formulieren. Die folgenden sieben Antworten in Thesenform sind wieder nur eine – hoffentlich anregende – Auswahl.

Die Bibel ist so dick, damit Gott genügend Gelegenheiten hat, sich vorzustellen

In der Bibel machen sich viele Menschen Gedanken über Gott. Das weiß fast jeder, aber es ist weniger als die halbe Wahrheit. Wir haben es weniger mit den Gottesvorstellungen der Menschen zu tun als vor allem mit dem Gott, der sich den Menschen vorstellt. Hier erfährt man immer wieder Überraschendes. Julius Schniewind (1883–1948), Professor für Neues Testament in Halle, provozierte seine Studenten mit dem Satz: «Der lebendige Gott, das ist das genaue Gegenteil von dem, was jedem von uns sein Vorurteil sagt»[1].

Egal, wo man zu lesen beginnt: Meist geht es um konkrete Begegnungen. Wir Europäer kommen aber aus einer Denktradition, in der das in den Hintergrund getreten ist. Abstraktionen, Definitionen und Formeln prägen unser Denken mehr, als uns guttut.

Der Philosoph Georg Friedrich Hegel (1770–1831) formulierte 1812 in einem Gutachten über den Philosophieunterricht an Gymnasien: Erstens ist «die *abstrakte* Form zunächst die Hauptsache. Der Jugend muss zuerst das Sehen und das Hören vergehen, sie muss von konkreten Vorstellungen abgezogen

werden [...] auf diesem Boden stehen, Bestimmungen festhalten und unterscheiden lernen. Ferner, *abstrakt lernt man denken
durch abstraktes Denken*.»[2] Das prägt dann auch das Denken
über Gott. Es wird sehr abstrakt.

Aber in der Bibel geht es anders zu als in Hegels Gymnasium.
Meist wird es sehr schnell konkret, und es geht gar nicht darum,
Gott denkerisch in den Griff zu bekommen. Über die, die mein-
ten, es sei ihnen gelungen, hat spätestens die nächste Genera-
tion den Kopf geschüttelt.

Gott stellt sich sehr konkret vor. Gut, dass es so viele Vorstel-
lungsgeschichten in der dicken Bibel gibt!

Meistens geht die Initiative von Gott aus, und die Leute
müssen irgendwie reagieren. Das geht gar nicht anders; schließlich sind sie ja Gott begegnet. Bis heute ist das so. Der Journalist
und Satiriker Malcolm Muggeridge (1903–1990) hat seine Erfahrung so formuliert: «Mich hat nie nach einem Gott verlangt;
ich habe von mir aus niemals einen Gott gefürchtet oder mich
vor die Notwendigkeit gestellt gesehen, einen Gott zu erfinden.
Dennoch sehe ich mich leider zu dem Schluss veranlasst, dass
Gott von sich aus nach mir verlangt. Gott ist mir auf den Fersen
wie ein himmlischer Jagdhund. Sein Schatten fällt auf alle
meine kleinen Picknicks, die ich im Sonnenschein veranstalte,
so dass es kühl wird; er beraubt meine Speisen ihres Aromas,
meine Gespräche ihres Glanzes, meine Vergnügungen der
Lust».[3] Nicht immer, aber oft werden Gottesbegegnungen in
der Bibel ähnlich empfunden. Eigentlich möchte man weglaufen. Gut, wenn das nicht mehr geht. Gut, wenn man heutige
Gotteserfahrungen mit denen der Bibel rückkoppelt.

Gott stellt sich denen vor, die nicht nach ihm gesucht haben. Kein Wunder, dass die Bibel für Überraschungen gut ist. Mose hatte das Erlebnis mit dem brennenden Dornbusch nicht schon vorher in seinen Terminkalender eingetragen, genauso wenig wie Jesaja seine Berufung zum Propheten. Und die Begegnung mit Jesus Christus kam für Paulus kurz vor Damaskus völlig unerwartet. Gott stellt sich oft denen vor, die ihn nicht auf der Rechnung hatten. Das Ergebnis sind Lebenswege, die in eine andere Richtung gehen als vorher.

Wie konkret es zugeht, zeigen schon die Vätergeschichten am Anfang der Bibel (1. Mose 12–50). Gott begegnet Abraham und dessen Nachkommen so, dass das in Zukunft seinen Namen mitprägt: Er ist der «Gott Abrahams, Isaaks und Jakobs». Und auch der Gott Hagars, der Magd, die in der Steppe um das Leben ihres Buben Ismael und um ihr eigenes fürchten musste. Durch Gottes Überblick und Hilfe vor dem Verdursten bewahrt, nannte sie «den Namen des HERRN, der mit ihr redete: ‹Du bist ein Gott, der mich sieht›» (1. Mose 16,13). Ein kurzer Satz, Zusammenfassung einer sehr konkreten Gotteserfahrung – und bis heute ein Antidepressivum für viele, die sich in ähnlich elementarer Not vorfinden wie Hagar.

Oft setzte Gott, wenn er sich vorstellte, neu an, zum Beispiel in der Samuelgeschichte (1. Samuel 3,1–21). Gottes Volk hatte weitgehend die Orientierung verloren. Das «Wort des HERRN» war selten geworden. Der Priester Eli, eigentlich für gelingende Orientierung zuständig, erweist sich eher als Teil des Problems als der Lösung, betreut aber immerhin den kleinen Samuel. Ihm macht sich Gott bemerkbar. Wie so oft findet Gott nicht sofort Gehör und Verständnis. Aber eine neue Epoche der Geschichte Gottes mit seinem Volk beginnt, als Samuel die von Eli vorformulierte Bereitschaftserklärung aufsagt: «Rede, HERR, denn dein Knecht hört» (1. Samuel 3,10).

Ganz ähnlich klingt der Herzenswunsch König Salomos bei seinem Regierungsantritt. Er bittet Gott um ein «hörendes Herz» (1. Könige 3,9; ELB. LB: «gehorsames Herz»). Das ist die sachgemäßeste Bitte, die ein König in Israel vorbringen kann. So kann aus dem Regierungsantritt ein Segen für alle werden.

Wenn Gott sich vorstellt, will er Geschichte machen. Er ist auf segensreiche Kontinuität aus. Gott ist nicht nur der Gott des Augenblicks.

Weil Gott sich so konkret vorstellt, finden sich drastische Formulierungen, über die man staunen oder sich ärgern kann – je nachdem. Amos redet von Gott wie von einem Löwen (Amos 3,4.8); hier ist nichts harmlos. «Ich bin für Ephraim wie eine Motte», sagt Gott durch Hosea (Hosea 5,12). Oder Gott als Bogenschütze: «Er schoss seine Pfeile …» (2. Samuel 22,15 und Psalm 18,15). Oder Gott als Schwerarbeiter: «… mir hast du Arbeit gemacht mit deinen Sünden und hast mir Mühe gemacht mit deinen Missetaten. Ich, ich tilge deine Übertretungen um meinetwillen und gedenke deiner Sünden nicht» (Jesaja 43,24f.). – Ein Beter spricht von Gott wie von einer Hebamme: «… du hast mich aus meiner Mutter Leibe gezogen» (Psalm 71,6).

Oft ist von Gottes Angesicht die Rede. Mit Gesicht und Blick «kontaktet» Gott. Er begegnet seinem Volk so konkret, dass man sagen muss: Gott hat Hand und Fuß.[4] Und verschlissene

Wörter wie «Zuwendung» und «Zuneigung» werden in der Gebetssprache generalüberholt und wieder frisch: «Wende dich zu mir und sei mir gnädig; denn ich bin einsam und elend» (Psalm 25,16). «… er neigte sich zu mir und hörte mein Schreien» (Psalm 40,2).

Hier sind manche Christen in Turbulenzen geraten. Passen derart menschliche Aussagen überhaupt zu Gott? Ist das nicht unter seiner Würde? Um 200 n. Chr. hat Origenes, einer der begabtesten christlichen Intellektuellen nicht nur seiner Zeit, seinen Lesern als Verständnishilfe angeboten: Wenn du bei der Bibellektüre auf Stellen stößt, die allzu menschlich von Gott reden, dann will dich Gott stutzig werden lassen und dich auf die Suche nach einem hinter und über dem wörtlichen Sinn liegenden geistlichen Sinn schicken. Es muss ein Sinn sein, der «Gottes würdig» ist. Und wenn etwa von Gottes schnaubender Nase die Rede ist, ist das natürlich nicht Gottes würdig.

Das hat man später «Akkommodation», Anpassung, genannt und so erklärt: Wenn Gott so menschlich von sich reden lässt, begibt er sich unter sein Niveau. Leider geht es nicht anders, wenn man es mit Menschen zu tun hat. Gott beißt sozusagen in den sauren Apfel. Dabei übersieht man aber das Schönste: Hier gibt es kein «Leider». Gerade das Hinabsteigen ins Menschliche – seine «Kondeszendenz», sagen die Fachleute – ist das, was Gott von ganzem Herzen tut. Nie ist er so sehr er selbst wie in diesen Momenten.

Vor ein paar Jahrhunderten hat man sogar von der «Niedertracht» Gottes gesprochen. Das ist heute missverständlich, denn mit «Niedertracht» verbinden wir finstere Motive und einen schlechten Charakter. So war das aber nicht gemeint. Man wollte vielmehr etwas beglückend Positives zum Ausdruck bringen: Gott trachtet nach dem Niedrigen. Er strebt nach unten, weil er zu den Menschen will. Die haben ihn nämlich sehr, sehr nötig.

Jesaja 57,15 sagt das besonders deutlich. Zuerst kommt in diesem Vers das, was viele Menschen von Gott denken: Er ist «der Hohe und Erhabene, der ewig wohnt, dessen Name heilig ist». Dann folgt das atemberaubend Schöne, eben die «Niedertracht» Gottes: «... und bei denen, die zerschlagenen und demütigen Geistes sind». Ergebnis dieser entschlossenen Distanzüberwindung, des göttlichen Drangs nach unten: Gott erreicht die Menschen wirklich da, wo sie sind, und er wendet ihre Lage: Ich «erquicke den Geist der Gedemütigten und das Herz der Zerschlagenen». Nichts passt besser zu dem menschenfreundlichen Gott der Bibel.

Martin Luther (1483–1546) hat das so drastisch formuliert, wie das wohl nur einer kann, der von diesem Nahekommen Gottes Tag um Tag lebt: Gott ist «bey uns Im schlam, und arbeitt, das Ihm die haut rauchett».[5]

Wer ins Neue Testament weiterblättert, wird merken: Hier ist derselbe Gott am Werk. Dass jetzt dauernd von Jesus die Rede ist, stört nicht, im Gegenteil. Der Beginn des Johannes-Evangeliums zum Beispiel gibt in achtzehn Versen eine Leseanweisung[6] für das ganze Evangelium. «Das Wort wurde Fleisch.» Hier haben wir, wie bereits besprochen, die Weihnachtsgeschichte in einem Satz. Sie hat eine Fortsetzung: Das Wort «wohnte unter uns» (Vers 14). Unsere Grenze «Niemand hat

Gott je gesehen» (Vers 18a) wird von Gott her überwunden. Das ist das Ende des Rätselratens über Gott: «Der Eingeborene, der Gott ist und in des Vaters Schoß ist, der hat ihn uns verkündigt» (Vers 18b).

Das Verb, das im Griechischen für «verkündigen» (*exegeo-mai*) steht, hat einer Teildisziplin der Theologie den Namen gegeben: Exegese, das heißt: Auslegung. Deshalb hat Julius Schniewind formulieren können: «Jesus ist der Exeget Gottes.» Er bringt die Kunde von Gott, an die man sich im Leben und Sterben halten kann. Hier kommt uns Gott so nahe, dass er uns wirklich erreicht; er kommt wirklich nahe genug.

In der Bibel ist aber auch davon die Rede, dass Gott sich verbirgt. «… du bist ein verborgener Gott, du Gott Israels, der Heiland» (Jesaja 45,15). Der Zusammenhang zeigt, dass hier nicht eine fragwürdige Freude am Versteckspiel gemeint ist. Der «Heilige Israels» – so wird Gott bei Jesaja oft genannt – lässt nicht mit sich spielen. Er ist nicht dressierbar; er springt nicht drüber, wenn Menschen ihm ein Stöckchen hinhalten. Er kann sich entziehen, wenn man ihn für das einspannen will, was ihm widerstrebt. Wo Glaube an Gott zur religiösen Selbstbefriedigung wird, verweigert sich Gott. – Gott Gott sein zu lassen, scheint etwas vom Schwersten zu sein, das es gibt.

Es kann auch geschehen, dass Gott sich gegenüber Menschen verbirgt, die ihn lieben und ihm treu sind. Gerade weil Gottes Volk ihn als Heiland erlebt hat, als den Gott Israels, spricht man in Israel auch vom Gott, der sich verbirgt.

Das setzt sich im Neuen Testament fort. Paulus zum Beispiel beendet drei besonders wichtige Kapitel des Römerbriefs mit den Worten: «Wie unbegreiflich sind seine [Gottes] Gerichte und unerforschlich seine Wege!» (Römer 11,33b). Hier artikuliert sich aber nicht Skepsis, sondern ihr Gegenteil, die Anbetung: «O welch eine Tiefe des Reichtums, beides, der Weisheit und der Erkenntnis Gottes! [...] von ihm und durch ihn und zu ihm sind alle Dinge. Ihm sei Ehre in Ewigkeit!» (Vers 33a.36)

Wer sich einmal vom Alten Testament bis ins letzte Drittel des Neuen Testaments, zum Hebräerbrief, durchgelesen hat, wird zumindest ein wenig verstehen, was Gottes Sich-Vorstellen alles beinhaltet: «Nachdem Gott vorzeiten vielfach und auf vielerlei Weise geredet hat zu den Vätern durch die Propheten, hat er in diesen letzten Tagen zu uns geredet durch den Sohn» (Hebräer 1,1.2a).

Passenderweise sagt Thérèse von Lisieux (1873–1897), Nonne bei den Unbeschuhten Karmelitinnen: «Man muss den Charakter Gottes aus der Heiligen Schrift kennen lernen!»[7]

Verstehen wir die Bibel als Kennenlernbuch, in dem Gott sich den Menschen vorstellt, taucht notwendigerweise die höchst sinnvolle Frage auf: Entspricht unsere Bibellektüre dieser Vielfalt und dieser schließlichen Konzentration auf Jesus, den Sohn?

Je mehr das geschieht, umso größer wird der Dank dafür, dass die Bibel so dick ist.

Die Bibel ist so dick, damit wir merken:
Gott ist nichts Menschliches fremd

Wenn der Schauspieler diesen Satz sagte, soll das Publikum bei jeder Aufführung geklatscht haben, schreibt Augustinus (354–430). Die Komödie war zu seiner Zeit schon ein halbes Jahrtausend alt: «Der Selbstquäler», verfasst von Publius Terentius Afer, kurz: Terenz. Als darin Menedemus seinen Nachbarn Chremes fragt: Hast du so viel Zeit, dich um die Probleme anderer Menschen zu kümmern? – im Klartext: Du kümmerst dich um Sachen, die dich nichts angehen –, antwortet Chremes mit dem Satz, der schon in der Antike zum geflügelten Wort wurde, zitiert von Cicero, Seneca und Augustinus[8]: *Homo sum, humani nihil a me alienum puto.* «Ein Mensch bin ich, nichts Menschliches, denke ich, ist mir fremd.» Das Lexikon interpretiert: «Mit dem Zitat deutet man jemandem an, dass man Verständnis für seine Schwächen hat, oder man gibt damit eigene Schwächen zu.»

Das ist zum Klatschen und zum Heulen. Und es ist zum Nachdenken, wer das denn wohl ist: der Mensch. Jeder kennt ihn, und keiner kennt ihn genug. Wir haben Milliarden von Daten zu ihm. Soziologen, Psychologen, Juristen, Theologen, Mediziner, Anthropologen haben da ganze Arbeit geleistet. Inzwischen traut sich kaum noch jemand zu sagen, wer oder was der Mensch ist und was wir von ihm halten sollen – falls es ihn überhaupt gibt.

Der Philosoph Max Scheler (1874–1928) hatte 1926 diagnostiziert: «Wir sind das erste Zeitalter, in dem der Mensch völlig und restlos ‹problematisch› geworden ist; in dem er nicht mehr weiß, was er ist, zugleich aber auch *weiß, dass* er es nicht weiß.»[9]

Die Frage «Wer bin ich?» suchen viele durch Abgrenzung zu beantworten. Ich finde zu mir selbst, indem ich erkenne, dass ich anders bin als du: einmalig. Und weil alle einmalig sind, wird programmatische Identitätsfindung zur notgedrungenen Vereinsamung. Es zermürbt auf Dauer, wenn man sich selbst begründen muss.

Faust in Goethes (1749–1832) Drama hatte es zu Beginn des 19. Jahrhunderts noch relativ leicht: «Zwei Seelen, wohnen, ach! in meiner Brust»[10].

Ein Jahrhundert später heißt es von Harry Haller, der Hauptfigur in Hermann Hesses (1877–1962) *Der Steppenwolf*[11], bereits: «Harry besteht nicht aus zwei Wesen, sondern aus hundert, aus tausenden.» Er versucht sich zwar sein Wesen durch die Zweiteilung von Trieb und Geist zu erklären, aber das ist «eine grobe Vereinfachung, eine Vergewaltigung des Wirklichen zugunsten einer plausiblen, aber irrigen Erklärung der Widersprüche, welche dieser Mensch in sich vorfindet.»[12] Jedenfalls: «Intensiv leben kann man nur auf Kosten des Ichs.»[13]

Inzwischen ist für manche die Frage nach dem Ich je nach Situation unterschiedlich zu beantworten. «Identität ist biegsam» – eine für viele gewöhnungsbedürftige Vorstellung.[14] 2004 hat Rüdiger Safranski (geb. 1945) vom «entkernten Individuum»[15] gesprochen. Das ist nun dummerweise das Individuum, das Globalisierung so managen muss, dass für alle lebbare Zukunft möglich wird. Angesichts der im Menschen schlummernden «Verfeindungsenergien»[16] scheint die Quadratur des Kreises demgegenüber eine leichte Aufgabe zu sein.

Wem nichts Menschliches fremd ist, der kann ankommen, wo er gar nicht hinwollte. Der UNO-General Roméo Dallaire (geb. 1946) wurde durch ein Buch berühmt, in dem er die eigene Hilflosigkeit angesichts des Völkermords in Ruanda schildert. «Nach meiner Rückkehr aus Ruanda fragte mich ein kanadischer Armeegeistlicher, wie ich nach allem, was ich gesehen und gehört hatte, weiterhin an Gott glauben könne. Ich weiß, dass es einen Gott gibt, antwortete ich ihm, weil ich in Ruanda dem Teufel die Hand geschüttelt habe. Ich habe ihn gesehen, gerochen und berührt. Ich weiß, dass es den Teufel gibt, und deshalb weiß ich, dass es einen Gott gibt.»[17]

Der Mensch: Lange hat man sich um seine Emporbildung zur Humanität bemüht. Wird er jetzt zur Quelle eines Gottes«beweises» mittels des Teufels«beweises»?

Aber wir erleben auch viel Positives: gelingendes Leben; tragfähige Beziehungen; Augenmaß der Liebe; Worte, die das Herz erreichen und es wohnlich machen; Trost, der an die Wurzel des Lebens geht; Eheleute, die über Jahrzehnte hinweg einander gut sind; Kinder, die zu verantwortlichem Leben gestärkt werden; Lebenswege, die auffällig unauffällig zum Mitgehen einladen; Staunen über verständnisvolle Nähe; Nachdenken, das Brücken baut; Energie, die Schwache stärkt; Verantwortung, der man anmerkt, dass hier wirklich ein Herz antwortet; gestaltete Gemeinschaft, bei der es eine Freude ist, dabei zu sein; ein Bestehen von Krisen, das ihnen einen Ertrag für die Zukunft abgewinnt – all das gibt es auch.

So muss, wenn uns nichts Menschliches fremd sein soll, Raum sein für beides: Raum für das Staunen und Raum für das Erschrecken.

Tasten wir uns von da aus behutsam zur Bibel zurück, begegnet uns Bekanntes, denn es ist ein Buch voller Menschen, randvoll mit ihren Geschichten. Ein lebenskundiges Buch; kein Wunder, dass auch viele Menschen, die sich ausdrücklich als «Ungläubige» bezeichnen, hier mit großem Interesse und manchmal lebenslang Leser bleiben. Diesem Buch ist wirklich nichts Menschliches fremd. Betende, fluchende, streitende, liebende, gebärende, sterbende, nachdenkliche, oberflächliche, zielstrebige, orientierungslose, bittere, großherzige Menschen; Menschen, die über Leichen gehen, und solche, die keiner Fliege etwas zuleide tun, und viele andere mehr. Und immer wieder diese Konkretheit im Wahrnehmen und Berichten! Das Hohelied der Liebe und die Klagelieder der Trauernden, Komplimente und Drohungen, Intrigen und Integrität. Übrigens wird mit derselben Offenheit über den Tod geredet wie über das Leben. Das traut sich nicht jeder.

Das Du, das Ich, das Wir, das Ihr: Ständig sehen wir die Beziehungen, in denen diese Menschen stehen. Nirgends ist der Mensch ein isoliertes Ich, das sich lediglich mit sich allein beschäftigt.

Es hat nicht lange gedauert, da hat man die Beziehungen, in denen die Menschen leben, vorsichtig systematisiert. Achte darauf, in welchen Zusammenhängen du lebst: Du lebst vor dir selbst, vor deinen direkten Nächsten, du lebst vor dem Weltganzen, und in all diesen Beziehungen lebst du vor Gott. Der

Mensch ist ein Beziehungswesen, könnte man sagen, aber das klänge schon wieder ziemlich abstrakt.

Eberhard Jüngel (geb. 1934) hat das Menschenleben in jeder dieser Relationen eindrucksvoll herausgearbeitet und das Ergebnis in sehr schlichte Worte gefasst: «Wir haben immer ein Gegenüber, das uns beurteilt. Die Frage nach unserer Rechtfertigung ist immer auf der Tagesordnung.»[18]

Seltener als konkretes Berichten von einzelnen Menschen und ihren Beziehungen sind Aussagen über *den* Menschen. Am Beispiel von Psalm 8 sieht man, dass es dann trotzdem nicht lebensfern wird. Hier kommt «der Mensch» vor, aber wie! Im Gebet zu Gott: «… was ist der Mensch, dass du seiner gedenkst, und des Menschen Kind, dass du dich seiner annimmst?» Man kann «den Menschen» gar nicht bestimmen, wenn man außer Acht lässt: Gott gedenkt seiner, und dieses Gedenken ist ein Sich-Kümmern. «Das Menschliche» spricht sich dann aus in der Anbetung. Und wenn ein Mensch dann staunend Gott fragt: «Was ist der Mensch, dass du seiner gedenkst?», dann ist er als Mensch dahin gekommen, wo Menschsein gelingt.

Es spricht sich auch aus als große Not: «Der Mensch, vom Weibe geboren, lebt kurze Zeit und ist voll Unruhe» (Hiob 14,1). Ja, er kann dahin kommen, dass er das Gegenteil von dem erfleht, was sein Leben einmal reich gemacht hat: von Gott angesehen zu werden. «… blicke doch weg von ihm, damit er Ruhe hat» (Vers 6a). Das sind Rufe aus der Tiefe eines Herzens, das der Verzweiflung nahe ist.

«Den Menschen erkennt nur, wer von Gott weiß», hat der katholische Religionsphilosoph Romano Guardini (1885–1968) geschrieben.[19] Der Reformator Johannes Calvin (1509–1564) hat das in seinem Jahrhundert auch so gesehen.[20] Beide sprechen aus, was zum Elementaren des Glaubens quer durch die Jahrhunderte hindurch gehört: der Zusammenhang von Gotteserkenntnis, Menschenerkenntnis und Gebet.

Raum zum Staunen, Raum zum Erschrecken. Gottes- und Menschenerkenntnis verbinden sich zur Einsicht: Wir passen nicht zu Gott. Gott und Mensch, das verträgt sich nicht. Was ist bloß mit uns los, dass wir ihm weglaufen? «Wir wollen nicht, dass dieser über uns herrsche» (Lukas 19,14). Dieser Satz aus dem Gleichnis von den anvertrauten Talenten markiert über die Situation der damaligen Gesprächspartner hinaus eine bis heute grassierende Unwilligkeit. Helmut Thielicke (1908–1986) meinte gar, der «Wunsch, von Gott frei zu werden, ist die tiefste Sehnsucht des Menschen»[21].

Die Götzen genügen viel eher dem Sicherheits- und Ruhebedürfnis der Menschen. Sie bestätigen sie, während der lebendige Gott an die Menschen Fragen stellt, denen sie ausweichen möchten, solange es eben geht. Das Herz des Menschen ist eine Götzenfabrik, sagt Calvin.[22]

Sicher, es gibt «ein pathologisch-religiöses Sündenbewusstsein, das nichts anderes als negativer Selbstgenuss ist und die narzisstische Unfähigkeit, von sich selbst abzusehen. Aber das scheint in unserem Land und in diesem Augenblick nicht die große Gefahr zu sein. Die Hauptgefahr ist eher das pathologisch schlechte Gedächtnis, das zu unserem pathologisch gesunden Gewissen führt.»[23]

Es käme darauf an, die Gegenposition zum Verhalten der

Leute im Gleichnis einzunehmen und sich zu entschließen: «Wir wollen, dass dieser über uns herrsche!» Menschen geben es auf, über sich selbst zu verfügen, und überlassen sich Gott. Es kommt zu einer Selbstenteignung im Licht des großen Gewinns, zu Gottes gnädiger Herrschaft zu gehören. Aus der Unabhängigkeitserklärung gegenüber Gott wird eine bewusst gewollte Abhängigkeitserklärung. Glück ist, Gott zu gehören und sich von ihm ins Leben hineinreden und hineinregieren zu lassen.

Wo diese Wende Wirklichkeit wird, bekommt die Bibel ein neues Ansehen. Sie ist nicht länger das «Und daneben gibt es auch noch Gott»-Buch; sie wird das «Mein Herr und mein Gott»-Buch (Johannes 20,28). Oder, vom Anfang der Bibel her gesehen: Das Glück wird gefunden im Nein zu dem Versprechen der Schlange: «Ihr werdet sein wie Gott»[24]. Es ist nicht länger nötig, sich auf Gottes Kosten zu profilieren. Wir dürfen Menschen sein, Gott müssen wir nicht sein. Wirklich nicht. Wenn eine Überforderung nicht nötig ist, dann diese.

Nun lässt sich auch die vielgestellte Frage nach der Größe des Menschen überraschend neu beantworten. Objektive Daten beantworten diese Frage nicht zureichend, meinte der Aachener Bischof Klaus Hemmerle (1929–1994). Nein, man muss sich messen, wie sich Kinder messen. Sie vergleichen sich zum Beispiel mit der Größe der Geschwister, der Mutter, des Vaters. Messen wir uns an Gott, gibt es zwei Messergebnisse. Das erste: «ein Staub[korn] vor [der] Unendlich[keit]».[25]

Dieses Messen, typisch für die Erwachsenen, sagt jedoch noch nicht das Wichtigste. Die menschlichste und göttlichste

«Maß-Nahme des Menschen an Gott» kommt zu dem Ergebnis: «Der Mensch ist sehr groß, er geht Gott bis zum Herzen.» So gemessen, muss der Umfang der Bibel nicht mehr lästig sein. Last wird Lust. Die Bibel ist das dicke Buch von dem Gott, dem die Menschen bis zum Herzen gehen.

Die Bibel ist so dick, damit unsere Gebete nicht so dünn bleiben

Wer A und B sagt, muss auch C sagen.

A: Die Bibel zeigt uns Gott.

B: Die Bibel zeigt uns die Menschen.

C: Die Bibel ist das Gebetbuch unseres Lebens.

Wer jetzt vor allem an die Psalmen denkt, wird durch Martin Luther (1483–1546) und Dietrich Bonhoeffer (1906–1945) bestätigt. Bonhoeffer hat seiner Einführung in die Psalmen den Untertitel «Das Gebetbuch der Bibel» gegeben.[26]

Martin Luther hat 1528 eine Kurzeinführung in den Psalter geschrieben.[27] Bis heute greifen auch junge Menschen nach den Erläuterungen des Reformators und übersteigen mit wenig Mühe die sprachlichen Hürden des bald halbtausendjährigen Textes. Sie finden sich hier wieder und sehen sich ernst genommen. Denn das wissen sie: Im Leben geht es stürmisch zu. «Ein menschliches Herz ist wie ein Schiff auf einem wilden Meer, welches die Sturmwinde von den vier Orten[28] der Welt treiben.» Furcht, Sorge, Grämen, Traurigkeit oder umgekehrt Hoffnung, Glück, Sicherheit, Freude, das macht das Leben aus.

«Was ist aber das meiste im Psalter anders als solch ein ernst-liches Reden in allerlei solchen Sturmwinden?»[29] In den Psal-men kann man den Glaubenden ins Herz gucken. Die Dank-psalmen sind wie «schöne, lustige Gärten», ja, hier geht es himmlisch zu. Eher höllisch geht es in den Klagepsalmen zu; es geht jämmerlich tief nach unten.

Aber von wo aus auch immer: Das Leben wird mit Gott kon-frontiert. Wer betet, bleibt nicht bei sich selbst, sondern bricht zu Gott hin auf. Wer aber zu Gott hin aufbricht, dem wird die einmal verspielte Menschenwürde wieder zurückgegeben.

Der Blues- und Rockgitarrist Sir Eric Clapton hat eine Auto-biografie veröffentlicht, bei der auf mindestens der Hälfte der Seiten von seinen Drogenproblemen die Rede ist. Zum Bei-spiel[30]: «In mir hat schon immer ein Verrückter geschlummert, der nur darauf wartete herauszukommen, und mit dem Trinken gab ich ihm die Erlaubnis.» – «Ich hatte nie gelernt, mir gegen-über aufrichtig zu sein.» Schließlich kommt es zu einem Gebet, das Clapton «Kapitulation» nennt und das zum Wendepunkt wird: Gebetskapitulation als Rückkehr zur Menschenwürde. «Der Mensch ist das Wesen, das als Hörer des Wortes geschaffen ist und das sich in der Antwort auf das Wort zu seiner eigenen Würde aufrichtet.»[31]

Flugs zurück zu Luther: Sein Psalmenvorwort zeigt auch den Aufbruch aus dem Gefängnis des Ich in die Weite des Wir. Der Einzelne betet als Glied des Gottesvolkes. «Daher kommt's auch, dass der Psalter aller Heiligen[32] Büchlein ist.»[33] Er ist eine «unzählige, unaussprechliche Wohltat in Ewigkeit»[34].

Der Psalter ist das große Ermutigungsbuch, das uns beten

hilft. «Bei Gott ist mein Heil und meine Ehre, der Fels meiner Stärke, meine Zuversicht ist bei Gott. Hoffet auf ihn allezeit, liebe Leute, schüttet euer Herz vor ihm aus; Gott ist unsre Zuversicht» (Psalm 62,8f.).

Da soll man nicht erst mühsam alles sortieren müssen, was sich angesammelt hat. Wo käme man hin, müsste man sich erst selbst genug verstehen und schon eigene Lösungsansätze mitbringen! Nein, hier hört der, der aller Zuversicht wert ist; der Fels, der unter einem nicht wegbricht, auch wenn man selbst auf ihm bedenklich wackelt. Wer zu Gott flieht, flieht in die richtige Richtung. Deshalb ist die erfahrene Ermutigung mehr als Privaterfahrung. Das müssen die «lieben Leute» hören, Hinz und Kunz, Hans und Grete, Henriette und Raphael. Gott möchte die Zuversicht aller sein.

Wolfgang Bittner (geb. 1947) hat in seinen Vorträgen zur Spiritualität das Psalmenbuch immer wieder humorvoll und mit seelsorgerlichem Tiefsinn eine «Gebetsverleihanstalt» genannt.[35] Man kann schlicht nachbeten, was andere gebetet haben, sich aber auch zum Beten mit eigenen Worten anregen lassen. Die jahrhundertealte Frage: «Soll ich frei aus dem Herzen beten oder vorformulierte Gebete sprechen?», klingt angesichts der Psalmen wie die Frage: «Soll ich lieber auf dem linken Bein oder auf dem rechten Bein durchs Leben laufen?» Die besten Erfahrungen machen jeweils die, die beide Beine benutzen.

Wer den Psalter, das «Gebetbuch der Bibel» liebt, wird gern noch einen Schritt weiter gehen und sagen: Nicht nur der Psalter, sondern die ganze Bibel ist ein Gebetbuch, auch da, wo nicht ausdrücklich Gebete formuliert werden. Sie stellt uns Gottes große Taten vor Augen, sie zeigt uns, wer wir sind: Kann man es da noch ohne Beten aushalten?

Wir stoßen auf betende Menschen und solche, die das zunächst gar nicht vorhatten. Wir finden Verheißungen, mit denen Gott zum Beten einlädt. Wir stoßen bei Paulus auf den Satz, dass Jesus den Zugang zu Gott eröffnet hat und wir mit großer Hoffnung beschenkt worden sind (Römer 5,2).

Sogar so etwas wie einen «Befehl» zum Beten finden wir. Das ist besonders wichtig, wenn man sich nicht zu beten traut, weil man ein schlechtes Gewissen hat und in sich keinerlei Recht spürt, Gott unter die Augen zu treten. Paradoxe Seelsorge: Ermutigung in Befehlsform. «Mein Herz hält dir vor dein Wort: ‹Ihr sollt mein Antlitz suchen.› Darum suche ich auch, HERR, dein Antlitz» (Psalm 27,8). Ich trau mich, weil Du mir sagst, ich soll mich trauen. Also mach ich's.

«Wollen wir mit Gewissheit und Freude beten, so wird das Wort der Heiligen Schrift der feste Grund unseres Gebetes sein müssen. Hier wissen wir, dass Jesus Christus, das Wort Gottes, uns beten lehrt.»[36] «Nicht die Armut unseres Herzens, sondern der Reichtum des Wortes Gottes soll unser Gebet bestimmen.»[37] – Wenn die Armut unseres Herzens unser Beten bestimmt, werden unsere Sorgen schnell alles andere an den Rand drängen. Zur Fürbitte bleibt keine Zeit; ich habe ja so viele Probleme mit mir selbst. Ja, so kann man sich sogar krankbeten oder eigenen Egoismus zementieren.

Jean-François Six (geb. 1929) schrieb 1972: «Es gibt Gebete, die von Abwertung strotzen.»[38] «Müsste man nicht eine Erhebung machen von jenen weißen Flecken, die wir in unserem Gebet auf der Weltkarte lassen?»[39]

Auch der verständliche Gedanke, wir müssten zum Beten zunächst einmal optimale Bedingungen schaffen, wird zurückgewiesen. «Bestimmte Leute suchen für das Gebet die Stille und die Wüste, wie sie die besten Hygienebedingungen suchen: mit einem Zwang zur Reinlichkeit, der an Neurose grenzt. Und sie opfern viel Zeit, keimfreie und vornehme Kurzentren zu schaffen, wo man sich unter besserem Publikum befindet: Gebetsghettos.»[40]

Damit nähern wir uns der Einsicht, dass sogar unser Beten Vergebung braucht; Vergebung, Ausweitung und Korrektur. Selbst die Gebete, die wir vielleicht für unsere besten halten, sind immer eine eigentümlich fragwürdige Mischung. Aber Gott hört unsere Gebete besser, als wir sie beten und meinen. Wer einmal die Übersetzungsarbeit, die der Heilige Geist hier leistet (Römer 8,26f.), schätzen lernt, dessen Gebet gewinnt Weite, und die Tür zur Anbetung öffnet sich.

«Vielleicht ist es gerade nötig, dass wir gegen unser eigenes Herz beten, um recht zu beten. Nicht was wir gerade beten wollen, ist wichtig, sondern worum Gott von uns gebeten sein will.»[41] «Das Gebet bringt dich zu deinen wahren Dimensionen und führt Menschen und Dinge in ihr richtiges Maß.»[42] «Die Betrachtung der Schrift ist die Schule rechten Hörens und das Hören der Ursprungsquell alles [sic] christlichen Lebens und Betens.»[43]

Als Kritiker unseres Betens wird die Bibel zum Förderer unseres Betens. Sie ist mit den besten unserer Sehnsüchte im

Bunde. Hier werden unsere Arten und Unarten in der Tiefe verstanden. So kann uns auch herzenstief geholfen werden. Erwartungsvolle Anspruchslosigkeit zieht ins Leben ein. Können und Nichtkönner werden zu Kindern, die «Abba!» rufen, «lieber Vater» (Römer 8,15; Galater 4,6).

Wer hätte das gedacht? Die Bibel, das dicke Kindergebetbuch!

Die Bibel ist so dick, damit wir sprachsensibel werden

Wir atmen, bevor wir über das Atmen nachdenken. Das kommt viel, viel später. Käme das Nachdenken über das Atmen vor dem Atmen selbst, die Menschheit würde innerhalb weniger Minuten aussterben. Aber irgendwann ist es an der Zeit, nicht mehr nur zu atmen, sondern auch über das Atmen nachzudenken, über das Ein- und Ausatmen, über Sauerstoff und Lungenvolumen.

Wir sprechen auch, bevor wir über das Sprechen nachdenken. Das kommt viel, viel später. Aber schon früh beginnt etwas, das uns das Sprechen ermöglicht: Wir werden angesprochen. Wir hören unseren Namen. Irgendwann beginnen wir zu antworten, zunächst mit unverständlichen Lauten, doch bald schon mit etwas, das Nächststehende wohlwollend interpretieren: «Es hat ‹Mama› gesagt!» Kein Baby denkt in dieser Situation darüber nach, ob «Mama» ein Nominativ oder ein Vokativ ist. Das kommt später. Erst hören wir, dann sprechen wir; Sprechen ist Antworten. – Es sieht aber fast so aus, als wollten wir dieses Grundgesetz gelingenden Sprechens außer Kraft setzen.

Wir kommen nämlich aus einem Jahrhundert gefährdeten Hörens und gefährdenden Sprechens. Der englische Journalist Malcom Muggeridge (1903–1990) antwortete auf einem Flughafen auf die Frage «Haben Sie Waffen dabei?» mit «Ja» und zog seinen Füllfederhalter aus der Tasche. Nun ja, Muggeridge war Satiriker. Da darf man ihm zuhören und eine solche Formulierung genießen.

Gar nicht zum Lachen war es in der Zeit der Nazidiktatur. Der Romanist Victor Klemperer (1881–1960), bekannt vor allem durch seine Tagebücher[44], hat dafür Beispiele notiert und zu einem Buch verdichtet: *LTI. Notizbuch eines Philologen.*[45] An Hitlers Chefpropagandist Joseph Goebbels (1897–1945)[46] zeigt Klemperer den Charakter dieser Sprache als ein Verbergen und Verführen auf. Einerseits regiert ein Verschleierungs- und Einschüchterungsvokabular, andererseits findet sich im Blick auf den «Führer» eine Überfülle von «Vergottungsbeispielen»[47].

Der politisch-militärische Verdrängungswettbewerb äußert sich nicht zuletzt als Sprachkampf. Der ist besonders leicht am Superlativismus zu erkennen; «der Superlativ ist das nächstliegende Wirkungsmittel des Redners und Agitators, er ist die Reklameform schlechthin.»[48] Aber «die Abstumpfung und die Skepsis und die schließliche Ungläubigkeit können nicht ausbleiben.»[49] Fazit: «Die Sprache bringt es an den Tag.»[50] Sie ist aufschlussreich oder verräterisch, je nachdem.

Die Bedeutung der Sprache für das Nachdenken im 20. Jahrhundert lässt sich leicht an Buchtiteln ablesen. Noch bis vor wenigen Jahren benutzten Germanistikstudenten Walter Porzigs (1895–1961) Einführung: *Das Wunder der Sprache*[51], und Nikolaus Nützel (geb. 1967) gab seinem Sprachbuch für Jugendliche den Titel *Was den Mensch zum Menschen macht.*[52] Der Literaturwissenschaftler George Steiner (geb. 1929) blickte zurück: *Nach Babel*[53], der Philosoph Martin Heidegger (1889–1976) nach vorne: *Unterwegs zur Sprache*[54].

Ludwig Wittgensteins (1889–1951) *Tractatus logico-philosophicus*[55] verriet auf dem Titelblatt noch nicht, dass hier eine neue Sprachphilosophie begründet werden sollte. Eugen Rosenstock-Huessy (1888–1973) bot mit *Die Sprache des Menschengeschlechts* eine «leibhaftige Grammatik in vier Teilen»[56], und Hans-Georg Gadamer (1900–2002) wurde nicht müde zu betonen: «Freilich, was Sprache ist, gehört zum Allerdunkelsten, was es für das menschliche Nachdenken gibt. Unserem Denken ist die Sprachlichkeit so unheimlich nahe und sie wird im Vollzuge so wenig gegenständlich, dass sie ihr eigentliches Sein von sich aus verbirgt.»[57] Peter Sloterdijk gab seinen «Frankfurter Vorlesungen» den Titel *Zur Welt kommen – Zur Sprache kommen.*[58]

Die Zahl der Linguistik-Veröffentlichungen geht längst in die Tausende. Es ist, als wollte ein ganzes Jahrhundert sich Johann Georg Hamanns (1730–1788) Satz über die Sprache zu eigen machen: «An diesem Markknochen nag' ich und werde mich zu Tode darüber nagen.»[59]

Das muss man nicht alles lesen. Wichtig ist, zu erfahren, wie gut es tut, wenn jemand gut mit uns spricht, und andererseits zu wissen, wie gefährdet unser Sprechen ist. Wie finden wir Worte, die durch allen Sprachverfall hindurch unser Herz erreichen und die Sprachmonotonie überwinden? Wie halten wir einen Sicherheitsabstand ein gegenüber der ökonomisierten Sprache und den vorgestanzten Sprachregelungen in Politik und Wirtschaft? Früher redete man fast nur in Diktaturen so.

Wir reden nicht mehr, wie uns der Schnabel gewachsen ist, sondern wie man uns den Schnabel verbogen hat.[60] Aber vielleicht muss das ja nicht das letzte Wort sein. Es gibt eine Sprachnot, die vor allem die befällt, die etwas zu sagen haben.[61] Marina Zwetajewa (1892–1941), neben Anna Achmatowa (1889–1966) wohl die bedeutendste russische Lyrikerin des 20. Jahrhunderts, schrieb am 22. Mai 1926 an Boris Pasternak (1890–1960): «Wie ich deinen Horror vor Worten verstehe, die das Leben verdorben, zweideutig gemacht hat. Dein wachsames Ohr – wie ich es liebe, Boris!»[62] – Das sind Sätze, die ein ganzes Jahrhundert betreffen.

Der Duden, die Schatz- und Gerümpelkiste der deutschen Sprache, dokumentiert alles sorgfältig. Ganz selbstverständlich stehen zwischen den Ex-Fremdwörtern «redressieren» und «Reduit» die allseits bekannten Wörter «redselig» und «Redseligkeit».[63] Dazu müsste es eigentlich als positives Gegenüber das Wort «Hörseligkeit» geben. Das aber ist im Duden nicht zu finden. Auf die «Hörsel», den rechten Nebenfluss der Werra, folgen die «Hörselberge», die dem Leser als «Höhen im nördlichen Vorland des Thüringer Waldes» vorgestellt werden.[64] Hörseligkeit: Fehlanzeige. Die Deutschen scheinen redselig, aber nicht hörselig zu sein.

Die Bibel ist das Buch von der Redseligkeit des hörseligen Gottes und der Hörseligkeit des redseligen Menschen. Reden wir vom Gott der Bibel, wird Redseligkeit auf einmal etwas anderes: nicht Geplapper, sondern schöpferisches Wort, das Leben gibt. Und dieser Gott hört in einer Qualität des Hörens, die bei uns ganz unerhört ist. Deshalb kann es bei den Menschen Hörseligkeit geben, auch wenn der Duden das noch nicht weiß. Menschen werden für Gott ganz Ohr. Die Grundberufung Israels: «Höre, Israel» (5. Mose 6,4), eröffnet Seligkeit. Mit der Umkehr zu dem Gott, der redet[65], beginnt ein lebenslanger Lernprozess: Sprachwandel durch Hörseligkeit. – Zwei Ausschnitte aus den vielen biblischen Zusammenhängen, in denen es ums Sprechen geht, sind 1. Mose 1–11 und das Buch der Sprüche.

«Am Anfang schuf Gott Himmel und Erde. Und die Erde war wüst und leer, und es war finster auf der Tiefe; und der Geist Gottes schwebte auf dem Wasser. Und Gott sprach: Es werde Licht! Und es ward Licht» (1. Mose 1,1–3). Am Anfang steht der sprechende Gott, der die Welt und ihre Menschen durch sein Wort schafft. Ohne dieses Sprechen sind Welt und Menschen nicht zu verstehen. Da kommen sie her; das hat sie zutiefst geprägt.

Die nächsten Verse mit dem jeden neuen Abschnitt einleitenden «Und Gott sprach» (1,6.9.11.14.20.24.26.29) zeigen, welche Hervorbringungskraft Gottes Wort hat. Es ist nicht lediglich Information oder Ankündigung; es schafft Wirklichkeit.

Mit dem Menschen ist es etwas Besonderes. Aber dieses Besondere wird ebenfalls eingeleitet mit «Und Gott sprach» (1,26). Die Menschen werden durch Gottes Sprechen nicht bloß erschaffen, sondern sogleich angeredet (1,28). Gott redet sie an, indem er sie segnet. So bringt Gott seinen Willen zum Ausdruck, dass die Menschengeschichte nun eine Geschichte mit dem redenden, segnenden Gott sein soll. – Die Aufträge an den Menschen (ab 1,28) geschehen durch An-Sprache Gottes. Sie sind als Gestalt des Segens gemeint.

Was das Bild-Gottes-Sein des Menschen (1,27) für seine Sprache bedeutet, wird zunächst nicht ausdrücklich gesagt. Es liegt nahe, zu vermuten, dass zum Leben als Bild Gottes auch ein sprachliches Antworten gehört, ein Ent-Sprechen. Als Antwortender ist er verantwortlich, Stellvertreter Gottes auf Erden zu sein, aber nicht eines abwesenden, sondern des anwesenden, redenden Gottes.

Geschaffen als Mann und Frau (1,27 sowie 2,18ff.): Auch diese Unterscheidung resultiert aus einem Sprechen Gottes. Es ist ein Segen, dass es diesen Unterschied gibt.

Die Tiere bekommen durch die Menschen ihre Namen (2,19). In der Namensgebung drückt sich nicht nur eine Überordnung aus – nicht die Tiere geben den Menschen Namen, sondern umgekehrt –, sondern auch eine Beziehungsqualität zwischen Menschen und Tieren. «Der Gerechte erbarmt sich seines Viehs» (Sprüche 12,10a).

Dass Gott die Tiere zum Menschen bringt, «dass er sähe, wie er sie nennte» (1. Mose 2,19), drückt eine gespannte positive Erwartung Gottes aus: Gott interessiert sich sehr für das, was der Mensch hier tut. Der Mensch entscheidet, und das Ergebnis geht Gott zu Herzen.

Die Frau wird vom Mann nicht nonverbal, sondern sprachlich willkommen geheißen (2,23)! Am Anfang der Ehegeschichte(n) steht ein Wortspiel (hebräisch: *isch/ischa*).[66] Wie sich zukünftige Gemeinschaft gestalten wird, wird sehr von der Art und Weise abhängen, wie Mann und Frau miteinander sprechen.

Auch der Sündenfall (1. Mose 3) wird durch Sprache eingeleitet und vollzogen. – Alle Folgeprobleme (1. Mose 3–11) sind zu einem entscheidenden Teil auch Sprachprobleme. Im Misslingen der sprachlichen Kommunikation kommt es zum Misslingen aller wichtigen Lebensvollzüge, zu Hass und Mord. Einheit der Menschen wird gerade als sprachlich vermitteltes Sicheinigen nun höchst gefährlich und zur Revolution gegen Gott. Sprachlich profilieren sich die Menschen auf Kosten Gottes. Statt Gottes Namen zu heiligen und so in seinem Segensbereich zu bleiben, versuchen sie, sich auf Kosten Gottes einen Namen zu machen. Das tut ihnen nicht gut; es weckt den Widerstand Gottes (1. Mose 11,1–9; Turmbau zu Babel). – Das ist nur ein kleiner Ausschnitt, aber welche Dynamik entwickelt sich daraus!

Das Buch der Sprüche ist mehr als zweitausend Jahre älter als das moderne Adjektiv «verschleißresistent», könnte sich aber als verschleißresistenter erweisen. Es ist ein Buch, das dem Alltag seine Würde gibt, seine Leser nicht bis zur Erschöpfung von Höhepunkt zu Höhepunkt treibt, und stattdessen Augenmaß für das beweist, worauf es ankommt. Ein Geheimtipp für Zeitgenossen, die gemerkt haben: Cleverness reicht nicht, um das Leben zu bestehen. Wir brauchen auch mehr als emotionale Intelligenz.

Im Buch der Sprüche ist keineswegs alles konsequent thematisch durchstrukturiert, aber das ist das Leben ja auch nicht.

Es ist ein Buch für Menschen, die lange genug über ihre genialen Ideen gestolpert sind und jetzt etwas Beziehungsfreundliches suchen, das das Leben gelingen lässt. Darin kommt – wie sollte es anders sein – auch die Sprache zur Sprache. «Tod und Leben stehen in der Zunge Gewalt; wer sie liebt, wird ihre Frucht essen» (Sprüche 18,21). Wir hören Worte, in denen die Konsequenzen mitbedacht werden; aus einem Buch, das das behandelt hat, was wir so tun und lassen, gerade auch wenn wir den Mund aufmachen oder schweigen.

Die Einführung (Sprüche 1,1–7) beginnt nicht mit dem Selbersprechen, sondern mit der Einladung, zu hören, was die Weisen sagen, also mit Werbung für Hörseligkeit. Dem entspricht gleich darauf (Vers 8–19) das entschlossene Nichthören auf die falschen Leute.

«Die Weisheit ruft laut auf der Straße und lässt ihre Stimme hören auf den Plätzen. Sie ruft im lautesten Getümmel» (Vers 20f.). Schließlich brauchen alle sie, auch wenn sie oft überhört wird. Das ist in Zeiten noch ohne Autolärm und Düsenjäger gesagt. Schon in jenen leisen Zeiten hatte es die Weisheit schwer, sich Gehör zu verschaffen. Sie ist nicht von vornherein die Bestimmende. Hier hinhören zu lernen, kommt einer Umschulung des Lebens gleich. Der Einstieg zum Gelingen ist «die Furcht des Herrn». Sich von Gott etwas sagen zu lassen, fiel den Leuten schon damals schwer, aber anders geht es nicht.[67]

Mehrfach ist vom Bewahren die Rede. Guter Rat ist nicht immer teuer; er eröffnet langfristige Perspektiven. Die Rede vom Bewahren schließt aber auch ein, dass dieses Thema nicht in zehn Minuten abgearbeitet ist. Es gilt, sofort anzufangen und lebenslang dranzubleiben.

Auch schlimmes Reden wird zum Thema. Die Lästermäuler (Sprüche 4,24) haben immer Hochkonjunktur. Die falsche, glatte Zunge ist Weltmeister im Einschmeicheln und Überlisten; sie verteilt Leckerbissen. So sieht es wenigstens zunächst aus. In Wirklichkeit steht sie in lebensbeschädigender Zusammenarbeit mit Herzen, die Intrigen planen, mit stolzen Augen, mit Händen, an denen Blut klebt, und mit Füßen, die immer dahin laufen, wo man jemanden plattmachen kann (vgl. 6,17ff.).

Wer so destruktiv redet, mag sich für klug halten. Er ist aber ein Depp, denn er tut, was Gott anwidert (6,16). Wo Beratungsresistenz chronisch geworden ist, weil dahinter eine Lust an der Schädigung des anderen steht, zieht man sich besser zurück. Hassgesteuerte Menschen sind als Freunde denkbar ungeeignet. Bei ihnen wird alles krumm und verbogen. Von ihnen kann man nichts lernen. Sie verursachen nur «Herzeleid».

Doch auch die eigenen Worte, mit denen man gar nichts Schlechtes will, die aber ohne Kontrolle über die Lippen kommen[68], können einen fangen und einsperren. Hat man Blödsinn geredet, kann das gegen einen verwendet werden. Es gibt Leute, die lauern nur darauf. Es ist im eigenen Interesse, an der richtigen Stelle den Mund zu halten.

Fast könnte man erwarten, dass man nur noch das Schweigen empfehlen kann. Wer ist schon in der Lage, seine Zunge zu disziplinieren? Aber das Buch der Sprüche will niemanden zum Sprachvermeidungsexperten umschulen. Zwar wird dort vor der Überproduktion von Wörtern gewarnt. Denn dabei geht es nicht ohne Sünde ab. Wer so schnell so viel produziert, produziert erfahrungsgemäß auch viel Ausschuss. «Mit dem, der den Mund nicht halten kann, lass dich nicht ein» – aber die Freude an gutem Reden ist größer als die Abneigung gegen dummes Gebabbel.

Sicher, Reden ist oft nicht Silber, sondern Blech; aber deswegen ist Schweigen noch nicht Gold. Schweigen dient dem guten Reden, nachdem es dem guten Hören gedient hat. Es gibt, wo die Furcht Gottes zur Einsicht führte, heilendes Reden. Manche Sätze im Buch der Sprüche lesen sich übrigens, als würde in spätestens fünf Minuten das Wort Logotherapie erfunden werden. – Im Reden kann Treue zu Wort kommen, Segen sich ausbreiten, Einsicht sich einstellen, der Mund zum Instrument von Güte werden. «Die Quelle der Weisheit ist ein sprudelnder Bach.» Gut reden macht fröhlich. «Wie wohl tut ein Wort zur rechten Zeit!»

Von Gott und seinem Reden ist zwar immer wieder einmal, aber nicht dauernd die Rede. Das ist nach der klaren Einführung in Kapitel 1 auch nicht nötig. Aber ab und zu blitzt kurz auf, was die ganze Zeit im Hintergrund steht: Vor Gott haben wir unser Reden zu verantworten. Das gehört zur Menschenwürde.

In der Regel ist diesen sorgfältig formulierten Merksätzen keine ausführliche Begründung beigegeben. Wer sie sich merkt und mit den eigenen Beobachtungen vergleicht, der sieht schon das Nötige ein. Beispiel (Sprüche 18,13): «Wer antwortet, ehe er hört, dem ist's Torheit und Schande.» Man höre diesen Satz einmal mit den Ohren eines Eheberaters, eines Politikers, eines

christlichen Gemeindeleiters, eines Teilnehmers an einer
Talk-Show ...

Das Buch der Sprüche will ein Reden fördern, das geradlinig,
verlässlich und Gott gegenüber loyal ist. So entstehen Frei-
räume des Vertrauens. Man atmet auf und gewinnt neue Hoffnung, dass das Leben doch noch gelingen kann. So verbindet
das Buch der Sprüche etwas, das oft auseinanderfällt. Feinste
Nuancierungen laden zu differenzierter Beobachtung ein.
Gleichzeitig wird das Elementare elementar gesagt – wichtig
nicht nur für hauptberufliche Mundwerker.

Weiter wäre zum Beispiel zu reden von der Liebessprache
des Hohenliedes und den Wortspielen Jesajas. Letztere sind
Kampf um Gottes Volk und keine Spielerei. Die «Sprache Ka-
naans» ist an der einzigen Stelle, wo der Ausdruck vorkommt
(Jesaja 19,18), keine nostalgische Mischung aus Bibel, Sprache
der Erweckungsbewegung des 19. Jahrhunderts und etwas zu
viel braver Spießbürgerlichkeit, sondern ein Hinweis darauf,
wie Sprache sich ändert, wenn Jahwe seine Herrschaft aus-
dehnt.

Jesus macht da weiter, wo das Buch der Sprüche aufgehört
hat. Erst langsam begreifen wir als Kinder einer Schriftlichkeits-
kultur, wie sorgfältig Jesus seine Worte so geformt hat, dass sie
in einer vorwiegenden Mündlichkeitskultur nachhaltig bewahrt werden konnten. Da werden wir noch eine Weile Nachhilfeunterricht brauchen.[69] Bedeutung, Würde und Gestalt des
Wortes fügen sich zusammen.

Es ist Jesus, es ist Gott nicht egal, was und wie wir reden.
«Ich sage euch aber, dass die Menschen Rechenschaft geben

müssen am Tage des Gerichts von jedem nichtsnutzigen Wort, das sie geredet haben» (Matthäus 12,36). Viele ernsthafte Christen haben dies als eine Art Maulkorberlass und Humorverbot missverstanden. Man muss aber nicht beim Mund, sondern wie Jesus beim Herzen ansetzen.

Das tut er auch direkt vorher. Von einem «Schatz des Herzens» spricht er (Vers 35), einem guten oder einem bösen Vorrat. Wer mit anderen redet, greift auf den Vorrat seines Herzens zurück. Worte sind Äußerungen. Inneres tritt nach außen. Deshalb Vorsicht vor der allzu schnellen Entschuldigung: «Das ist mir so rausgerutscht.» Rausrutschen kann nur, was vorher drin gewesen ist. Neues Reden setzt ein neues Herz voraus, und Sprecherziehung ist im Vollsinn als Lebensrenovation zu sehen: Statt dem andern herzlich böse ihm herzlich gut sein und das im Reden zur Auswirkung bringen.

Die Urchristenheit hat sich diesem Thema illusionslos und hoffnungsvoll gestellt.[70] So ist die Geschichte des Urchristentums weitgehend auch eine Geschichte der Freude am liebevollen, hilfreichen Wort geworden. Hier hat ein neues Leben Gestalt gewonnen. Im Wort für den anderen da zu sein, blieb nicht Sehnsucht derer, die solche Worte schon lange vermisst hatten. Es wurde Wirklichkeit.

An der Bibel gewonnene Sprachsensibilität könnte einen Gewinn an sprachsensibler Zeitgenossenschaft mit sich bringen. Nur ein Beispiel: Seit etwas mehr als einem Jahrhundert haben Psychologie, Psychoanalyse und Psychotherapie stark auf unsere Sprache eingewirkt. Schnell lässt sich ein Alphabet aus Worten zusammenstellen, die um 1850 noch keiner kannte oder die vorher eine andere, meist allgemeinere Bedeutung hatten.

Wir sprechen etwa von Allmachtsfantasien, Bewältigungstrieb, Charakterformen, Depression, Extroversion, Fremdwahrnehmung, Gegenübertragung, Homöostase; von Ich-Schwäche, Jugendpsychiatrie, Kastrationsangst, Libido, Minderwertigkeitskomplex und Narzissmus; von Oralphase, Projektion, Querulanten[71], Regression, Sublimierung; von Todestrieb, Unterbewusstsein, Verdrängung, von Wiederholungszwang, Xenophobie, Yin und Yang[72] und Zwangsneurosen.

Geht man weiter ins Detail, ließen sich bei den meisten Buchstaben jeweils mehr als zehn Wörter auflisten. Unter A wären etwa zu nennen: Ablösung, Abwehrmechanismus, Adaption, Affekt, Aggression, Ambivalenzkonflikt, Analphase, Analysand, Analytiker, Angstneurose, Angstträume, Anpassungsdruck, psychischer Apparat, Auto-Erotismus, Autopoiese. – Bei X und Y wird es zugegebenermaßen schwierig. Das wäre aber nicht nur in der Psychologie so.

Von der Bibel zur Sprachsensibilität erweckt, könnte hier ein behutsames Nachdenken stattfinden. Verstehen und Urteilsfähigkeit könnten wachsen und zu einer Gesprächsfähigkeit führen, die die Denkschablonen hinter sich lässt. Wir haben als Christen nicht zu wählen, ob wir geistige Mülleimer sein wollen, die alles unkontrolliert in sich hineinschütten lassen, was gerade «in» ist, oder Generalverweigerer, die ungeprüft zu allem Nein sagen, was an sie herangetragen wird.

Nun stelle man sich eine um zwei Drittel gekürzte Bibel vor. Das wären je nach Bibelausgabe immer noch um die 500 Seiten.

Viele hielten den Daumen immer noch nach unten: «Viel zu dick!» Aber was würde alles fehlen? Wie viele Prophetentexte würden dem Rotstift zum Opfer gefallen sein? Wie viele Gespräche mit Gott, wie viele der Gespräche, die Jesus mit seinen Zeitgenossen geführt hat? Wie viele Worte der Apostel, die Gemeinde gebaut haben? Wie viele Impulse fielen aus?

Während viele Christen träge werden, bleiben die Demagogen (Hetzer, Aufhetzer) fleißig. Die Missionare des Zynismus sind weiterhin unterwegs. An den Stammtischen werden auch in Zukunft Schlagwörter Beifall finden. Wer meint, es müsste endlich einmal etwas anderes gesagt werden, dem könnte die dicke Bibel zur Lust werden, statt Last zu sein.

Die Bibel ist so dick, damit Mündigkeit eine Zukunft hat

Man müsste szenenüberblendend schreiben können. Fernsehleute haben es einfacher, da gibt es den «Split Screen».

Szene 1: Der Philosoph Immanuel Kant (1724–1804) sitzt am Schreibtisch in seiner konzentrationsfördernd karg eingerichteten Königsberger Wohnung. Wir schreiben das Jahr 1784. Eben jetzt verfasst Kant einen Text über die Aufklärung, mit dem er bald Geistesverwandte begeistern, Zögernde überzeugen und noch mehr als zweihundert Jahre später Schüler piesacken wird:

«Aufklärung ist der Ausgang des Menschen aus seiner selbst verschuldeten Unmündigkeit. Unmündigkeit ist das Unvermögen, sich seines Verstandes ohne Leitung eines anderen zu bedienen. Selbstverschuldet ist diese Unmündigkeit, wenn die Ursache derselben nicht am Mangel des Verstandes, sondern der Entschließung und des Mutes liegt, sich seiner ohne Leitung eines andern zu bedienen. Sapere aude! Habe Mut, dich deines eigenen Verstandes zu bedienen! ist also der Wahlspruch der Aufklärung.»[73]

Szene 2: Ein kleiner See, wohl der Titisee im Schwarzwald. Auf dem See ein Ruderboot. Im Boot Klaus-Jürgen Wussow, in den 1980er Jahren als Dr. Brinkmann, Chefarzt der Schwarzwald-klinik, *der* Arzt in Deutschland. Er hat die Ruder eingezogen und genießt den Blick über den See.

Momente der Erholung. Wo sonst kann man so schnell hi-nausrudern aus dem herausfordernden Alltag, sich von einer schwierigen Operation erholen, mit der man wieder einmal ei-nem Patienten das Leben gerettet hat, erholen auch von Intri-gen auf der Station. ohne die keine Fernsehserie auskommt, er-holen von der anstrengenden Oberschwester Hildegard? Sich erholen auch von den bewundernden Blicken eines ganzen Ru-dels von Krankenschwestern, die leider nicht das Glück von Gaby Dohm hatten, vom Chefarzt geliebt und schließlich gehei-ratet zu werden?

Aber Dr. Brinkmann erholt sich gerade gar nicht. Er macht Werbung. Millionen von Fernsehzuschauern sollen endlich in die Lage versetzt werden, zu entscheiden, welchen koffein-freien Kaffee sie in Zukunft kaufen sollen.

Wer Szene eins und Szene zwei zusammensieht, dem drängt sich wohl die Frage auf: Wo sind wir Aufgeklärten bloß gelandet? In Absurdistan? – Ein Schauspieler, ein Nichtmediziner, betreibt gesundheitliche Aufklärung für Millionen. Sicher kann sich jeder selbst sagen, dass hier nur ein Schauspieler Werbung macht und keiner, der Ahnung von der Sache hat. Aber es wirkt trotzdem. Die Leute kaufen, was der TV-Chefarzt ihnen empfohlen hat. Werden die «mündigen» Bürgerinnen und Bürger auch bei wichtigeren Themen auf den Rat von nichtkompetenten Autoritäten hören?

Die Erziehung zur Kritikfähigkeit scheint bei vielen noch nicht mal Urteilsfähigkeit erreicht zu haben. Bei anderen ist zwar die Kritikfähigkeit ausgeprägt, hat aber zur Impotenz im Konstruktiven geführt. Bei jedem Thema meckern zu können, ist vielleicht doch nicht der Beweis ausgeprägter Mündigkeit …

Bei der Kirche oder bei der Religion denken zu lassen, ist auch nicht mehr Mode. Die «allein seligmachende» Kirche hat das Image einer Entmündigungsinstitution verpasst bekommen. Es tröstet wenig, dass es anderen Institutionen nicht besser geht. Ist wirkliche Mündigkeit nur bei den einsamen Einzelnen und den aufmüpfigen Kleingruppen zu finden, während die meisten Kinder der Wohlstandsgesellschaft lediglich Mündigkeit spielen? – Es empfiehlt sich, hier abzubrechen. Allzu schnell landet man auch in der Kritik an einer sich mündig gebenden unmündigen Gesellschaft bei unfairen Pauschalisierungen. Das Wort «Mündigkeit» bleibt freilich in Gebrauch als eines der Herz- und Heilswörter unserer Kultur.

Viele denken bei «Mündigkeit» automatisch an «Mund».

Mündigkeit ist dann das im Selbstvertrauen gewagte Wagnis, den Mund aufzumachen, statt sich von Mehrheiten, Ideologien und Diktatoren den Mund verbieten, sich «bevormunden» zu lassen. – Christlicher Glaube bedarf hier gründlicher Selbstbesinnung. Wie bei vielen anderen Themen ist auch hier die Bibel für Überraschungen gut. Sie hat ihre eigene Mündigkeitsbotschaft, und die geht streckenweise gar nicht konform mit gegenwärtigen Deutungen.

Der Weg zur Mündigkeit führt über eine ganz spezielle Unmündigkeit. Das ist jedenfalls die Meinung von Jesus gewesen, wie Matthäus 11,25f. zeigt. Jesus betet: «Ich preise dich, Vater, Herr des Himmels und der Erde, weil du dies den Weisen und Klugen verborgen hast und hast es den Unmündigen offenbart. Ja, Vater; denn so hat es dir wohlgefallen.»

Ein glücklicher Jesus! Warum? Weil da ein paar Unmündige sind. Über die freut er sich, und Gott im Himmel freut sich mit. Die Unmündigen stellt Jesus den «Weisen und Klugen» gegenüber. Die machen Gott gar nicht glücklich. Er entzieht sich ihnen. Mündigkeit als Hindernis: Manche sind so beeindruckt von ihren eigenen Einsichten und religiösen Gedanken, dass kein Platz ist für das, was Jesus ihnen sagen will. Sie wissen ja längst, wie Gott zu handeln hat, wie wir Menschen mit Gott dran sind und welches Joch die religiösen Menschen auf sich nehmen müssen. Damit haben sie auch einen Maßstab, an dem sie Jesus messen können. Und da ist Jesus eben durchgefallen.

Erstaunlicherweise ist Jesus daraufhin nicht in einen unbefristeten Predigtstreik getreten. Er hat stattdessen den Gott gepriesen, der auf Dauer nur gegenüber den Unmündigen mitteilsam ist. Die haben Jesus herzenstief zugehört. Und auf der ganzen weiten Welt gibt es nur diese eine Gruppe von Menschen, die Gott wirklich verstehen: die Unmündigen.

Unmündig sind also die, die keinen Mund mehr haben, der dazwischenredet, wenn Jesus redet. Sie halten endlich einmal die Klappe und konzentrieren sich aufs Zuhören; sie lassen sich etwas sagen. Unmündig sind die, die für den Mund Gottes ganz Ohr sind, die nichts mehr nötiger haben als das Wort Jesu. Denen kann man gratulieren: Sie haben Gott wirklich verstanden und gehören jetzt zu ihm. Ihr Leben wird ein immer tieferes Hineinwachsen in eine gesegnete Unselbständigkeit gegenüber Gott sein.

Man muss um die Unmündigen übrigens keine Angst haben. Etwa Angst, dass sie ideale Kandidaten für Minderwertigkeitskomplexe würden oder sie sich umso mehr von sich selbst entfernen, je mehr sie Jesus vertrauen. James M. Houston (geb. 1922), einer der großen Studentenseelsorger des 20. Jahrhunderts, hat über mehr als ein halbes Jahrhundert hinweg erst in England, später in Kanada Tausende von Beratungsgesprächen mit jungen Menschen geführt. Ergebnis: «Das ist das große Paradox des christlichen Lebens, dass, je mehr wir uns Gott übergeben, wir umso echter, wirklicher und einzigartiger als Persönlichkeiten werden. […] Wahre Demut bedeutet zu realisieren, dass Gott im Blick auf mein Leben einen weit besseren Job machen kann als ich selbst.»[74] Das ist die Grundüberzeugung der Unmündigen.

Es sind dann die neutestamentlichen Briefe, die uns auf sehr faire Weise christliches Gemeindeleben in seiner Eigenart zeigen: Glaubende bei ihren ersten unsicheren Gehversuchen, Fortgeschrittene, die auf einem guten Weg weitergehen oder gerade Rückschritte machen, Gruppen in heftigen Turbulenzen, gelingendes Miteinander und gegenseitiges Fördern, Orientierungssuche in unübersichtlicher Zeit.

Der Epheserbrief (Kapitel 4,13–16) versteht Mündigkeit als eine Art Erwachsenwerden und als reifende Urteilsfähigkeit. Es kommt darauf an, dass «wir alle hingelangen zur Einheit des Glaubens und der Erkenntnis des Sohnes Gottes, zum vollendeten Mann, zum vollen Maß der Fülle Christi, damit wir nicht mehr unmündig seien und uns von jedem Wind einer Lehre bewegen und umhertreiben lassen durch trügerisches Spiel der Menschen, mit dem sie uns arglistig verführen. Lasst uns aber wahrhaftig sein in der Liebe und wachsen in allen Stücken zu dem hin, der das Haupt ist, Christus, von dem aus der ganze Leib zusammengefügt ist und ein Glied am andern hängt durch alle Gelenke, wodurch jedes Glied das andere unterstützt nach dem Maß seiner Kraft und macht, dass der Leib wächst und sich selbst aufbaut in der Liebe.»

Unmündigkeit wird abgelehnt, aber das Positive wird nicht Mündigkeit genannt. Die Orientierungsgrößen heißen vielmehr «wahrhaftig sein in der Liebe» und «wachsen auf Christus hin».

Mündigkeit könnte zu wenig sein: eine intellektuell hochstehende Selbstgenügsamkeit, die sich vom andern isoliert. Es könnte eine Authentizität sein, die in kalter Lieblosigkeit den Mitmenschen plattmacht. Es könnte eine Harmonie der sich als mündig Einschätzenden geben, bei der die Wahrheit ins Exil geschickt wird. Es könnte eine Mündigkeit sein, bei der Christus draußen vor der Tür bleiben muss. Dann hätte man völlig außer Acht gelassen, wie sehr wir von ihm her, durch ihn und auf ihn hin existieren.[75] Man hätte also die Wirklichkeit dermaßen reduziert, dass man dies als trotzige Selbstentmündigung beurteilen müsste.

Von Anfang an hat die Christenheit Ideologiekritik lernen müssen. Das Bild von den Wellen, die ein kleines Boot hin- und herwerfen, signalisiert Lebensgefahr. Wenn es sich um geistige Winde und Wellen handelt, ist es besonders schwer: Sie wechseln die Richtung unberechenbar oft und schnell, und manchmal treffen sie das Boot mit einer Wucht, dass Rudern kaum noch hilft.

Freilich gibt es auch hier viele, die finden Wellenreiten prima. «No risk, no fun!» Sie haben durchaus den Eindruck, vorwärtszukommen, in Bewegung zu sein, ja, selbst Bewegung zu sein, selbstbewusst und konditionsbewusst. – Aber ob ich selbstsicher oder unsicher absaufe, ist nicht die Frage. Heil zu bleiben wäre die bessere Alternative.

Bezeichnenderweise spricht Paulus hier aber von einem «Wir» und nicht nur von Einzelnen. Es geht nämlich positiv um etwas, das größer und besser ist als das, was Einzelne für sich anpeilen.

Dann wechselt das Bild. Es ist nicht mehr von Wind und Wellen die Rede, sondern von der christlichen Gemeinde als dem «Leib Christi». Mündigkeit macht den Leib Christi fit. Andere haben etwas davon, dass es mich gibt. Ich füge mich ein in etwas, das größer ist als mein begrenztes und oft ziemlich orientierungsloses Eigeninteresse. Mündigkeit entsteht, wo Menschen von Christus so beeindruckt sind, dass sie als Glieder am Leib Christi für den Leib Christi zu leben beginnen. Die Überwindung des Individualismus wird hier also gleich mitgeliefert, das Personsein aber nicht eingeschränkt, sondern befreit. Miteinander lernt man, die großen Entmündigungslinien zu finden, die durch unsere Zeit laufen, angemaßte Mündigkeit aufzuspüren und ihr eine erfrischende geistliche Unmündigkeit entgegenzusetzen, Liebe und Wahrheit zusammenzuhalten.

Was könnte man gewinnen? Wieder müssen ein paar Andeutungen reichen: Man könnte ein neues Verhältnis zu Vergangenheit, Gegenwart und Zukunft gewinnen, Mündigkeit als geistliche Lernbereitschaft praktizieren, als Überwindung eines themenreduzierten Christentums und als Auferstehungsmündigkeit.

Der «Sprachbildhauer»[76] Günter Grass hat Vergangenheit, Gegenwart und Zukunft zu «Vergegenkunft» zusammengefügt.[77] Was für ihn ein literarisches Prinzip ist,[78] dürfte auch für nachdenkliche Nichtschriftsteller interessant sein. Kürzer kann man fast nicht sagen, dass diese drei Größen zusammengehören. Mündige Christen denken zugleich an Gott, wenn sie an Vergangenheit, Gegenwart und Zukunft denken.

Unsere Uhren vergewaltigen unser Zeitempfinden. Sie suggerieren eine Objektivität, die es so nicht gibt. Wir kommen aber nicht mehr ohne sie aus.[79] Unter diesen Umständen ließe sich von der dicken Bibel her neu lernen: Zeit gibt es nicht an sich, sondern nur als geschenkte Zeit, als anvertraute Zeit, als zu verantwortende Zeit, als Erwartung.

Vergangenheit: Weil unsere Zeit von Gott geschenkte Zeit ist, ist sie nie «Schnee von gestern». Vergangenheit geht uns viel mehr an, als das blasse Wort «Geschichtsbewusstsein» ausdrücken kann. Wir kommen von großen Taten Gottes her. Diese Herkunft bestimmt unsere Zukunft. Die jüdisch-christliche Erinnerungskultur der Bibel stellt einen elementaren Gewinn dar.

Gegenwart: Alles konzentriert sich aufs Jetzt, denn das Gestern ist vergangen, und was morgen ist, weiß keiner. Die Gegenwart ist also der Punkt, an dem ich mich durchsetzen muss; sonst habe ich keine Zukunft. Nein!, sagt christliche Mündigkeit dazu. Das Heute ist wichtig, weil es «Gnadenzeit» ist. Wo die Vergötzung des Augenblicks Menschen schädigt, kann es dank der dicken Bibel zur Götzendämmerung kommen. Die Zukunft, die Gott gehört, ragt in die Gegenwart hinein.

Zukunft ist, was wir daraus machen. Wirklich? Dann muss man fragen, ob es überhaupt noch sinnvoll ist, Zukunft zu wollen. Das 20. Jahrhundert hat da manche Illusionen zerstört. Bibelinspirierte Mündigkeit weigert sich, Zukunft ohne Gott zu denken; das wäre ein gegen das Leben gerichteter Akt. Wir haben uns nicht selbst geschaffen und wir haben für unser Leben vor Gott Antwort zu geben. Das ist unsere Würde. Wir wollen uns nicht damit abfinden, dass man Zukunft auf das Absehbare und Menschenmögliche verkürzt. Uns hat eine Hoffnung ergriffen, die Menschenmaß sprengt. Wir warten auf Christus. Nötigenfalls auch etwas länger …

Geistliche Mündigkeit schließt weiter das Eingeständnis ein:

Wir haben noch nicht genug gelernt. Aber vielleicht meinen wir im Gegenteil sogar überholt zu haben, was wir noch längst nicht eingeholt haben.

Dazu eine Stimme aus dem 19. Jahrhundert, kommentiert durch eine Stimme aus dem 20. Jahrhundert – Wilhelm Löhe (1808–1872) schreibt: «Ihr sagt immer, dass jetzt so eine aufgeklärte Zeit ist: und doch wisst ihr weniger als eure Väter! Merket ihr nicht, dass eure Väter zum Himmelreich aufgeklärter waren als ihr? Werdet doch darin wie eure Väter! Denn was hilft's, wenn ihr fürs Erdreich aufgeklärter seid als sie, wenn ihr darüber die Weisheit verloren habt, welche selig macht? Das wäre ein schlechter Tausch, welcher im Sterben nichts nützte, und euch noch in der Ewigkeit gereuen müsste! Ihr wisset ja, was geschrieben steht: ‹Was hülft's dem Menschen, so er die ganze Welt gewänne und nehme doch Schaden an seiner Seele? Oder was kann der Mensch geben, dass er seine Seele wieder löse?›»[80]

Der Heidelberger Theologieprofessor Albrecht Peters (1924–1987) nimmt das auf: «Eine ‹Aufklärung› als ein intensiver ‹Ausgang› des neuzeitlichen Menschen aus jener ‹selbstverschuldeten Unmündigkeit› im Hinblick auf die zentralen Dinge des Glaubens, das wäre unseren viel apostrophierten ‹mündigen Christen› sicher bitter not.»[81]

Für mündige Christen öffnet sich die Tür zu einer weitgefächerten Aufmerksamkeit für ihre Mitmenschen, in diesem Rahmen speziell auch zu einer christlichen Lesekultur. – Aus dem Buch des Predigers Salomo (hebräisch: Kohelet) kennen viele nur den Satz: «… des vielen Büchermachens ist kein Ende, und viel Studieren macht den Leib müde» (12,12). Das ist dann auch prompt das Ende jeder Lesekultur, noch bevor sie überhaupt angefangen hat: eine Billigentschuldigung für Faule, eine Ausrede für Pastoren, die keine Zeit haben, und ein willkommenes Zitat für Studierende in Examensnähe. – Aber Kohelet kommt nicht erschöpft von einem Besuch der Frankfurter Buchmesse mit ihren Tausenden von Neuerscheinungen. Überhaupt gibt es zu seiner Zeit noch sehr wenige Bücher. Wer seinen Satz verstehen will, sollte das ganze Buch Prediger lesen.

Ein Erfahrener spricht hier. Kohelet hat genau hingeguckt. Nun zieht er das Fazit seiner beobachtungsgesättigten Nachdenklichkeit: Die Menschen geben sich viel Mühe, aber etwas wirklich Neues findet nicht statt. Wer den Dingen auf den Grund geht, indem er Bücher – damals handbeschriebene Schriftrollen – halblaut murmelnd studiert und auf sich wirken lässt, begibt sich in Gefahr. Denn die in diesen Schriftrollen verdichtete Wirklichkeit ist kaum zum Aushalten. Über ein «Haschen nach Wind» kommt man nicht hinaus. Das macht müde und traurig.[82] Deshalb «lass dich warnen» (Vers 12a). Das meint nicht unbedingt «Lass die Finger davon», wohl aber: «Pass auf, worauf du dich einlässt.»

Ja, die Worte der Weisen sind, so heißt es kurz vorher, «wie Stacheln». Das musst du wissen, und du solltest dich nicht mit ein paar Floskeln in Sicherheit bringen. Gottesfürchtig sollst du werden, gerade indem du die Wirklichkeit aushältst.

Wer einmal von Kohelet her die Evangelien liest, wird die Worte des Predigers nicht durchstreichen, sondern unterstreichen und mit ihm, nicht ohne ihn, weitergehen. Denn dieser

Wirklichkeit hat sich Jesus gestellt. Er ist da hineingekommen, wo es nicht zum Aushalten ist, und ist in Person, mit seinem Leben wie mit seinem Sterben, zur Antwort geworden. Seinetwegen führt jetzt ein Weg vom «Nichts Neues unter der Sonne» (Prediger 1,9 u.ö.)[83] zum «Siehe, ich mache alles neu» (Offenbarung 21,5).

Es ist nicht zufällig, dass Paulus später unter allen Umständen Christus verstehen will, sein Leiden und die Kraft seiner Auferstehung (Philipper 3,10f.), und dass jetzt das Prädikat «Nicht vergeblich» zu aller Mühe für Jesus, den Herrn, gehört (1. Korinther 15,58).

Jetzt ist eine hoffnungsvolle, weitgefächerte Aufmerksamkeit für alles angebracht, was andere vorwärtsbringt. «Was wahrhaftig ist, was ehrbar, was gerecht, was keusch, was lieblich, was wohllautet, ist etwa eine Tugend, ist etwa ein Lob, dem denket nach!» (Philipper 4,8; LB12). Das ist Pro-Mündigkeit, freie Bahn zu einer Aufmerksamkeit, die das Wohl der anderen im Auge hat und es zu verwirklichen sucht.

So haben zum Beispiel die Elternvertreter in der Freien Evangelischen Schule Lörrach diesen Vers als motivierenden Gruß im Schuljahrbuch untergebracht. So zu arbeiten, schaffe ein gutes Lernklima und fördere den Lernprozess. «Dann kommen Schüler, Lehrer und Mitarbeiter gerne zur Schule.»[84]

Die Bibel als dickes Lehr- und Lebensbuch einer großen Mündigkeit bewährt sich letztlich, indem eine Grenze überstiegen wird, die gegenwärtig als unübersteigbar gilt: die Todesgrenze. Geschenkte Hoffnung, wo von uns her nichts mehr zu hoffen wäre, stiftet Auferstehungsmündigkeit in einer Gesellschaft, die notgedrungen an den allmächtigen Tod glaubt. Der Tod bedarf schließlich keiner Argumente; er schafft Fakten. Ist es unter diesen Umständen nicht vernünftig zu akzeptieren, dass der Tod keine Gnade kennt? Gnadenlos ist der Druck, der vom als allmächtig empfundenen Tod in das jetzt zu lebende kurze Leben hineindrückt. Da wird Auferstehungshoffnung schnell zur Zumutung, die man verärgert zurückweist.

Sigmund Freud (1856–1939), der Begründer der Psychoanalyse, berichtete seinem Freund Wilhelm Fließ (1858–1928) über eine Romreise. Es hatte ihn begeistert, die Überreste des *antiken* Rom zu sehen. Das «Stückchen Minervatempel neben dem Nervaforum hätte ich in seiner Erniedrigung und Verstümmelung anbeten können».[85]

Bei den Sehenswürdigkeiten des *christlichen* Rom ergriff ihn jedoch Ärger statt Anbetung. «Die Tendenz hat mich gestört, unfähig mein Elend und alles andere, von dem ich weiß, in Gedanken los zu werden, habe ich die Lüge von der Erlösung der Menschheit, die so himmelragend ihr Haupt erhebt, nicht gut vertragen.»[86]

Für ihn ist Erlösung Lüge und Religion Neurose. Sie wirken zwar stark auf das Seelenleben der Menschen ein; das habe aber keine vernünftigen Gründe. So sind religiöse Lehrsätze für ihn «Illusionen, Erfüllung der ältesten, stärksten, dringendsten Wünsche der Menschheit; das Geheimnis ihrer Stärke ist das Geheimnis dieser Wünsche».[87]

Unter diesen säkularen Umständen ist Mündigkeit eine verzweifelte oder trotzige Bescheidenheit. Über den Tod hinaus ist nichts zu hoffen. Und diesseits der Todesgrenze herrscht die Wissenschaftsgläubigkeit. «Nein, unsere Wissenschaft ist keine Illusion. Eine Illusion aber wäre es zu glauben, dass wir anderswoher bekommen können, was sie uns nicht geben kann.»[88]

Doch Auferstehungsmündigkeit ist in der Bibel nie sehnsuchtsbegründet. Die Apostel verkündigen nach Ostern nicht die Bedürfnisse, ohne deren Erfüllung sie nicht leben können. Sie verkündigen die Großtaten Gottes (Apostelgeschichte 2,11), der Jesus auferweckt hat. Gott hat vorher niemanden gefragt, ob ihm das passt oder nicht. Er hat, anachronistisch gesprochen, in Deutschland keine Bundestagsabstimmung abgewartet und in der Schweiz keine Volksabstimmung. Er hat keinen Antrag gestellt und keine Meinungsumfrage durchgeführt. Er hat Jesus einfach auferweckt.

Christsein ist Faktenorientierung an dem Gott, der solche Fakten geschaffen hat. Ihm vertrauen macht mündig. Diese Mündigkeit bewährt sich auch gegenüber den nötigen Desillusionierungen, die das Leben so mit sich bringt. «Die Vernichtung unserer Illusionen ist ein Werk der göttlichen Gnade»[89], schrieb der Schweizer Gelehrte Adolf Schlatter (1852–1938). Es ist gut, wenn die Hoffnung, die Gott uns schenkt, den Mut gibt, sich der Realität zu stellen.

Die Bibel ist so dick, damit unsere Sehnsucht sich klären und erfüllen kann

Angenommen, man könnte die Sehnsucht aus unserer Sprache und aus unserem Alltag verbannen: Was bliebe übrig? – Und das, was übrig bliebe: Wäre es noch lebens- und liebenswert?

Irgendwie scheint man die Menschen nicht verstehen zu können, ohne ihre Sehnsucht zu verstehen. «Alles beginnt mit der Sehnsucht», hört man oft. Was aber endet auch mit und in der Sehnsucht? Wo kommt man nicht weiter und bleibt in ihr stecken? Welche Lebenskarre müsste dringend aus dem Sehnsuchtsschlamm herausgezogen werden, in dem sie stecken geblieben ist?

Zudem kommt die Sehnsucht nicht nur in der Einzahl, sondern auch in der Mehrzahl vor. Sehnsucht artikuliert sich in einer Fülle von Sehnsüchten: Sehnsucht nach Frieden, Freiheit und Liebe, nach allen dreien oder nach einem von ihnen mehr als nach den beiden anderen. Sehnsucht nach einem kalten Bier an einem heißen Tag, nach Sex und nach Einsamkeit, nach Currywurst und seelischer Heilung, nach Erkenntnis, «was die Welt im Innersten zusammenhält»,[90] und nach einem roten Ferrari, nach Beistand, nach Ganzheitlichkeit, nach Schokolade – oder gleichzeitig nach einer großen Tafel Schokolade und einer Bikinifigur[91] –, Sehnsucht nach einem langen, langen Urlaub und Sehnsucht danach, nicht mehr Zwangsurlaub machen zu müssen, sondern endlich wieder Arbeit zu finden; Sehnsucht nach gelingender Gemeinschaft und nach dem Triumphgefühl, einen Gegner endlich plattgemacht zu haben. Und natürlich die Sehnsucht, die Sehnsucht zu verstehen.

Genauso unübersichtlich wie das, wohin Sehnsucht strebt, ist das, wovon sie wegstrebt. Sie möchte etwas hinter sich lassen: Sorgen, die einem den Schlaf rauben, Über- oder Untergewicht, Schmerz, Einsamkeit, Unerfülltsein, Krankheit, Ohnmacht, Enge … Der Spruch «Es ist leichter, sich im Herzen des Dschungels auszukennen als im Dschungel des Herzens»[92] gilt erst recht für das sehnsüchtige Herz.

Sehnsucht kann ihre Gestalt wandeln. Sie ist Spezialistin für Metamorphose. So kann sie in einer besonderen Lebensphase ihre eigenen Schwerpunkte bilden. Es hat zum Beispiel durchaus ernst zu nehmende entwicklungspsychologische Gründe, Sehnsucht und Jugend eng miteinander zu verknüpfen. «Einen Jugendlichen ohne Sehnsucht könnte ich mir nicht vorstellen, er hätte kein inneres Leben», formulierte Eduard Spranger (1882–1963) in seinem Klassiker *Psychologie des Jugendalters*[93].

Jugend als die ganz besondere Zeit, der eigenen Sehnsucht auf die Spur zu kommen. Da begegnet jeder Tag seiner speziellen Sehnsucht. – Was ist dann das Kennzeichen des Alters? Resignation? Zufriedenheit? Weisheit? Ist «Altersmilde» am Ende nur eine verzweifelte Bescheidenheit? Das Leben hat der Sehnsucht den Mund gestopft, ja, sie abgewürgt? Wahrscheinlich verdrängt man seine Sehnsüchte irgendwie. «Das kennst du doch …» Man muss es manchen Gesprächspartnern gegenüber nicht einmal begründen. Man muss es nur antippen und wird sofort verstanden.

Und wo jemand von Sehnsucht singt, hören viele zu. Die

heute Sechzig- bis Achtzigjährigen werden sich noch an Alexandra erinnern, die dunkelhaarige Sängerin, die mit ihrer rauchigen Stimme früh Karriere machte und 1969 mit 27 Jahren durch einen Autounfall ums Leben kam. Ihr Lied «Sehnsucht» haben Tausende auswendig gekonnt, ohne es je bewusst gelernt zu haben. Von der Taiga war die Rede und ihrem alten Lied, das «schon damals meine Mutter sang», vom Spiel der Balalaika und den kurzen Träumen, die übrig bleiben, und den «tausend Ängste[n], dass ich es versäume, die geliebte Taiga noch einmal zu sehn». Die meisten, die dieses Lied mitgesummt haben, sind wohl nie in der Taiga gewesen, und manche unter ihnen haben niemals eine Balalaika von nahem gesehen. Aber im Zuhören entstand ein elementares Verstehen: In uns steckt ganz tief eine Sehnsucht, und sie wird begleitet von tausend Ängsten, dass sie bloße Sehnsucht bleibt und nie zur Erfüllung gelangt. Fazit des Sehnsuchtslieds: Einer der treuesten Begleiter der Sehnsucht ist die Angst, dass es bei der Sehnsucht bleibt.

Kein Wunder, dass es Menschen voller Sehnsucht gibt, die einfach ungenießbar sind, Kotzbrocken, um die jeder Vernünftige einen weiten Bogen macht. Und es gibt Menschen, die haben nicht nur Sehnsucht … nein, umgekehrt: Die Sehnsucht hat sie. Es gibt kaum etwas, das einen so alt aussehen lassen kann wie die Sehnsucht, und kaum etwas Innovativeres. «Sehnsucht verleiht Flügel», aber man kann auch abstürzen wie Ikarus in der griechischen Sage.

Sehnsucht kann Ich-Sucht sein. Das erfahren vor allem die, die von anderen zur Erfüllung ihrer Sehnsucht gebraucht, missbraucht, verbraucht wurden. Man kann Menschen zum Erfüllungsmaterial degradieren – und schließlich zum Erfüllungs-schrott.

Außerdem: Wer starke Sehnsüchte verspürt, landet oft ganz woanders als da, wo er hinwollte. Er wird verführbares Opfer. Sehnsucht kann sogar beide zerstören, Opfer und Täter. Dann ist Sehnsucht wirklich nicht mehr zum Aushalten. Sehnsucht ist also beides: Rosamunde Pilcher und Inga Lind-ström auf der einen Seite, Tatort, SOKO Wien und Polizeiruf 110 auf der anderen. So (un)schön kann Sehnsucht sein. Unsere Sehnsüchte scheinen eine strengere Überprüfung zu brauchen als unser Auto, und das muss immerhin alle zwei Jahre zum TÜV.

Wenn es aber gutgeht? Es gibt ja nicht nur Sehnsüchte mit Killerqualitäten, sondern auch solche, die zu Recht gute Freunde werden können. Was also, wenn aus einem edlen Wunsch eine gute Wirklichkeit wurde? Dann müsste man doch zufrieden sein?

Der Humorist Wilhelm Busch (1832–1908) widerspricht: «Ein jeder Wunsch, wenn er erfüllt, kriegt augenblicklich Jun-ge.»[94] Achtzig Jahre später wird es bei dem deutschen Schrift-steller Walter Kempowski (1929–2007) heißen, der Mensch habe einen «freischwebenden Sehnsuchtsvorrat»[95].

Erfüllte Sehnsucht entpuppt sich als lediglich vorläufige Zu-friedenheit. Bald schaut ihr wieder die Zerrissenheit des Sehn-suchtsvollen durch alle Knopflöcher. Sie verrät Zerspaltenheit und zerspaltet. Man kann sehnsuchtskrank werden. Es fällt der Sehnsucht nach dem Unmöglichen nun einmal schwer, sich mit dem Möglichen so zu befreunden, dass daraus etwas Wirkliches wird. Manche «Sehnsucht ist recht nichtsnutzig»[96] und unge-recht.

Es sich im Land der untergehenden Sehnsucht wohnlich zu machen, ist nicht jedem gegeben. Der damals 32-jährige Schrift-steller Max Frisch (1911–1991), unzufrieden mit der Alltags-arbeit im Architekturbüro, schrieb an seinen Freund Werner Coninx (1911–1980):

«Es ist eine Form von Dasein, die nichts mit Leben zu tun hat; man fristet sich durch, es ist ein Dasein, das innerlich nicht rentiert. Es erinnert mich an die Schneelandschaften im Winter; man schiebt einen immer wachsenden, immer größeren und jä-heren Haufen von ungelebter Sehnsucht vor sich her, macht sich müde und alt, und das Ergebnis besteht darin, dass man da-gewesen ist, ja, gelegentlich empfindest du es wie einen ge-spensterhaften Irrsinn, der sich da unter einem geheimnisvollen Zwange vollzieht.»[97]

Frischs älterer Schriftstellerkollege Hermann Hesse (1877–1962), ein Mann mit – zurückhaltend gesagt – starkem Empfin-den für die Sehnsüchte des eigenen Herzens, war überzeugt: Meine Sehnsucht hat immer recht, und wo sie nicht recht hat, muss ich ihr trotzdem folgen, gegebenenfalls auch ins Scheitern hinein.

Hesses Buch *Wanderung*[98] ist nicht ganz so bekannt geworden wie *Der Steppenwolf*, wie *Siddharta, Narziss und Goldmund* oder *Das Glasperlenspiel*. Es bleibt aber auch ein knappes Jahrhundert nach seiner Veröffentlichung ein Studienbuch für das, was Sehnsucht (anrichten) kann. Hesse meint zwar zunächst spezi-fisch das Recht des Künstlers auf das Durchsetzen seiner höchst-

persönlichen Sehnsucht, aber eine vieltausendköpfige Leser-
schaft, darunter bei weitem nicht nur Künstler, hat das inzwischen für sich selbst übernommen und zum Lebensprogramm
gemacht.

Hesses «alte heilige Sage von Sehnsucht und Romfahrt»[99]
wirkt stark autobiografisch durchstimmt. Befreit löst der Auf-
gebrochene sich mit jedem Schritt weiter vom Vertrauten. Dem
Frühling im aufbrechenden Herzen wird nun ein Sommer folgen, der jetzt schon Erfüllung erleben lässt. Die Welt wirkt viel
schöner als bisher. Die erste Rast auf dem Weg nach Süden «gehört der Sehnsucht nach einer hellblonden Frau jenseits der
Berge»[100]. Immer noch gibt es manches, das «reißt mir vor der
Sehnsucht das bange Herz aus dem Leib»[101]. Es ist die «Welt voll
törichter Sehnsucht»[102], der der Dichter verfallen ist.

«Als der Wanderer an einem Pfarrhaus mit großer grüner
Pforte vorbeikommt», erfasst ihn ein «Hauch von Sehnsucht
und Heimweh mit Sehnsucht nach Stille, Ruhe und Bürgertum,
Heimweh nach guten Betten, Gartenbank und Düften einer fei-
nen Küche, dazu auch nach Studierzimmer, Tabak, alten Büchern». Aber die Familie und das Bürgerliche, auch die Frömmigkeit der Eltern hat der Künstler ja hinter sich gelassen.

Sicher, «wunderbar wäre es für einen Menschen wie mich,
hier drin zu wohnen»[103], aber die wenigen Augenblicke, in denen
er sich dies ausmalt, sind bereits Augenblicke des Weitergehens.

«Es ist völlig einerlei, ob ich hier Pfarrer bin oder Vagabund
auf der Straße. Es ist alles völlig einerlei, bis auf einiges Wenige,
woran mir allerdings sehr stark gelegen ist. Dass ich das Leben
in mir zucken spüre, sei's auf der Zunge oder an den Sohlen,

sei's in Wollust oder in Qualen, dass meine Seele beweglich sei und mit hundert Phantasiespielen in hundert Formen sich hineinstehlen könne, in Pfarrherren und Wanderer, in Köchinnen und Mörder, in Kinder und Tiere, namentlich auch in Vögel, und auch in Bäume, das ist wesentlich, das will und brauche ich zum Leben, und wenn es einmal damit nichts mehr sein sollte und ich auf ein Leben in der sogenannten ‹Wirklichkeit› angewiesen wäre, dann werde ich lieber sterben.»[104]

«Wandersehnsucht reißt mir am Herzen», aber «Heimat ist in dir drinnen, oder nirgends»[105]. «Jede Erfüllung wurde schnell zur Sättigung. Sattsein aber war das, was ich nicht ertragen konnte … Kein erreichtes Ziel war ein Ziel, jeder Weg war ein Umweg, jede Rast gebar neue Sehnsucht … Mir brennen sie noch hell, geliebte Sterne der Sehnsucht.»[106]

Freilich, nicht jeder kann Sehnsucht so gut artikulieren wie die Dichter. Aber auch die Meister des geschliffenen Wortes werden sprachlich der Sehnsucht nicht Herr. Hier sagt nämlich selbst die beste Formulierung immer noch zu wenig.

Egal, wo wir die Bibel aufschlagen, der nächste sehnsuchtsbetroffene, -erfüllte, -geleitete Mensch ist nicht weit. Die Sehnsucht wohnt immer gerade um die Ecke, oft noch näher. Es würde sich lohnen, einmal die ganze Bibel daraufhin durchzulesen.

Zu genügsam wäre es aber, dabei nur Antworten auf unsere mitgebrachten Fragen zu suchen. Die Fragen sollten wir stellen, aber wir sollten radikaler sein: möglichst unvoreingenommen hinsehen und wahrnehmen, was sich zeigt. Wir sollten Aspekte aufnehmen, an die wir gar nicht gedacht hatten, und uns Fragen stellen lassen, statt nur selbst zu fragen. In der Bibel wird Sehnsucht bestätigt, erweckt, geklärt, korrigiert, verurteilt und erfüllt – je nachdem. Einige Beispiele, wieder lediglich als Anregung zu eigener Lektüre:

Es gibt Sehnsüchte, die kann man sich selbst erfüllen, vorausgesetzt, man engagiert sich. «Der Faule begehrt und kriegt's doch nicht; aber die Fleißigen kriegen genug» (Sprüche 13,4). Die seelischen Auswirkungen kann jeder an sich selbst studieren. «Hoffnung, die sich verzögert, ängstet das Herz; wenn aber kommt, was man begehrt, das ist ein Baum des Lebens» (Sprüche 13,12).

Gestillte Sehnsucht spricht sich in Psalm 131 aus: «… meine Seele ist still und ruhig geworden wie ein kleines Kind bei seiner Mutter; wie ein kleines Kind, so ist meine Seele in mir» (Vers 2). Eine trügerische Idylle? Nein, hier sind Klärungsprozesse vorausgegangen. Was sich in diesen Klärungsprozessen bewährt hat, soll nun den Raum des Privaten überschreiten. Ganz Israel soll auf den Gott hoffen, der so mit Menschen umgehen kann.[107]

Es gibt aber auch Zufriedenheit, die als nur scheinbare Sicherheit hart kritisiert wird. Ein reicher Mann lässt nach einer reichen Ernte große Scheunen bauen.[108] Alles klappt! Seine Zufriedenheit äußert sich im inneren Selbstgespräch. «[Ich] will sagen zu meiner Seele: Liebe Seele, du hast einen großen Vorrat für viele Jahre; habe nun Ruhe, iss, trink und habe guten Mut!» Das wertet Jesus als eine Zufriedenheit, mit der Gott nicht zufrieden ist, ein Mangel an gerade der Sehnsucht, auf die es ankäme: in Bezug auf Gott reich zu sein. Das «dumme Ding in der Brust»[109] hat diesen Mann zum Narren gemacht.

Ganz anders der 42. Psalm mit seiner Sehnsucht von kaum zu überbietender Vitalität. Durst nach dem lebendigen Gott, der nur von Gott selbst gestillt werden kann: «Wie der Hirsch lechzt nach frischem Wasser, so schreit meine Seele, Gott, zu dir» (Vers 2). Hier artikuliert sich Sehnsucht, die weiß, wohin sie sich wenden kann, und die letztlich darauf aus ist, Gottes Angesicht zu schauen. Weniger wäre zu wenig. Der Psalm ist, so die Lutherübersetzung, eine «Unterweisung». So soll jeder im Volk Gottes zu Gott rufen, und auch wer von ganz weit außen kommt, ist eingeladen, seine mitgebrachte Sehnsucht nicht im eigenen Herzen zu verschließen, sondern sie an den lebendigen Gott zu adressieren. Hier spricht sich Ur-Menschliches aus.

C.S. Lewis hat die Sehnsucht als Argument für den christlichen Glauben verstanden. Sein «Argument from Desire» ist kein Gottesbeweis im streng logischen Sinn, kann aber Nachdenklichkeit fördern. «Ich finde in mir eine Sehnsucht, die keine Erfahrung dieser Welt zufriedenstellen kann. Die wahrscheinlichste Erklärung ist: Ich bin für eine andere Welt gemacht.»[110] – Ein Jahrhundert vorher hatte Søren Kierkegaard (1813–1855) behauptet, Gott nötig zu haben, sei die größte Vollkommenheit des Menschen.[111] Psalm 42 gibt beiden recht.

Die Sehnsucht nach Gott konkretisiert sich in der Sehnsucht nach dem Tempelgottesdienst in Jerusalem. Psalm 84,3: «Meine Seele verlangt und sehnt sich nach den Vorhöfen des Herrn; mein Leib und Seele freuen sich in dem lebendigen Gott.» Sehnsucht, Gottesdienst und Gebet, das gehört zusammen.

«Herr, du kennst all mein Begehren, und mein Seufzen ist dir nicht verborgen» (Psalm 38,10).

Wer Gott in dieser Weise kennen gelernt hat, wird in sehnsüchtige Mitleidenschaft gezogen, wenn Gottes Volk auf Abwege gerät, Gottes Haus zur Ruine wird und das Leben des Beters wie Gras verdorrt. «Du wollest dich aufmachen und über Zion erbarmen; denn es ist Zeit, dass du ihm gnädig seist, und die Stunde ist gekommen – denn deine Knechte wollten gerne, dass es gebaut würde, und es jammert sie, dass es in Trümmern liegt» (Psalm 102,14f.). Es kann Situationen geben, da ist die Not so elementar, dass das Sehnsuchtsgebet sich radikalisiert: «Ach dass du den Himmel zerrissest und führest herab» (Jesaja 63,19).[112]

Die Evangelienberichte zeigen uns einen Jesus voller Sehnsucht. «Meine Speise ist die, dass ich tue den Willen dessen, der mich gesandt hat, und vollende sein Werk» (Johannes 4,34). Petrus könnte noch so viele Fische aus dem See Genezareth holen und Andreas noch so viele Brotfladen auftischen; Jesus würde verhungern, könnte er nicht Gottes Willen zur Verfügung stehen. So gibt er den Jüngern ein Gebet, das randvoll mit Sehnsucht ist, auch wenn das Wort nicht vorkommt: das Vaterunser. Und als der, der Gottes Sehnsucht nach den Menschen dient, ist Jesus der, der den Menschen Leben in seiner ganzen Fülle schenkt (Johannes 10,10).

Das kürzeste der Kreuzesworte Jesu, «Mich dürstet» (Johannes 19,28) – im Griechischen nur ein Wort –, spricht zunächst die elementare leibliche Not des sterbenden Jesus aus. Aber wer das Johannes-Evangelium in einem Zug durchliest, dem wird auffallen, dass schon in Kapitel 6 (Vers 35) gesagt wird, was Jesus den Glaubenden gibt: «Wer an mich glaubt, den wird nimmermehr dürsten.»

Entsprechend erfüllt es Jesus mit großer Traurigkeit, wenn seine Sehnsucht, Leben zu geben, unerfüllt bleibt. «Wie oft habe ich deine Kinder versammeln wollen, wie eine Henne ihre Küken versammelt unter ihre Flügel; und ihr habt nicht gewollt!» (Matthäus 23,37).

Im Lukas-Evangelium werden drei Menschen als sehnsüchtig Wartende besonders hervorgehoben. Der altgewordene Simeon wartet immer noch auf den Trost Israels (Lukas 2,25). Wie viele Klärungsprozesse hat seine Sehnsucht im Lauf der Jahrzehnte wohl durchgemacht? Aber jetzt nimmt er den kleinen Jesus auf den Arm, und aus der großen Sehnsucht wird der große Schalom (Vers 29).

Hanna, die Prophetin, spricht «zu allen, die auf die Erlösung Jerusalems warteten» (Lukas 2,38), und die Sehnsucht der Wartenden bekommt recht. «Das Warten der Gerechten wird Freude werden» (Sprüche 10,28a).

Josef aus Arimathäa (Lukas 23,50f.) wartet auf das Reich Gottes.

Trost, Erlösung, Reich Gottes – darauf richtet sich die Sehnsucht, die Gott gefällt.

Nach Ostern zeigt der Auferstandene dieselbe Sehnsucht wie vorher. Er kann sich nicht damit abfinden, dass zehn seiner engsten Begleiter froh werden, aber Thomas – sein Thomas! – die Osterfreude verpasst (Johannes 20,24–29). Es wird deutlich, was auch in Zukunft gelten soll: Der Glaube der Jesusleute wird getragen von der Sehnsucht Jesu, dass sie glauben können. Daran hat er mehr Interesse als sie selbst. Dafür will er sorgen, und zwar unter allen Umständen.

Das hat sogar bei Paulus geklappt, der doch zunächst versucht hatte, die Gruppe der Jesusleute auf null zu reduzieren. Jetzt schreibt er Briefe, aus denen man ein ganzes Wörterbuch der Sehnsucht zusammenstellen könnte. «… mich verlangt danach, euch zu sehen» (Römer 1,11). Sehen heißt stärken und miteinander getröstet werden (Römer 1,8–15). Im Gebet fleht Paulus zu Gott, dass dieses persönliche Kennenlernen endlich möglich wird. Die gleiche Sehnsucht hat Paulus nach Mitarbeitern, die er schon längst kennt. In Troas findet Paulus keine Ruhe, «weil ich Titus, meinen Bruder, nicht fand» (2. Korinther 2,13).

Kirche ist Sehnsuchtsgemeinschaft auf den Tag hin, an dem Gott alle auf ihn gerichtete Sehnsucht bestätigt und erfüllt.

Fazit: Die dicke Bibel ist das Buch von der großen Sehnsucht. Aber sie ist es auf ganz besondere Weise. Es lohnt sich, das zu entdecken.

Die Bibel ist so dick, damit wir Zeit gewinnen

Ach, haben es die Rentner gut! Natürlich nur, wenn sie nicht meinen, alles nachholen zu müssen, was sie seit Jahrzehnten verpasst haben. Zeit für Reisen, falls die Rente dazu reicht, Zeit für den Garten, falls man einen hat, und Zeit für die Bibel, falls man ein frommer Rentner ist.

«Ich habe nun seit etlichen Jahren die Bibel jährlich zweimal ausgelesen, und wenn die Bibel ein großer mächtiger
Baum wäre und alle Worte die Ästlein, so habe ich alle Ästlein
abgeklopft und wollte gerne wissen, was daran wäre und was
sie trügen. Und allezeit habe ich noch ein paar Äpfel oder Bir-
nen heruntergeklopft.» – Das sagte ein Bibelgenießer mit viel
Zeit. Hört man nicht sogar etwas wie Zärtlichkeit durch diese
Worte hindurchklingen?

Diejenigen aber, die «mit beiden Beinen im Berufsleben stehen», ertrinken im Meer ihrer Aufgaben. Solche Leute gab es
auch schon früher, auch in religiösen Institutionen wie den
Klöstern:

«Ich brauche fast zwei Schreiber oder Kanzler. Ich tue den
ganzen Tag beinahe nichts als Briefe schreiben. Deshalb weiß ich
nicht, ob ich immer wieder dasselbe schreibe; Du wirst es ja sehen.
Ich bin Klosterprediger, Prediger bei Tisch, täglich werde ich
auch als Pfarrprediger verlangt; ich bin Studien-Rektor, ich bin
Vikar, ich bin elfmal Prior, Fischempfänger in Leitzkau, Rechts-
anwalt der Herzberger in Torgau, halte Vorlesungen über Paulus,
sammle [Material für] den Psalter, und das, was ich schon gesagt
habe: die Arbeit des Briefeschreibens nimmt den größten Teil meiner Zeit in Anspruch. Selten habe ich Zeit, das Stundengebet
ohne Unterbrechung zu vollenden und zu halten. Dazu kommen
die eigenen Anfechtungen des Fleisches, der Welt und des Teufels.
Siehe, welch ein müßiger Mensch ich bin.»

Modern gesprochen: ein Fall von Multi-Tasking. Der
Schreibtisch wird nicht leer, egal, wie viel man wegschafft. Das
Telefon klingelt nur deshalb nicht dauernd, weil es noch nicht

erfunden ist. Wird aus dem frommen Mönch schließlich ein religiöser Funktionär, der nur noch funktioniert?

Nichts dergleichen. Beide Texte stammen von derselben Person, von Martin Luther (1483–1546).[113] Der zweite Text gibt Einblick in die Jahre kurz vor der Reformation. Luther hat in seinem Orden Karriere gemacht und trägt viel Verantwortung. Der erste Text stammt aus späterer Zeit. Luther hat noch mehr Termine, trägt noch größere Verantwortung; noch größerer Druck lastet auf ihm. *Diesem* Mann gelingt es trotzdem noch, zweimal pro Jahr die Bibel durchzulesen und sich an ihr zu freuen. Es sieht so aus, als sei die Bibellektüre für ihn eher Entspannung als Arbeit, der tägliche Mini-Kuraufenthalt, der fit hält, die Minuten bzw. Stunden, die das Leben lebenswert machen. Hier äußert sich kein Bibelumfangs-Beseufzer, sondern ein Bibelumfangs-Genießer.

Ein Einzelfall, ebenso beneidenswert wie unerreichbar? Dagegen spricht eine Beobachtung, die man bei vielen machen kann. Oft sind es die besonders Beanspruchten, die uns zeigen, wie gelingen kann, was anderen nicht gelingt. Die anderen können sich noch irgendwie durchwursteln, aber die, deren Alltag so vollgestopft ist, dass sie dazu nicht mehr in der Lage sind, müssen richtig gute Antworten finden. Die halbguten reichen nicht mehr. Aber der Reihe nach.

Wer in die dicke Bibel hineinfinden will, kommt um die Erkenntnis nicht herum: Auch bei der Bibellektüre hängen Qualität und Quantität zusammen. Ertragreiches Bibelstudium hängt auch ab von der Verweildauer des eigenen Hinterteils auf einer geeigneten Sitzgelegenheit. Die dicke Bibel braucht dicke viel

Zeit. Selig, wer nach zehn Minuten nicht schon wieder wegrennt!

Was die Zeitmanagement-Spezialisten sagen, gilt auch hier: Man kann Zeit nur einmal nutzen. Hinterher ist sie weg. Man kann sich nicht eine Stunde Zeit für die Bibel nehmen und hinterher dieselbe nochmals zum Einkaufen, Fußballspielen oder zum Ausfüllen der Steuererklärung nutzen. Und es empfiehlt sich, davon auszugehen, dass die Zeit für die Bibel nicht einfach zur Verfügung steht. Das Leben der meisten ist überfüllt. Zeit für die Bibel muss man sich nehmen. Wer hier von Erobern oder Erkämpfen redet, übertreibt nicht.

Unterstützung von außen ist dabei nicht die Regel. Der Brummifahrer, der von der Autobahn abbiegt, um sich zwei Stunden Zeit für die Bibel zu nehmen und der dafür mit dem Verständnis seines Chefs rechnet, fährt Richtung Abmahnung, nicht Richtung Gehaltserhöhung.

Zeitvermehrungswunder finden nicht statt. Der Termin für die Bibel ist und bleibt ein Termin mehr im Verdrängungswettbewerb der Termine. Und wenn Hans morgens um fünf aufsteht und bis um sechs in seiner Bibel liest, weiß er schon am frühen Morgen, dass er nach 21 Uhr müde sein wird.

Der Satz «Die Bibel ist so dick, damit wir Zeit gewinnen» bleibt trotzdem in Geltung.

Erstens: Wer sich für die dicke Bibel Zeit nimmt, begrenzt den Zeitvertreib. Den gibt es immer noch, trotz übervoller Terminkalender. Fast alle, die auch nur für ein paar Tage schriftlich festhalten, wofür sie ihre Zeit verwenden, sind hinterher erstaunt. Neben der Zeit, über die sie nicht selbst verfügten, gab es noch erstaunlich viel Zeitvertreib. Ein eigenartiges Wort! Wen ich vertreibe, den behandle ich wie einen Feind. Freunde vertreibt man nicht. Außerdem: Zeit ist Lebens-Zeit. Durch Zeit-Vertreib behandle ich also mein Leben wie einen Feind. Hatte ich das wirklich vor? Es ist besser, für Zeit-Vertreib keine Zeit zu haben.

Zweitens: Wofür wir uns Zeit erkämpfen müssen, das zeichnen wir aus. Wir heben es hervor gegenüber dem, wofür wir uns keine Zeit nehmen. Es gehört zu einem profilierten Christsein, dass man das Besondere das Besondere sein lässt. Indem wir die Bibel das ganz besondere Buch sein lassen, geben wir ihr Gelegenheit, uns zu erobern. Das zerstückelte, aus dem Takt geratene Leben gewinnt Zusammenhang. Die Lebensprioritäten ändern sich. Das Leben kommt in **Ordnung**, ja, es wird schön.

Wo lohnt sich das «Beharren auf Beharrlichkeit»[114], wenn nicht hier? Joachim Kaiser (1928–2017), einer der profiliertesten Musik-, Theater- und Literaturkritiker, hat diese behaltenswerte Formulierung geprägt. Solches Beharren auf Beharrlichkeit gehöre zwar «zu den unangenehmsten Anforderungen», aber «das Schöne lässt sich nicht abkürzen. Denn zu seinem Wesen gehört, dass es lebendig ist. Für diese Freiheit zu lebendiger Entfaltung braucht es aber eben Zeit».

Drittens: Wer die Bibel im Bewusstsein der Gegenwart Gottes liest, wird anders da sein, anders aufmerksam sein, anders in Gottes Gegenwart leben und die Zeit anders sehen. Es kommt auch zu einer veränderten Zeitgenossenschaft: auf gesegnete Weise einen unpassenden Eindruck machen, damit es nicht erst bei der Beerdigung heißen muss, man hätte «das Zeitliche gesegnet».

Viertens: Es empfiehlt sich, von den Verliebten zu lernen. Was die alles tun, um füreinander Zeit zu haben! Da addiert Manfred nicht alle bereits verplanten Zeiten, um hinterher festzustellen, dass er für Silke heute noch maximal drei Minuten Zeit hat. Er trifft sich mit Silke – Außenstehende würden sagen: unvernünftig lange – und schaut dann, wie er mit dem Rest klarkommt. So ist das halt mit der Liebe.

Kapitel 3
Orientierungen
WELCHE ERGÄNZUNG DIE ERFOLGSMODELLE BRAUCHEN

Wozu könnte es gut sein, dass die Bibel so dick ist? Auf die Frage nach dem Wozu haben sich im letzten Kapitel einige Perspektiven ergeben. Wenn aber das Wozu klar ist, wird das Wie spannend. Wie geht es weiter? Wie soll man sich jetzt weiter orientieren?

Die folgende Suche nach gangbaren Wegen setzt an bei den Größenunterschieden zwischen dem Alten und dem Neuen Testament und versucht aus Extrempositionen zu lernen. Beim Neuen Testament beschränken wir uns auf die Evangelien und die Briefe. Wie kann man gut mit der Tatsache umgehen, dass es nur einen Jesus, aber vier Evangelien gibt? Bei den Briefen geht es darum, ihre charakteristische Gestalt wahrzunehmen. Das fördert das Verstehen und das Erinnern sehr. Immer geht es auch um Betriebsblindheit bei Tatsachen, die schon lange selbstverständlich scheinen, und um gute Erfahrungen, die Generationen von Bibellesern gemacht haben.

Drei zu eins – und doch kein Heimsieg

Drei zu eins: Im Fußball ist das ein deutlicher Sieg der Heim-
mannschaft. Beim Größenverhältnis von Altem und Neuem
Testament sieht es anders aus. Da gerät die Drei gegenüber der
Eins in Schwierigkeiten. Zugegeben, die Zahlen sind gerundet.
Das Alte Testament ist *ungefähr* dreimal so dick wie das Neue
Testament. In der Lutherbibel ist es etwa 2,61-mal so dick, in
der Gute-Nachricht-Bibel steht es 2,73:1.

Über die drei hinaus gehen (fast) nur Bibelausgaben, die
auch die sogenannten Apokryphen enthalten. So kommt man
in der Einheitsübersetzung auf ein Größenverhältnis von etwa
3,4:1.

Wenn man dreimal so viel Zeit braucht, das Alte Testament
durchzulesen, dann wird es für das AT schwierig.

Hinzu kommt ein Imageschaden. «Alt» klingt für die meisten Menschen – Antiquare und Nostalgiker ausgenommen –
nicht entfernt so attraktiv wie «neu». Wozu also noch das *alte*
Testament lesen, wenn es doch ein *neues* gibt und das *neue*
glücklicherweise viel kürzer ist als das *alte?*

Die Verlegenheit wird noch größer, wenn man nicht nur
quantitativ denkt, sondern auf den Inhalt achtet. Liegt nicht
seit Jahrhunderten ein Ahnen in der Luft, das Alte Testament
spiegele eine Kulturstufe wider, über die wir längst hinauf-
gestiegen sind? Da wird dann schnell dem liebenden Gott des
Neuen Testaments der angeblich rachsüchtig-blutrünstige des
Alten Testaments gegenübergestellt, ein vermeintlich geistig
hochstehendes Niveau einem allzu sinnlich-derben usw.

Wer das Alte Testament lieb gewinnen will, muss also über manche Zäune steigen. Gerade hier aber darf Liebe nicht blind machen; sie muss sehen lernen, oder alles geht schief. Das Alte Testament braucht Leser, die genau hinschauen und sich etwas sagen lassen können. Eventuell mitgebrachte Vorurteile «an der Garderobe abzugeben» ist sinnlos; Vorurteile sind keine Mäntel, die da hängen bleiben, wo man sie hingehängt hat. Sie laufen einem nach und holen einen ein. Aber man sollte sie höchstens Vor-Urteile sein lassen und keine endgültigen. Durch Erkunden wird man kundig, und die Kundigen von morgen könnten die Liebenden der Zukunft sein. Ein paar unbefangene Anfangskontakte könnten Wege bahnen, die atemberaubende Ausblicke bieten. Das Alte Testament ist noch für manche Überraschung gut.

Neugierig machen könnte schon die Tatsache, dass nach fast zwei Jahrtausenden Christentum das Alte Testament noch immer Bestandteil der Bibel ist. Das scheint nicht nur am Buchbinder zu liegen. Die vielen Extraausgaben des Neuen Testamentes, also der Bibel ohne AT, sind eine Hilfe zum Einstieg, aber nichts, bei dem man auf Dauer stehen bleiben kann. Nicht nur deshalb, weil das heutige Alte Testament die Bibel der Urchristenheit war.

Es lohnt sich, die Kritiker des Alten Testaments zu studieren. Extrempositionen können Aussichtstürme werden, von denen aus man einen weiten Horizont bekommen kann.

Zunächst zwei Extrempositionen, eine aus dem zweiten Jahrhundert und eine aus dem zwanzigsten; danach ein misslungener Integrationsversuch aus dem achtzehnten Jahrhundert.

Marcion – der Mann mit dem Messer

Bereits im 2. Jahrhundert hat ein Christ die Christenheit dazu aufgefordert, sich möglichst konsequent von dem Alten Testament zu trennen. Marcion[1] wurde um 85 n. Chr. geboren; er stammte aus Sinope, einer Handelsstadt am Südufer des Schwarzen Meeres.

Von Beruf Reeder, reiste er mit eigenem Schiff in die Welthauptstadt Rom. Dort musste man präsent sein, wenn man die ganze Christenheit beeinflussen wollte – und das wollte Marcion. Mit einer Spende von 200.000 Sesterzen wurde er zum Hauptsponsor der dortigen christlichen Gemeinde. Im Rom hat er wohl auch seine wichtigsten Schriften verfasst. Man nimmt jedenfalls an, dass Marcion seine grundlegenden Schriften erst dort niedergeschrieben hat.

Aber im Jahr 144 schloss die Christengemeinde Roms den etwa Sechzigjährigen aus ihrer Mitte aus. Sie gab ihm auch die 200.000 Sesterze zurück. Auf diesen Bruch antwortete Marcion mit einer so intensiven Propagandaarbeit, dass es bereits sechs Jahre später hieß, sie habe das ganze Menschengeschlecht erfasst. Einzelheiten seines weiteren Wirkens sind uns ebenso unbekannt wie Ort und Zeit seines Todes.

Die Früchte seines Wirkens sind jedoch noch erkennbar. In vielen Provinzen des Römischen Reiches entstanden Gemeinden marcionitischer Prägung. Im Westen, dem «Abendland», ist ab Mitte des dritten Jahrhunderts jedoch ein deutlicher Rückgang von ihnen zu verzeichnen. Im Osten gibt es einzelne Nachrichten über sie noch bis ins fünfte Jahrhundert.

Die Hauptelemente in Marcions Lehre muss man aus verstreuten Angaben zusammensuchen.[2] Klar ist jedenfalls, dass Marcion sich vor allem auf Paulus berief. Manche hielten ihn sogar für dessen legitimen Nachfolger. Bei Paulus meinte Marcion einen «Gegensatz von Gesetz und Evangelium, übelwollender, kleinlicher und grausamer Strafgerechtigkeit einerseits und barmherziger Liebe andererseits» zu finden.[3]

Daraus ergab sich für ihn: Wenn wir Christen sein wollen, müssen wir das Alte Testament so konsequent wie möglich verwerfen.

«Christus ist das Ende des Gesetzes» (vgl. Römer 10,4)[4] bedeutet für Marcion: Die ganze alttestamentliche Heilsordnung und das Buch, in dem sie niedergelegt ist, hat mit uns nichts mehr zu tun. Wenn Jesus sagt: «Das Gesetz und die Propheten gelten nur bis zu Johannes dem Täufer» (vgl. Matthäus 11,13), behauptet Marcion: Auch mit den Propheten haben wir Christen nichts mehr zu schaffen. Christlicher Glaube ist etwas ganz Neues. Christentum ist Erlösungsreligion, pure Gnadenreligion. Also kann der Schöpfergott nicht der Erlösergott sein und auch nicht der Gott des Gesetzes.

Glauben heißt, sich auf die Liebe Jesu verlassen und das Gesetz verachten. In Jesus ist der fremde, der ganz andere, neue Gott erschienen.[5] Jesus Christus kam, um Gesetz und Propheten aufzulösen, nicht, um sie zu erfüllen. Der Sohn unterscheidet sich vom Vater nur durch den Namen. Daher ist es nur logisch, dass Christus sich selbst auferweckt hat.

Bei einer solchen Theologie zeigen sich schnell Konsequenzen in der konkreten Lebensführung. Wenn Erlösung das Gute und völlig Neue, Schöpfung das schlimme Alte ist, müssen wir nicht nur von Sünde und Tod, sondern auch von der Schöpfung, dieser jämmerlichen Tragödie, erlöst werden. Das habe Paulus als Einziger verstanden. Er schreibe in 2. Korinther 5,17 von einer qualitativ ganz neuen Schöpfung, die mit der alten nichts zu tun habe.

Jetzt wird es schnell konkret: Kinder zeugen und gebären gehört nun mal zur Schöpfung, ist also abzulehnen. Es spreche von vornherein gegen den Schöpfergott, dass er eine so «gemeine und hässliche Fortpflanzungsmethode»[6] erfunden habe und weiterhin dulde. Damit ist in den Marcion-Gemeinden Schluss. Neue Mitglieder gewinnt man nicht durch Kinderzeugen, sondern ausschließlich durch Werbung unter Nichtchristen.

Der revolutionäre Gedanke dabei: Der Gott der Juden als der eigentliche Feind des Erlösergottes hatte weitreichende Konsequenzen für die Basistexte der Christen. Das Alte Testament war ja in der Urchristenheit selbstverständliche Grundlage jeder christlichen Verkündigung gewesen. Fiel es jetzt ganz weg, was blieb übrig? Das Neue Testament, könnte man meinen. Aber so einfach lagen die Dinge nicht. Denn die Schriften, die heute das Neue Testament bilden, enthielten ja selbst Hunderte von Zitaten aus dem Alten Testament und viele ausgerechnet aus dem Mund Jesu! Die meisten Schlüsselbegriffe der christlichen Botschaft stammten aus dem Alten Testament. In jedem christlichen Gottesdienst kam das Alte Testament zu Wort.

Es war zutiefst konsequent, dass Marcion nicht dabei stehen

bleiben konnte, das Alte Testament zu verwerfen. Er musste darüber hinaus auch die neutestamentlichen Schriften einzeln durchgehen und sie von allem Alttestamentlichen «reinigen». Das bedeutete in vielen Fällen, sie ganz auszuscheiden. Dieses Schicksal ereilte drei der vier Evangelien. Lediglich ein «bereinigtes» Lukas-Evangelium ließ Marcion gelten.[7] Bei den Briefen schied alles aus, was nicht von Paulus stammte, aber auch dessen Briefe wurden kritisch durchgesehen und «repariert». – Indirekt und gegen seinen Willen hat Marcion damit der Christenheit einen großen Dienst erwiesen. Er hat ein für alle Mal gezeigt, wie eng Altes und Neues Testament miteinander verbunden sind. Wer das AT verwirft, verliert auch das NT und trennt sich von Jesus!

Die Christenheit hat im zweiten und dritten Jahrhundert einen harten Kampf gegen den Marcionismus gekämpft. Seither hätte eigentlich klar sein müssen, wie nötig sie das Alte Testament hat, wenn sie wirklich Gemeinde Jesu Christi sein und bleiben will. Das ist aber keineswegs der Fall.

Fünf Jahre nach dem großen Marcionbuch Adolf von Harnacks schreibt der jüdische Gelehrte Franz Rosenzweig (1886–1929) an Martin Buber (1878–1965): «Verehrter Freund […] ist Ihnen eigentlich klar, dass heut der von den neuen Marcioniten theoretisch erstrebte Zustand praktisch schon da ist? Unter Bibel versteht heut der Christ nur das Neue Testament, etwa mit den Psalmen, von denen er dann noch meist meint, sie gehörten nicht zum Alten Testament. Also werden wir missionieren.»[8]

Die «Deutschen Christen» – Ekel mit rassistischer Begründung

Als Adolf Hitler (1889–1945) im Jahr 1933 an die Macht gelangt war, baute er seine Diktatur zielstrebig aus. Zu den Erschütterungen dieser Monate gehört leider, dass die nationalsozialistische Ideologie auch in den Kirchen Gehör fand. Die «Glaubensbewegung Deutscher Christen» gewann seit 1932 in der evangelischen Kirche an Einfluss. Wo das geschah, änderte sich prompt die Art und Weise, wie man über Jesus dachte. Er wurde möglichst weit von allem Jüdischen und Orientalischen abgerückt, dem «Nordischen» und Heldischen angenähert und dem «deutschen Wesen» angepasst. Wie stark dieser Einfluss noch werden würde und wie sich der Widerstand innerhalb der evangelischen Kirche formieren könnte, war Anfang 1933 noch kaum absehbar. Es wurde jedenfalls ein turbulentes Jahr mit vielen Verunsicherungen, glücklicherweise aber auch mit Klärungsprozessen.

In der Reichshauptstadt Berlin hofften die «Deutschen Christen» (DC) im Herbst 1933 auf große Erfolge. Für den 13. November planten sie eine Großveranstaltung im Berliner Sportpalast, die die eigenen Leute stärken und der innerkirchlichen Opposition wirkungsvoll begegnen sollte. Alle 20.000 Plätze waren schließlich besetzt mit Gemeindegruppen und viel kirchlicher Prominenz; auch Bischöfe waren anwesend. Dr. Reinhold Krause (1893–1980), Obmann des Gaus Groß-Berlin, hatte eine Rede vorbereitet, in der er den Zuhörenden die nächsten Ziele der DC überzeugend nahebringen wollte. Die großen Erwartungen, die die DC an diese Veranstaltungen knüpften, wurden erfüllt – allerdings völlig anders, als sie gedacht hatten.

Krause stellte die Sache so dar, als seien die kirchlichen Auswirkungen des Nationalsozialismus die Vollendung der Reformation durch Martin Luther im 16. Jahrhundert. Nun entstehe eine die leidigen konfessionellen Spaltungen überwindende einheitliche deutsche Volkskirche, geprägt von «heldischer Frömmigkeit» und «artgemäßem Christentum».

Eine Kirche, die wirklich zur Heimat aller evangelischen Deutschen werden könne, müsse sich freilich konsequent von allem trennen, was deutschem Geist nicht zumutbar sei. Das gelte für die kirchlichen Bekenntnisse, denn in ihnen zeige sich konzentriert und öffentlich, was die Kirche glaube. Und es zeige sich natürlich in der Art und Weise, wie man Gottesdienst feiere.

Zur gerade begonnenen Reinigung der Kirche, die Krause bei den Deutschen Christen in guten Händen sieht, gehöre zwingend die «Befreiung vom Alten Testament mit seiner jüdischen Lohnmoral, von diesen Viehhändler- und Zuhältergeschichten». Tosender Beifall ging durch den Sportpalast.

«Wenn wir Nationalsozialisten uns schämen, eine Krawatte von Juden zu kaufen, dann müssten wir uns erst recht schämen, irgendetwas, das zu unserer Seele spricht, das innerste Religiöse vom Juden anzunehmen.»[9] Sie würden deshalb aus den Evangelien nur das akzeptieren, «was zu unseren deutschen Herzen spricht»[10]. «Dann tritt das Wesentliche der Jesuslehre klar und leuchtend zutage, das sich – und darauf dürfen wir stolz sein – restlos deckt mit den Forderungen des Nationalsozialismus.» Bald werde Schluss sein mit einer «übertriebenen Herausstel-

lung des Gekreuzigten». Die sei ja schuld gewesen am Sklaven-
geist vieler Kirchenseelen. In Zukunft aber könne der deutsche
Christ ein stolzer Christ sein. Ein für alle Mal werde klar sein:
Nordischer Geist und heldischer Jesusgeist sind verwandt.

Das Presseecho war so bemerkenswert wie die Rede selbst,
allerdings nicht so positiv wie von den DC erhofft. Viele Christen, die das Gedankengut der DC schon bisher abgelehnt hatten,
taten dies nun noch entschlossener. Verunsicherte, die noch
nicht wussten, ob sie sich auf Dauer für die DC öffnen sollten,
wandten sich von ihnen ab. Die kirchliche Opposition formierte
sich weiter. Rücktrittsforderungen wurden laut. Mit der Sport-
palastrede des Dr. Krause begann die Talfahrt dieser nationalso-
zialismuskonformen Glaubensbewegung. Sie endete schließlich
in der Bedeutungslosigkeit. Reinhold Krause wurde bereits am
14. November 1933 aller kirchlichen Ämter enthoben.

Marcion und die Deutschen Christen – zwei Extremfälle. Aber
Extreme lassen vieles deutlicher erkennen, was zwischen den
Extremen liegt. Deshalb noch ein drittes Beispiel. Es steht für
viele sanftere Versuche, das Alte Testament hinter sich zu lassen – man integriert es in ein Gesamtkonzept, das zunächst auf
viele einen durchaus christlichen Eindruck gemacht hat.

Lessing – Integrieren durch Überholen

Von Gotthold Ephraim Lessing (1729–1781) ist vielen besonders
das Drama «Nathan der Weise» bekannt. Es gehört seit langem
zu den Basistexten neuzeitlichen Denkens.

Mit ebenso starkem Engagement hat Lessing aber auch seine hundert Thesen zur «Erziehung des Menschengeschlechtes»[11] verfasst. Hier wird die Geschichte der Menschheit als ein großer Erziehungsprozess gedeutet: In der Geschichte geht es zu wie in der Schule. Die Gegenwart ist trotz aller Mängel der am weitesten vorgeschobene Punkt des bisherigen Fortschreitens. Insgesamt geht der Trend nach oben. Es besteht Anlass zu Optimismus. Blickt man in die Vergangenheit zurück, so sieht man durchlaufene Menschheitsphasen, die nicht das gleiche Niveau aufweisen wie die Gegenwart. Aber das muss man ihnen nicht vorwerfen; man sollte sie vielmehr verstehen.

Lessing denkt trotz aller Veränderungen (noch) in religiösen Kategorien. So unterscheidet er in der Menschheitsgeschichte drei große Stufen: eine Stufe des Vaters, eine des Sohnes und eine des Geistes. Das erinnert an die christliche Lehre von Gottes Dreieinigkeit (Trinität).

Wie jeder weiß, gehören zur Schule auch Schulbücher. So ist es auch in der Erziehungsgeschichte der Menschheit. Lessing nennt zwei: das Alte und das Neue Testament. Das Alte Testament ordnet er der Periode des Vaters zu, das Neue Testament der Periode des Sohnes. Die dritte Phase, die des Geistes, verläuft auf einem so hohen Niveau, dass sie ohne Schulbuch auskommt.

In der Phase des Vaters und Schöpfers, als das Alte Testament das Lehrbuch war, haben nach Lessing die Menschen das Böse aus Angst vor Gottes Strafe gemieden und das Gute aus Hoffnung auf Belohnung getan, beides im Blick auf das gegenwärtige, das *zeitliche* Leben. In der Phase des Sohnes, als das Neue Testament das passende Lehrbuch war, haben die Menschen das Gute getan und das Böse unterlassen, weil sie auf *ewige* Belohnung hofften bzw. *ewige* Strafe befürchteten. Jetzt aber, in der Phase des Geistes, die gerade begonnen hat, werden die Menschen das Böse nicht mehr aus Angst vor Strafe unterlassen, egal ob es sich um eine zeitliche oder ewige handelt. Sie werden auch das Gute nicht um einer zeitlichen oder ewigen Belohnung willen tun. Nein, sie werden das Gute schlicht deswegen tun, weil es das Gute ist, genauso wie sie das Böse schlicht deswegen unterlassen, weil es das Böse ist.

Was kann für eine Menschheit, die so weit gelangt ist, das Alte Testament (noch) bedeuten? Man ist keineswegs gezwungen, es abzulehnen, wie Marcion es getan hatte. Man kann auf es zurückblicken als früher einmal sinnvolles Dokument einer durchlaufenen Phase. Im Vergleich mit dieser Anfangsphase kann man sich immer neu bewusst machen, wie weit man inzwischen gekommen ist. Man hat es überholt, und das heißt auch: Letztlich ist es nicht mehr nötig. Und inhaltlich haben sich die Dinge eben auch sehr zum Guten geändert. Das Alte Testament verstehen heißt nunmehr, vieles anders sehen, als es dort gesehen wurde, vieles anders tun, als es dort befohlen wurde. Aber man muss nicht im Zorn zurückblicken. Die überwundene Stufe war eine in diesem Prozess nötige Stufe.

Lessings Thesen sind inzwischen 240 Jahre alt. Zeit genug, um danach zu fragen, ob sich das Menschengeschlecht wirklich in dieser Weise hat erziehen lassen. Zwei Weltkriege, Atombomben und grausam fantasievoll erdachte Massenvernichtungsmittel, Menschenrechtsverletzungen und Christenverfolgungen in bisher nie dagewesenem Ausmaß lassen da ganz andere Schlüsse zu und mahnen zur Vorsicht. Hier drei Beispiele, die zum Nachdenken einladen.

Der englische Literaturwissenschaftler C.S. Lewis (1898–1963) dachte intensiv darüber nach, wie schnell man heute ein Überlegenheitsgefühl entwickelt, wenn man Geschichtsbetrachtungen anstellt und die eigene Gegenwart mit früheren Generationen vergleicht. Er nennt dieses Überlegenheitsgefühl «chronological snobbery» (dt. historischer Snobismus): einen Snobismus, den wir uns angesichts der jüngeren Vergangenheit dringend abgewöhnen sollten.[12]

Die seit 1980 in Paris lebende russische Philosophin Tatjana Goritschewa (geb. 1947) schrieb am 15. Januar 1986 in ihr Tagebuch: «Es gibt viele Intellektuelle, die an der Grenze stehen [und] die davon überzeugt sind, dass die Aufklärungskultur in eine Sackgasse gekommen ist [und] dass wir eine neue Orientierung brauchen.»[13]

Wolfgang Hildesheimer (1916–1991), in seinen verschiedenen Lebensphasen Maler, Grafiker, Simultandolmetscher, Bühnenbildner und Schriftsteller, begründete 1984 in einem Interview mit dem Publizisten Heinz Ludwig Arnold (1940–2011), warum er sich von der Schriftstellerei abgewandt hatte:

Die Wirklichkeiten der Schriftsteller und der Wissenschaftler drifteten auseinander. Schriftsteller beschrieben nur noch eine Welt von gestern. «Bald wird das Leben überhaupt ein Kampf ums Überleben sein.» Geisteswissenschaften würden zu Ausflüchten. «Es ist fürchterlich, und seine Fürchterlichkeiten werden eben bagatellisiert.»[14]

In «Mitteilungen über Max» hatte Hildesheimer 1983 geschrieben, es sei nicht fünf vor zwölf, sondern bereits Viertel nach drei. «Die Optimisten wissen wirklich nicht, wovon sie sprechen … Wenn ich mich an den Schreibtisch setze, greift mich sofort das Entsetzliche an, oder ich bin absolut gelähmt; mir wird auch schwindlig … und deshalb geht das nicht mehr.»

Prompt kam die Frage Arnolds, wie man mit dieser Haltung jungen Leuten gegenübertreten könne. – Hildesheimer: Eigentlich ginge das nicht. «Ich habe mich auch letzthin geweigert, zu Jugendlichen zu sprechen, weil ich, wenn ich ehrlich sein muss, Pessimismus predige, der sie lähmt. Was sollen sie tun? Man muss ja gewisse Ideale aufrechterhalten, sonst kann man nicht leben.»

Keiner dieser drei bezieht sich auf das Alte Testament. Sie stimmen aber nachdenklich in ihrer Kritik an einer im 20. Jahrhundert sehr häufig anzutreffenden Haltung. Der Optimismus der Lessingzeit ist längst in eine Krise geraten. Ernüchterungen müssen verarbeitet werden und Überlegenheitsgefühle gegenüber «alten Zeiten» wecken zwiespältige Gefühle. Aus ernüchterter Nachdenklichkeit könnte eine neue Offenheit für die Lektüre des Alten Testaments erwachsen. T.S. Eliot (1888–1965) hat einmal geschrieben, die Menschen vertrügen die Wirklichkeit nur in geringer Dosierung. Es könnte also sein, dass die Realitätsbezogenheit des Alten Testaments die Karten ganz neu mischen würde.

Was es hier zu sehen gibt

Man könnte nun versuchen, die gegen das AT erhobenen Vorwürfe einen nach dem anderen zu entkräften. Das wäre keineswegs aussichtslos. Es gibt hilfreiche Literatur.[15] Man könnte aber auch einen anderen Weg gehen und sich umschauen nach Menschen, denen das Alte Testament viel bedeutet. Ihnen könnte man zuhören und sich inspirieren lassen, selbst zu lesen. Und dann, nach zwei- bis dreimaliger Komplettlektüre, könnte man fragen, was man alles verpasst hätte, wäre man hier nicht aktiv geworden. Im Folgenden ein paar ausgewählte Beispiele für das, was es hier zu sehen gibt:

Das erste Buch Mose (Genesis): Gleich auf der ersten Seite der Bibel erfahren wir, dass wir Geschöpfe sind. Das mag eine kalte Dusche sein für alle, die so auf sich selbst setzen, dass sie sich auch gern selbst erschaffen hätten. Für den, der sich darauf einlässt, Geschöpf zu sein, ist es ein Geschenk, für das man ein ganzes Leben braucht, um es auszupacken.

Sich Gott verdanken, sich von ihm her jeden Tag neu empfangen, sich von einem starken, liebevollen Willen, der stärker ist als unser Wille, sagen lassen: «Du bist gewollt.» Statt «Ihr werdet sein wie Gott» (1. Mose 3,5) Mensch sein unter Gottes Augen.

Am Ende dieses ersten Buches steht eine Familiengeschichte mit viel hausgemachtem Elend. Aber es ist eine Geschichte, bei der Josef, der Hauptbetroffene, zu einer Erkenntnis kommt, die der ganzen Sippe wieder Boden unter die Füße gibt: «Ihr gedachtet es böse mit mir zu machen, aber Gott gedachte es gut zu machen» (1. Mose 50,20).

Das zweite Buch Mose (Exodus): Gott stellt sich vor, indem er befreit. Er verbündet sich mit einem Volk und begründet eine sehr ungleiche Partnerschaft. Die Profiteure dieses Bundes bekommen Thora (Weisung). Die ist getragen von dem unbändigen Willen Gottes, diese Bundesgeschichte gut zu gestalten. Doch schon wackelt alles. Es kommt zu einem Scheitern, weil die Bundespartner so ziemlich das Unpassendste tun, was man als Volk Gottes tun kann. Jetzt müsste vernünftigerweise Schluss sein. Doch Gott findet einen Weg, wie es weitergeht. Exodus: das Buch vom asymmetrischen Handeln Gottes. Sein Gericht geht an die Wurzeln, aber seine Gnade ist 1000 : 3 (vgl. 2. Mose 34,6f.).

Das dritte Buch Mose (Levitikus) ist einer der Märtyrer unter den Büchern des Alten Testaments geworden: vielen Heutigen zu gestrig, vielen Geistigen zu blutig. In diesem Buch wird die Unterscheidung von «rein» und «unrein» eingeübt. Sie wird sich durch das ganze Alte Testament ziehen. Viele werden das später missverstehen und eher an Hygiene als an Gottesdienstfähigkeit denken.

Es ist ein Buch, das im Talmud, der großen Schatzkiste des Judentums, eine große Rolle spielt und von manchem christlichen Schlaumeier zu Unrecht belächelt wird. Gott ordnet das Instrumentarium an, mit dessen Hilfe er, der Heilige, unter Sündern leben will und sie für sich heiligt. Hier übt Gott mit seinem

Volk Kategorien ein, die später helfen, Jesus und seinen Tod zu verstehen. Also Einladung zum Nachhilfeunterricht: vom Naserümpfen zum Staunen.

Das Buch Josua: Gott ist noch mehr als sein Volk daran interessiert, dass die begonnene Heilsgeschichte eine Fortsetzungsgeschichte bleibt und nötigenfalls neu wird. Ein Buch der Gedenkkultur: Steinmale werden errichtet, Geschichten weitererzählt, Feste gefeiert. Gottes Taten sind nicht dazu da, dass man sie vergisst. Das Leben wird frisch, wenn die Erinnerung an Gottes Taten frisch bleibt.

Das Buch Rut(h) bietet mehr als nur einen romantischen Trautext: «Wo du hingehst, da will ich auch hingehen; wo du bleibst, da bleibe ich auch» (Ruth 1,16). Manche Leser waren verblüfft, als sie entdeckten, dass diese Worte nicht eine junge hübsche Braut ihrem Bräutigam ins Ohr flüstert – oder umgekehrt –, sondern dass hier eine junge Witwe mit ihrer Schwiegermutter spricht. Aus der Geschichte einer tiefen menschlichen Not wird eine Ermutigungsgeschichte, in der der Gott Israels Gedanken des Segens verwirklicht weit über das Leben der Ruth und ihrer Schwiegermutter hinaus. Was insofern in der Tat auch ein guter Ehetext ist.

Die Königsbücher: Wir Eintagsfliegen lernen, in Jahrhunderten zu denken. Die Zeitrechnung orientiert sich am jeweils herrschenden König. Die Könige stehen aber unter einem Maß, das Gott ihnen zugemessen hat. Kein Absolutismus der Mächtigen.

Viel Scheitern und Gebrochenheit. Und wo es wieder vorwärts geht, liegt es daran, dass der König sich von Gott und seiner Thora beeindrucken lässt.

Bei *Jesaja* lohnt es sich, einmal auf die Fragezeichen zu achten. Fragezeichen ist nämlich nicht gleich Fragezeichen. Da gibt es Fragen, mit denen Menschen einander befragen, Fragen, die Menschen an Gott stellen, Fragen, die Gott Menschen stellt. Und schließlich begegnet der Leser den Worten vom Gottes-knecht, dessen Antikarriere ein einziges großes Fragezeichen wird – und dann macht Gott ihn zum größten aller Ausrufezei-chen! Da blüht die Wüste, und aus dem Brunnen des Heils wird tüchtig Wasser geschöpft.

Der Prophet Jeremia: Gott zeigt, was er einem Menschen zumu-ten kann. «Herr, du hast mich überredet, und ich habe mich überreden lassen. Du bist mir zu stark gewesen und hast ge-wonnen; aber ich bin darüber zum Spott geworden täglich, und jedermann verlacht mich. […] Da dachte ich: Ich will nicht mehr an ihn denken und nicht mehr in seinem Namen predi-gen. Aber es ward in meinem Herzen wie ein brennendes Feuer, in meinen Gebeinen verschlossen, dass ich's nicht ertragen konnte; ich wäre schier vergangen» (Jeremia 20,7.9).

Vom mitleidenden Gott in Mitleidenschaft gezogen, wird Je-remia schließlich nach Ägypten verschleppt. Keiner weiß, was dort mit ihm passiert ist. Aber der «Prophet wider Willen»[16] hat im Lauf von zweieinhalb Jahrtausenden Millionen von Men-schen getröstet und auf Gott hin ausgerichtet.

Die Klagelieder: Im Hebräischen sind die Sätze alphabetisch angeordnet. Sie sind also keine Eruptionen spontaner Klage, sondern verdichtetes Wort an Gott, Besinnung nach einer der größten Katastrophen, der Eroberung Jerusalems 587 v. Chr. Hier äußert sich eine Erschütterung, nach der vorschnelle Antworten nicht mehr genügen. Schmerz vergräbt sich aber nicht in sich, sondern bricht zu Gott hin auf. Ein entschlossenes Ja zu Gottes Gericht und ein neues, zartes Hoffen, dass Gottes Gnade alle Morgen neu sein wird.

Die großen Erweckungsbewegungen in der Kirchengeschichte haben immer etwas von dieser Haltung gehabt, und das große Potenzial dieses kleinen Büchleins ist noch lange nicht ausgeschöpft.

Und dann die «*Kleinen Propheten*». Einer ihrer vielen Vorteile: Sie sind klein genug, dass man sich zurechtfinden kann. Sie könnten die «lieben Kleinen» werden, deren aufmerksame Lektüre einen befähigt, sich dann auch an die Lektüre der drei Großen zu wagen: Jesaja, Jeremia, Hesekiel. Leider sind diese Kleinen im Lauf der Zeit zu den großen Unbekannten geworden. Das haben sie nicht verdient. Bei Haggai zum Beispiel könnte man studieren, wie Gott im Jahr 520 v. Chr., einige Jahrzehnte nach der Zerstörung des großen Tempels, seine Herrlichkeit in einem neuen Tempel wohnen lassen will. Der hält zwar zunächst gar keinen Vergleich mit seinem Vorgänger aus. Aber bald werden nachexilische Häuslebauer die Interessen des Hauses Gottes über ihre Privatinteressen stellen. Eselsbrücke für Freunde von RTL2: «Haus im Glück».

Jetzt aber schnell hinüber ins Neue Testament, zunächst zu den Evangelien, dann zu vier Briefen.

Vier Evangelien – Last oder Lust?

Julia Weber freute sich auf den Tag. Sie freute sich auch, dass sie vor der Fahrt ins Büro noch eine gute halbe Stunde Zeit für ihre Bibel hatte. Am Tag zuvor hatte sie Lukas 10,38–42 gelesen, den Bericht von Maria und Marta, zwei Tage vorher Lukas 10,25–37, die Gleichniserzählung vom Barmherzigen Samariter. Beides hatte sie beeindruckt: das helfende Tun und das Hören auf den einzigartigen Lehrer Jesus. Wie Maria wollte Julia Weber ganz Ohr für ihn sein. Bibelkundlich war sie nicht so fit, dass sie schon vor dem Aufschlagen der Bibel hätte sagen können, welcher Text heute auf sie wartete, aber das würde sie ja gleich sehen.

Erschreckt schlug sie ihre Bibel wieder zu. Nach einer Weile öffnete sie sie vorsichtig wieder. Über Nacht hatte sich alles verändert! Aus der einspaltig gedruckten Bibel war bei den Evangelien eine vierspaltige geworden. Da standen nun Matthäus, Markus, Lukas und Johannes nebeneinander, als sei das immer so gewesen und als müsste das so sein.

Julia Weber kam gar nicht dazu, den Abschnitt mit dem Vaterunser zu lesen, der heute eigentlich in der Bibellese des Losungsbüchleins vorgesehen war (Lukas 11,2–4). Zu überrascht war sie von der ungewohnten Anordnung der Texte. Sie blätterte schließlich die Evangelien von vorne nach hinten durch.

Ohne die Texte im Einzelnen zu lesen, wollte sie sich wenigstens einen Überblick über das Ungewohnte verschaffen.

Es gab Seiten, da waren alle vier Spalten ziemlich gleichmäßig gefüllt. Andere wiesen größere Lücken auf. Auf manchen Seiten blieb eine Spalte fast leer. Am häufigsten war das bei der Johannesspalte der Fall. Wieder andere Seiten wirkten durch eine sehr ungleichmäßige Textanordnung unruhig. Nicht so oft, aber doch ab und zu schien ein Lukastext ähnlich gedruckt zu sein wie ein Matthäustext. Markus dagegen sah ziemlich zerzaust aus. Auch gab es Passagen, da blieb die Markusspalte leer.

So etwas hatte Julia Weber noch nie gesehen, und weil sie das noch nie gesehen hatte, konnte sie auch noch nicht abschätzen, welche Folgen diese Neuentdeckung für sie haben würde. Das jedenfalls war ihr auf den ersten Blick – wie gesagt, sie hatte noch keine Zeile gelesen, nur im Drüberschauen die schwarzen Textblöcke und weißen Flecke erfasst – deutlich geworden: Es musste zwischen den vier Evangelien einerseits viele Gemeinsamkeiten geben und andererseits auch viele Unterschiede.

Auf dem Weg ins Büro fiel Julia Weber das Fortbildungsseminar ein, das sie im April besucht hatte. Es war wieder einmal um Effektivität gegangen, um Einsparmöglichkeiten, Wettbewerbsvorteile und Alleinstellungsmerkmale. Irgendwie verknüpften sich die Erinnerungen mit dem, was sie vor einer guten Stunde überrascht hatte.

Dass es nur einen Jesus von Nazareth gibt, aber vier Evangelien über ihn, war das eigentlich effektiv? Hätte Gott – der

Gedanke schien Julia zuerst unangemessen, aber da hatte sie ihn auch schon gedacht – nicht besser erst einmal ein Effektivitätstraining besuchen sollen, ehe er die vier Evangelisten an ihre Aufgabe setzte? Und wäre das nach dem Effektivitätstraining überhaupt noch sinnvoll gewesen? Vier Evangelien statt eins – war das ein Vorteil oder ein Nachteil? Lust oder Last?

Julia Weber war in die Defensive geraten. Dahin hatte sie eigentlich nicht gewollt. Sie würde jedenfalls der Tatsache, dass es im Neuen Testament vier Evangelien, aber nur einen Jesus gibt, mehr Aufmerksamkeit widmen müssen als bisher. Vielleicht hatte der Tag, der am frühen Morgen mit einer großen Überraschung begonnen hatte, ihr einen Leseimpuls beschert, für den sie noch sehr dankbar werden könnte?

Natürlich ist diese Geschichte frei erfunden. Das ist aber kein Grund, sie wegzuschieben. Schließlich sind die vier Evangelien unsere wichtigsten Informationsquellen über Jesus. Was sich außerhalb der Bibel in antiken Dokumenten findet, reicht nicht aus, ein verlässliches Bild von ihm zu zeichnen. Man muss sich auf die Evangelien konzentrieren.

Die Gegenwart lässt sich in etwa so charakterisieren: Weitgehend herrscht Skepsis, was die Evangelien angeht. Wer behauptet, dass sie uns Verlässliches über Jesus mitteilen, gehört zu einer Minderheit.

In der theologischen Wissenschaft gibt es mehrere Hypothesen darüber, wie die Evangelien entstanden sind und wie die einzelnen Berichte über Jesu Worte und Taten zueinander in Beziehung stehen. Manche dieser Hypothesen sind hochkomplex. Man muss Griechisch können und braucht viel Zeit, sich einzuarbeiten. Es gibt auch Hypothesen, die in ihren Grundzügen einigermaßen schnell erfassbar sind, aber schnell erfassbar heißt noch nicht unbedingt leicht überprüfbar.

In den christlichen Gemeinden werden die Evangelien fast nie parallel gelesen, sondern nacheinander. Das geschieht in so großen Abständen, dass man Einzelheiten längst vergessen hat, wenn das nächste Evangelium dran ist. Wer etwa die fortlaufende Bibellese im Losungsbuch der Herrnhuter Brüdergemeine überblickt,[17] sieht schnell, dass für jedes Jahr ein Evangelium vorgesehen ist. 2011 kam Matthäus an die Reihe, 2012 Markus und 2013 Lukas. 2014 war Johannes das Leit-Evangelium, 2015 dann Matthäus, 2016 war es Markus, und 2017 ist wieder Lukas dran. Dieses Nacheinander lässt vieles nicht wahrnehmen. Ein vergleichendes Nebeneinanderlesen wäre eine gute Ergänzung.

Ein Blick weit zurück könnte hier zusätzlich motivieren.

Südgallien, etwa 170/180 nach Christi Geburt. Bischof Irenäus[18] (130–202) schreibt mehrere Bücher «Gegen die Häresien». Gemeint ist: gegen das Gedankengut u. a. der sogenannten «Gnosis» («Erkenntnis»), einer Strömung, die damals immer mehr Leuten imponierte und sich zur echten Konkurrenz gegenüber dem christlichen Glauben mauserte. Alle diese Leute beriefen sich auf die Evangelien. Meist wählten sie eins aus, nämlich dasjenige, das ihrer Ansicht über Jesus am besten zu entsprechen schien.

Diesen Bestrebungen wollte Irenäus eine Alternative entgegensetzen: Alle vier Evangelien, nicht nur eins von ihnen, sind von den Christen zu würdigen. Warum aber lesen wir im Gottesdienst gerade aus vier Evangelien? Warum nicht aus dreien oder weniger? Warum nehmen wir nicht fünf oder noch mehr? Nach reiflichem Nachdenken legte Irenäus seine Lösung vor: Es gibt nur ein Evangelium, dieses aber in vierfacher Gestalt, und diese Viergestalt ist nicht zufällig. Sie ist ein Geschenk Gottes.[19]

Irenäus' erste Teilbegründung stellt die vier Evangelien in den Horizont des ganzen Globus und weist hin auf die Missionserfolge der noch jungen Kirche. Die Vierzahl der Evangelien passt prima zur Vierzahl der Himmelsrichtungen, die kennen wir ja alle. Und wir wissen auch, dass das Evangelium inzwischen weite Wege zurückgelegt hat und in alle uns bekannten Länder gekommen ist. Es hat sich als die Botschaft erwiesen, die alle Leute angeht, egal, ob sie im Westen, Osten, Süden oder Norden wohnen. Man sollte statt von vier Evangelien besser von dem *einen* Evangelium in *vierfacher* Gestalt sprechen.

Die vierfache Gestalt enthält in sich aber nicht eine zerstörende Dynamik, bei der man ein Evangelium gegen das andere ausspielen könnte oder notgedrungen beim Lesen von einem Widerspruch zum nächsten taumelt. Sie hängt, sagt Irenäus, zusammen mit dem einen *logos* (Wort), der in die Welt gekommen ist. Und sie wird von ein und demselben Geist zusammengehalten. Vielfalt und Integration, Einheit und Fülle gehören hier zusammen.

Diese vierfache Gestalt versucht Irenäus in der Bibel selbst zu finden. Das ist der zweite Teil seiner Begründung. Im Alten Testament, beim Propheten Hesekiel (1,6.10), und im Neuen

Testament, in Offenbarung 4,7, findet sich jeweils eine Vierzahl von Gestalten. Irenäus war der Erste, der diese Gestalten mit den vier Evangelienschriften verband. Bis heute sind diese Symbole in der christlichen Kunst wichtig als Schmuck kostbarer Bibelausgaben, als Bilder an Kanzeln usw.

Bei Hesekiel werden nacheinander genannt: Mensch, Löwe, Stier, Adler. In der Offenbarung ist die Reihenfolge anders: Löwe, Stier[20], Mensch, Adler. Irenäus übernimmt die Reihenfolge der Offenbarung und ordnet den Löwen dem Johannes-Evangelium zu, den Stier dem Lukas-Evangelium, der wie ein Mensch aussehenden Gestalt das Matthäus-Evangelium. Der Adler wird für das Markus-Evangelium reserviert.

Irenäus sieht in den Evangelienanfängen und im Gesamtcharakter des jeweiligen Evangeliums Hinweise auf diese Zuordnung. Beispiel: «Das Evangelium nach Lukas [Stier] hat typisch priesterliche Merkmale und beginnt beim Priester Zacharias, wie er Gott Rauchopfer darbringt (vgl. Lukas 1,9). Schon wurde nämlich das Mastkalb zubereitet, das geopfert werden sollte, weil der jüngere Sohn wiedergefunden war (vgl. Lukas 15,23.30).»[21]

Man kann Irenäus leicht widerlegen. Die jeweils genannten Merkmale finden sich meist auch in den anderen Evangelien. Man könnte eine andere Zuordnung genauso gut «begründen». Man kann auch darauf hinweisen, dass die Zuordnung des Irenäus etwa zweihundert Jahre später durch eine andere, die des Hieronymus abgelöst wurde. Dessen Zuordnung wurde dann maßgebend für die nächsten tausend Jahre. Und schließlich kann man auch dem großen Irenäusforscher Norbert Brox (1935–2006) zustimmen: Gäbe es statt der vier Evangelien im Neuen Testament drei oder fünf, Irenäus hätte sie sicher ebenfalls mit dem Hinweis auf Bibelstellen begründen können.

Dennoch sind die Skizzen des Irenäus kein Fall für den Papierkorb. In manchem ist Irenäus vielleicht noch nicht eingeholt, geschweige denn überholt worden. Dass wir das eine Evangelium von Jesus Christus im Neuen Testament in Gestalt von vier Evangelien haben, bewertet Irenäus nicht in erster Linie als Problem.

Die vier Evangelien sind kostbare Gabe Gottes und nicht eine Verlegenheit, die die Christenheit in die Defensive drängt. Dieser Gabe wird nur eine Beschäftigung mit den Evangelien gerecht, die hier mehr Lust als Last sieht. Man soll sich allen Beobachtungen, die man beim Vergleich der vier Evangelien machen kann, mit großer Aufgeschlossenheit stellen. Gott hätte die Möglichkeit gehabt, uns das eine Evangelium von Jesus Christus in Gestalt nur einer Evangelienschrift zu geben. Das hat er nicht getan.

Wir sollen deshalb die Viergestalt nicht überspringen. Wir sollen vielmehr die Eigenart der jeweiligen Gestalt kennen lernen. Eine Auslegung der Evangelien, die diese Viergestalt ernst nimmt, ist geistliche, *logos*-gemäße Auslegung. In der Verschiedenheit der Evangelien artikuliert sich eine Einheit. In der Einheit ist die Verschiedenheit geborgen. Im Ernstnehmen dieser vierfachen Gestalt des einen Evangeliums stellen wir uns in die Bundesgeschichte Gottes hinein. Wir bewähren uns als Glieder des Volkes Gottes.

Irenäus sichert also nicht nur bis heute Arbeitsplätze für Maler und Kunsthistoriker. Er zeigt auch gangbare Wege der Evangelienlektüre und -forschung auf. Es muss nicht bei der Kluft zwischen Spezialisten und «einfachen Normalchristen» bleiben. Evangelienforschung ist keine Esoterik. Es könnte durchaus in den Gemeinden zu einer Freude nicht nur an einem Nacheinanderlesen der Evangelien, sondern auch an ihrer Parallellektüre kommen. Am besten schafft man sich eine sogenannte «Synopse» (eine «Zusammenschau») an, in der die Evangelien wie im fiktiven Beispiel von Julia Weber nebeneinander abgedruckt sind. Diese sollte nicht nur die drei ersten Evangelien, sondern auch das Johannes-Evangelium enthalten.

Ein guter Einstieg könnte sein, einfach einmal anzufangen und zu lesen, lesen, lesen und zu schauen, was sich ergibt. Danach wird man nicht mehr überzeugt werden müssen, dass paralleles Lesen der Evangelien sinnvoll ist.

Später kann man sehen, welcher Grad an Präzision auf Dauer für einen selbst erreichbar ist. Niemand ist verpflichtet, eine neue Theorie zur Entstehung der Evangelien zu liefern. Für Interessenten gibt es ein weites Feld, die bereits geleistete Arbeit anderer zu würdigen, unterscheiden zu lernen und immer tiefer in die Hauptquellen der Jesusgeschichte hineinzufinden. Es werden sich Beobachtungen ergeben, die man zunächst vielleicht nicht einordnen kann. Auch bei zunehmender Vertrautheit lässt sich nicht alles erklären. Aber Angst ist auch hier ein schlechter Ratgeber. Liebe macht sehend und will verstehen, was ihr gegeben ist. Die Dankbarkeit wächst.

Wenn Briefe eine Gestalt bekommen

Ein Gespräch mit Folgen

Mitte der 1990er Jahre. Gespräch mit einer Frau, die schon viele Jahre lang regelmäßig in ihrer Bibel las.

«Darf ich Sie einmal nach den Paulusbriefen fragen?»

«Ja.»

«Ich nenne Ihnen den Brief, und Sie sagen etwas dazu.»

«In Ordnung.»

«Römerbrief.»

«Wir sind allzumal Sünder und mangeln des Ruhmes, den wir bei Gott haben sollten.»

«Sonst noch etwas?»

«Stellt euch nicht dieser Welt gleich, sondern ändert euch durch Erneuerung eures Sinnes, damit ihr prüfen könnt, was der Wille Gottes ist.»

«Sonst noch etwas?»

«Fällt mir im Augenblick nicht ein.»

«Philipperbrief.»

Wie aus der Pistole geschossen kam ein Vers aus dem vierten Kapitel: «Freuet euch in dem Herrn allewege, und abermals sage ich euch: Freuet euch.»

«Sonst noch was?»

«Ein jeglicher sei gesinnt, wie Jesus Christus auch war.»

«Titusbrief?»

«Äh, ehem …» – Schweigen dann auch bei anderen Briefen.

Ein Mensch, der seine Bibel liebt. Erkennbare Lesefrüchte –

und doch auch die Ahnung, dass da etwas nicht stattgefunden hat. Jemand hat sich regelmäßig Zeit für die Bibel genommen. Einzelne Verse haben sich eingeprägt; wohl nicht durch Auswendiglernen, aber durch wiederholtes Lesen und Hören sind diese Worte hängen geblieben und zu einem inneren Reichtum geworden. Trotz jahrelanger Lektüre ist es aber bei einzelnen Sprüchen geblieben. Es war dieser Frau nicht möglich, einzelne Briefe zu charakterisieren oder ihren Gedankengang nachzuerzählen.

Was in diesem Gespräch deutlich wurde, ist eher typisch als einmalig. Deshalb ist es nötig zu fragen: Was geschieht bei der Eigenart unserer Bibellektüre in einem längeren Zeitraum? Was geschieht, wenn wir unsere Art, die Bibel zu lesen, zehn, zwanzig Jahre unverändert beibehalten? Was geschieht fast zwangsläufig? Was geschieht vielleicht? Was wird garantiert nicht geschehen? Dieses Nachdenken könnte eine doppelte Folge haben: Wir behalten gute Leseerfahrungen noch dankbarer und bewusster bei. Wir entdecken andererseits die Grenzen unserer persönlichen Leseweise und halten Ausschau nach sinnvollen Ergänzungen.

Wie wir normalerweise die Bibel wahrnehmen

Es ist sinnvoll, zwischen *Spruchorientierung, Abschnitts-* bzw. *Perikopenorientierung* und *Buchorientierung* zu unterscheiden. Spruch- und Abschnittsorientierung sind ausgesprochene Erfolgsmodelle. Sie haben sich so bewährt, dass wir vielleicht nicht merken, wie ergänzungsbedürftig sie sind.

Spruchorientierung

Eine Geburtstagskarte mit einem Bibelspruch kommt ins Haus. Sie bekommt für ein paar Tage einen besonderen Platz auf dem Schreibtisch, am Küchenschrank, als Einlage im Terminkalender. – Eine Jahreslosung begleitet uns ein ganzes Jahr lang. Sie hängt als Plakat im Eingangsbereich des Gemeindehauses und begegnet uns auch in Kleinformen, spielkartengroß mit einem Kalender auf der Rückseite, aufgedruckt auf einem Kugelschreiber, als Aufkleber. – Ein Bibelwort in einem Freundesbrief, ein Taufspruch, ein Konfirmationsspruch, der Trauspruch eines Ehepaares: Wenn es gut läuft, werden sie zu Begleitern für ein paar Wochen, manche sogar für das ganze Leben.

Der Vorteil der Spruchorientierung liegt auf der Hand. Kurze Sprüche schlagen schnell Wurzeln im Leben. Man kann sie leicht auswendig lernen; ja, manche lernt man nahezu unbewusst. Es reicht, wenn man sie ein paar Mal gehört oder gelesen hat. Nun stehen sie auch zur Verfügung, wenn man gerade keine Bibel dabeihat, zum Nachdenken, zum Nachbeten in der Straßenbahn, in der kurzen Pause im Büro, im Stau auf der Autobahn. Man muss sie nicht mehr extra einpacken. Sie sind einfach da und erweisen sich als treue Gefährten.

Außerdem zeigt ein und derselbe Spruch in verschiedenen Lebenssituationen immer wieder etwas Neues. In einer Phase der Traurigkeit klingt er anders als in Phasen intensiven Glücks. Manchmal sagt er einem gar nichts. Ein anderes Mal fordert er zum Widerspruch heraus. Und dann geschieht es doch wieder, dass seine Tiefgründigkeit uns auf unseren Weg stellt und wir ihn noch tiefer brauchen und intensiver erleben als bisher.

Freilich, alles darf man von einem einzelnen Spruch, Satz, Bibelvers nicht verlangen. Es wäre unfair, müsste dieser eine Spruch uns die Inhalte eines ganzen biblischen Buches vor Augen stellen. Dazu fehlt einfach der Zusammenhang. Vieles bleibt notwendigerweise ausgeblendet, denn auch der beste Spruch kann nicht alles. Er muss aber auch nicht alles können.

Zwischenfazit: Spruchorientierung ist sehr hilfreich. Sie bleibt für den Umgang mit der Bibel auf jeden Fall wesentlich und unverzichtbar. Aber sie ist ergänzungsbedürftig.

Abschnittsorientierung

Seit Jahrhunderten ergänzen wir die Spruchorientierung durch die Abschnittsorientierung. Statt von Abschnitten sprechen manche auch von Perikopen. Das griechische Wort *perikopé* meint das, was übrig bleibt, wenn man davor und danach alles weggeschnitten hat. Wenn man etwa im Lukas-Evangelium Kapitel 1,1 bis 11,4 und dann wieder Kapitel 11,9 bis 24,53 wegschneidet, bleibt eine Perikope übrig: Lukas 11,5–8, das Gleichnis vom bittenden Freund.

Predigten liegt oft ein solcher Abschnitt zugrunde. Auch die meisten Bibellesepläne gehen so vor, dass sie für jeden Tag einen Abschnitt auswählen. Das ist praktisch: Man hat mehr als nur einen Spruch, aber der Text ist doch so kurz, dass man morgens noch rechtzeitig ins Büro kommt. Die Abschnittsorientierung hat sich bei Millionen von Christen bewährt. Töricht, wer auf sie verzichten wollte.

Freilich, auch die Perikopen-Orientierung kann nicht alles. Ein Abschnitt etwa aus dem Epheserbrief kann uns wichtig geworden sein; wir sind aber nicht in der Lage, ihn mit den Versen davor oder danach zu verbinden, ohne noch einmal nachzuschlagen. Welche Bedeutung er im Rahmen des ganzen Briefes hat, nehmen wir nicht so schnell wahr. Außerdem sind wir vergessliche Menschen. Die Lektüre des Römerbriefs dauert, wenn man täglich einen Abschnitt liest, etwa drei Wochen. Wer wird sich, bei Kapitel 12 angelangt, noch an die einzelnen Abschnitte in Kapitel 2 erinnern? Das ist doch schon vierzehn Tage her ... Und wenn man noch einen weiteren Schritt zurücktritt und die Bibel als Ganzes nimmt: Sie hat Tausende von Perikopen!

Was die beiden Erfolgsmodelle ergänzen könnte: Buchorientierung

Viel seltener als Spruch- und Abschnittsorientierung kommt in der Praxis des Bibellesens die Orientierung an einem bestimmten einzelnen Buch vor. Die Buchorientierung ist sicher deshalb seltener als die Spruch- und die Abschnittsorientierung, weil sie zunächst schwieriger erscheint. Aber die Hindernisse sind überwindbar. Es könnte sich als großer Gewinn erweisen, ein biblisches Buch als Ganzes zu erfassen.

Etwa so, wie wir uns bisher unbekannte Menschen kennen lernen. Die Bibel hat zwar über 1300 Seiten, aber nur 66 Bücher: das Alte Testament 39, das Neue Testament 27. Wer es fertigbringt, nach einem Umzug bisher unbekannte Leute kennen zu lernen, wird das bei 66 Personen gut schaffen.

Vierzehn neue Gesichter in der Nachbarschaft, dreiundzwanzig in der Firma, die neun Verkäuferinnen im Supermarkt und in der Bäckerei, dazu noch drei Händler auf dem Wochenmarkt; der Pastor der neuen Gemeinde und mehr als zehn Mitchristen, die einem gleich am ersten Sonntag die Hand geschüttelt haben; siebzehn Kumpels im neuen Sportverein, zwölf Zufallsbekanntschaften auf der Straße und im Kino beim Warten auf den Einlass. Dazu kommen der Polizist, dem man den ersten Strafzettel am neuen Wohnort verdankt, und die nette Sachbearbeiterin beim Ummelden des Autos. Nicht zu vergessen der Briefträger, das Bild des Bürgermeisters in der Regionalzeitung und vor allem die sieben neuen Freunde, die die Kinder mit ins Haus bringen, sowie der Referendar und die Klassenlehrerin beim Elternsprechtag.

Das ist noch keine vollständige Aufzählung, aber es waren schon mehr Gesichter, als die Bibel Bücher hat. Sollte denn das, was beim Umzug ziemlich schnell und ohne große Probleme klappt, gerade beim Buch der Bücher unmöglich sein?

Wenn wir einem Menschen zum ersten Mal begegnen, läuft vieles nahezu unbewusst ab. Wir nehmen eine charakteristische Gestalt wahr; sofort haben wir ein Bild vor Augen. Beim nächsten Mal erkennen wir die Person in der Regel wieder. Gelegentlich mag es zu Verwechslungen kommen – eineiige Zwillinge! –, aber meist klappt das Wahrnehmen so gut, dass wir darüber kaum nachdenken.

Selbst Veränderungen stören kaum. Wenn Friederike bei der ersten Begegnung eine blaukarierte Bluse anhatte, erkennen wir sie am nächsten Tag als Friederike wieder, obwohl sie nun einen roten Pullover trägt. Oder wir schließen die Augen und lassen uns den Namen eines Bekannten sagen. Sofort steht sein Bild vor unserem inneren Auge. Eine höchst praktische Angelegenheit!

Jemanden, den wir nur zweimal gesehen haben, halten wir nach fünf Jahren vielleicht wieder für einen Unbekannten, und weil Charlotte statt ihrer langen Haare nun eine kurze Ponyfrisur trägt, sind wir einen Augenblick lang irritiert, aber schnell ist wieder klar: Das ist Charlotte und niemand anderes. Wen wir etwas näher kennen gelernt haben, den können wir auch im Detail beschreiben: die Frisur von Mareike, die Nase von Otto, den Bart von Norbert, den Gang von Elvira, die Brille von Horst, die Grübchen von Charlotte und die X-Beine von Martin.

Wenn es uns bei der Bibel und ihren einzelnen Büchern doch auch so ginge! Dass wir sofort – bildlich gesprochen – dem Römerbrief die richtige Nase zuordnen können und die Ohren des zweiten Timotheusbriefes kennen und wissen, welche Brille der Hebräerbrief trägt, und dass wir uns nur noch ganz selten irren, weil wir die charakteristische Gestalt einmal wahrgenommen und sie sich uns eingeprägt hat.

Gelänge das, könnte es uns sogar passieren, dass einzelne neue Informationen zum jeweiligen Buch der Bibel nicht ziellos in unserem Gedächtnis umherschwirren, sondern sich schon beim ersten Hören dorthin begeben, wo sie hingehören. Das Bild war schon am Anfang richtig; nun wird es immer reichhaltiger. Wir können beim Nachdenken hin- und hergehen zwischen dem Ganzen und den Teilen. Eins fügt sich zum andern und erklärt das andere.

Wer diese Vorteile einmal an ein paar Beispielen gemerkt hat, wird auf Buchorientierung als ergänzende Leseweise nicht mehr verzichten wollen.

Absichtlich folgen nun vier Beispiele aus den Briefen des Neuen Testaments, denn Briefe gelten allgemein als schwer zu behalten. Wenn die Suche nach Charakteristischem hier klappt, wenn ein Gesamteindruck entsteht, könnte es auch in leichteren Fällen klappen. Vielleicht ermutigt ein Erfolgserlebnis sogar, sich in das Alte Testament hineinzuwagen. Die Kleinen Propheten sind ja meist die Verlierer in der Bibelkunde, aber wo steht denn geschrieben, dass das so bleiben muss?

Der Philipperbrief oder: Der Hocker mit drei Beinen

Seit Jahrhunderten ist vielen Lesern aufgefallen, dass im Philipperbrief häufig von der Freude die Rede ist (Philipper 1,4.18.25; 2,2.17.18.28.29; 3,1; 4,1.4.10). Der württembergische Bibelgelehrte Johann Albrecht Bengel (1687–1752) hat schon 1742 formuliert: «Die Summe dieses Briefes ist: ‹Ich freue mich, freut ihr euch auch›.»[22] Paulus hat diesen Brief in einem Gefängnis geschrieben (1,7). Nun sind Gefängnisse normalerweise nicht als Orte exzessiver Fröhlichkeit bekannt. Paulus aber freut sich nicht nur selbst, sondern lädt auch die Gemeinde ein, sich mit ihm zu freuen. Es lohnt sich, einmal die Freudestellen des Briefes zu unterstreichen; dann ist das erste Charakteristikum auf Dauer klar.

Der Brief hat aber noch zwei weitere Charakteristika. Sie sind etwas schwerer zu erkennen, weil es sich hier nicht um jeweils ein einzelnes Stichwort handelt, das man bequem mit einer Bibelkonkordanz oder per BibleServer finden kann. Es geht um ganze Wortfelder.

Bei zwei-, dreimaligem Lesen kann einem auffallen, dass ständig von der Förderung der Evangeliums die Rede ist. Das schlägt sich nieder in so verschiedenen Formulierungen wie «Gemeinschaft am Evangelium» (1,5) oder «teilhaben an der Gnade», und wenn der inhaftierte Paulus das Evangelium verteidigt und bekräftigt (vgl. 1,7), ist das «Förderung des Evangeliums» (1,12). Einige sind «umso kühner geworden, [Gottes] Wort zu reden ohne Scheu» (1,14). Und «wenn nur Christus verkündigt wird» (1,18), kann Paulus, der zur «Verteidigung des Evangeliums» gefangen liegt (1,16), über unlautere Motive in den eigenen Reihen hinwegsehen. Er will ein fruchtbares Leben leben (1,22), was in Vers 25 mit «Förderung und Freude im Glauben» erklärt wird.

Die Philipper sollen ihrerseits so leben, wie es zum Evangelium passt, und mit Paulus und Timotheus für den «Glauben des Evangeliums» kämpfen (1,27). Als Kinder Gottes sollen sie mitten in einer korrupten Welt ihr Leben so führen, dass man ihr Benehmen nicht zum Anlass nehmen kann, dem Evangelium auszuweichen (2,15).

Wie kann das gelingen? Es geschieht, indem sie am «Wort des Lebens» festhalten (2,16). Das sollen sie also nicht nur um ihrer selbst willen tun, sondern so, dass es anderen zugutekommt. Timotheus hat «mit mir dem Evangelium gedient» (2,22) und Epaphroditus ist «um des Werkes Christi willen» dem Tod nahe gekommen (2,30). Auch Evodia und Syntyche «haben mit mir für das Evangelium gekämpft» (4,3). Die von Anfang an bis jetzt bestehende Gemeinschaft der Philipper mit dem Apostel gestaltet sich als Geben und Nehmen und hat in der «Predigt des Evangeliums» ihre Quelle (4,15).

Fazit: Der kurze Brief von nur 104 Versen enthält nicht weniger als circa 25 verschiedene Ausdrücke, die großes Interesse daran zeigen, was aus dem Evangelium wird und wie es möglichst unbehindert zu möglichst vielen Menschen kommen kann.

Das dritte Merkmal des Briefes passt gut zu den beiden ersten. Der Philipperbrief bietet umfangreiches «Einheitsvokabular». Die Glaubenden gehören zusammen. Das hat Gott selbst so vorgesehen. Er hat sie ja zu einem Ganzen zusammengefügt. Diese von Gott gestiftete Wirklichkeit will gelebt werden. Nötigenfalls muss sie sich in Krisen bewähren. Der Lebensraum der Messiasgemeinde ist Raum der Freude. Gemeinde, die einig ist, kann dem Vorwärtskommen des Evangeliums dienen. Gemeinde, die ihre Einheit nicht pflegt, schädigt ihre missionarische Wirksamkeit.

Das Einheitsvokabular erschließt sich leicht. Erstens sollte man auf Wörter wie «alle», «jeder», «dasselbe» achten. Zweitens zeigen Grüße und Gebetsberichte am Anfang und Ende, wie ernst Paulus die Einheit der Christenheit nimmt. Drittens achte man auf Formulierungen wie «denken», «eines Sinnes sein», «einträchtig sein», «für jemanden sorgen», «gesinnt sein», «auf etwas bedacht sein». Im griechischen Grundtext steht an diesen Stellen das Verb *phronein*, so häufig wie in keinem anderen Brief.[23]

Manches ist nicht nur «doppelt gemoppelt», sondern drei-, vier- und fünffach: «… macht meine Freude dadurch vollkommen, dass ihr ‹eines› Sinnes seid, gleiche Liebe habt, *ein*mütig und *ein*trächtig seid» (2,2; Hervorhebung durch den Autor). Eine vorbildliche Lebensführung (4,8) ist eine, die in der konkreten Gestaltung der Prioritäten aus geschenkter Einheit heraus zu gelebter Einheit führt.

Freude, Förderung der Evangeliumsverkündigung, Einheit der Gemeinde: Die Verbindung dieser drei Aspekte ergibt einen Gesamteindruck und zeigt das Unverwechselbare des Philipperbriefes. Was ist dann aber mit dem wohl berühmtesten Abschnitt dieses Briefes, mit Philipper 2,5–11?

Hier geht es in einer katechetischen, also lehrhaften Formulierung[24] um die Anti-Karriere, die Jesus freiwillig zu unserem Vorteil durchgemacht hat. Vom Gottesniveau in die tiefste erdenkliche Tiefe, das Ganze unter der vollen Zustimmung Gottes, im Gehorsam gegen seinen guten, heiligen Willen, das ist der Weg Jesu gewesen. Darauf hat Gott geantwortet, Jesus rehabilitiert und über alle Maßen hoch erhöht.

Liest man den ganzen Brief noch einmal durch und hat dabei diesen Abschnitt im Hinterkopf, wird deutlich, wie von hier aus die drei charakteristischen Aspekte ihren Sinn finden und zusammenpassen. Wer von dieser Antikarriere profitiert, der wird von einer Freude erreicht, die das Leben trägt. Wer begriffen hat, dass das, was da mit Jesus passiert ist, Evangelium pur ist, der wird das Evangelium mit möglichst vielen teilen wollen. Wen Gott zur alles überragenden Christuserkenntnis berufen hat, den hat er in den Leib Christi integriert und zur Einheit berufen.

Wem es hilft, der mag sich den Philipperbrief als Hocker mit drei Beinen vorstellen. Auch wenn noch viel zu verstehen übrigbleibt, ist das Charakteristische klar. Jede neue Information kann hier andocken und wird nicht gleich wieder vergessen. Alles findet seinen Platz, und der Brief erschließt sich bei jeder neuen Lektüre reicher und differenzierter.

Der Kolosserbrief: der Brief, der mit einem Wort den Mund ganz voll nimmt

Was fällt Christen beim Lesen der Bibel auf? Das Auffällige. Das ist auch gut so, denn oft weist das Auffällige auf etwas besonders Wichtiges hin. Beim Kolosserbrief ist es wichtig, dass einem etwas auffällt, das einem normalerweise nicht auffällt, weil es so unauffällig ist.

Der Brief gewinnt charakteristische Gestalt, wenn man einmal auf die Wörter «ganz», «jeder», «alle» achtet. Im griechischen Grundtext steht für diese drei Begriffe nur ein kleines Wörtchen: *pas. Pas* im Singular bedeutet «ganz» oder «jeder», im Plural «alle». Wer darauf achtet, wo «jede(r)», «ganz(e)» oder «alle(s)» steht, wird erstaunlich oft fündig. Dieses Wörtchen prägt den Brief. Bereits jetzt ist man übrigens kaum noch fähig, den Kolosserbrief im Ganzen *nicht* zu verstehen! Natürlich kommt das kleine Wort auch in anderen Briefen vor. Im Kolosserbrief ist es aber besonders häufig.

Statt alle Stellen[25] zu besprechen, hier nur ein Beispiel: Was tut Paulus, wenn er auf seinen Reisen mit irgendwelchen Leuten redet? Er verkündigt Christus, indem er *jeden* Menschen ermahnt und diese Menschen mit *aller* Weisheit ermahnt, damit er *jeden* Menschen vollkommen in Christus darstellen kann. Dafür müht er sich ab, darum ringt er (1,29).

Der Kolosserbrief enthält außerdem viele Wörter, die mit Fülle und Vollkommenheit zu tun haben. In Christus wohnt alle Fülle (1,19), er ist der herrliche Reichtum des Geheimnisses Gottes (1,27); Paulus will jeden Menschen in Christus vollkommen machen (1,28).

Die Herzen sollen zu allem Reichtum an Gewissheit und Verständnis zusammengefügt werden (2,2). In Christus liegen alle Schätze der Weisheit und der Erkenntnis verborgen (2,3). Die Gemeinde soll reichlich (wörtlich: überfließend) dankbar sein. In Christus wohnt die ganze Fülle der Gottheit leibhaftig (2,9); an ihr hat die Gemeinde teil (2,10).

Die Liebe ist das Band der Vollkommenheit (3,14). Das Wort Christi soll reichlich in der Gemeinde wohnen (3,16).

Alle diese Wörter der Fülle, des Reichtums und der Vollkommenheit stellen Jesus Christus ins rechte Licht. Wer auf diese Formulierungen achtet, merkt, wer Jesus Christus ist und was er seiner Gemeinde schenkt. Die profitiert nämlich von dieser Fülle und darf deshalb nicht klein von sich denken.

Als drittes Charakteristikum enthält der Kolosserbrief einige besondere Bezeichnungen für Jesus Christus. Er ist der «geliebte Sohn» (vgl. 1,13), das «Ebenbild des unsichtbaren Gottes, der Erstgeborene vor aller Schöpfung» (1,15), das Haupt des Leibes, nämlich der Gemeinde, der Anfang, der «Erstgeborene von den Toten» (1,18). Er ist der, in dem Gottes ganze Fülle wohnt (1,19), der, in dem alle Schätze der Weisheit und der Erkenntnis verborgen sind (2,3). Auf ihn ist das große Ganze orientiert. Er bedarf keiner Ergänzung.

Viertes Merkmal: Schon beim ersten Lesen könnte auffallen, dass die Gemeinde bedroht ist durch religiöse Gedanken; wir nennen das heute «Ideologie» oder «Synkretismus». In diesen Gedanken spielt Jesus durchaus eine Rolle, aber das scheint nicht auszureichen. Man ist noch kein kompletter Christ, wenn man bloß an Jesus glaubt, sagen diese Leute. Man sollte dringend spezielle Feiertage und Speisevorschriften einhalten. Nur so komme ein Ganzes zustande. Ein Christsein, das sich allein mit Jesus Christus zufrieden gibt, erscheint defizitär. Angesichts dieser Meinungen haben die positiven Charakteristika längst klargestellt: «Christus genügt»[26]. Die Glaubenden haben durch ihn an Gottes Fülle Anteil bekommen.

So fügen sich die vier Beobachtungsreihen zu einem einheitlichen Bild zusammen. Jetzt kennen wir die Gestalt dieses Briefes. Wir würden ihn nie mehr mit einem anderen Brief verwechseln.

Der 1. Thessalonicherbrief:
der Brief, der fast nicht aufhört anzufangen

Auch dieser Brief hat eine unverwechselbare Gestalt. Zunächst scheinbar noch nicht, denn er beginnt, wie die meisten Gemeindebriefe des Paulus beginnen. Zuerst nennt Paulus immer den Absender, dann den Empfänger, als Drittes fügt er einen Gruß an. Diesem Anfang folgen in der Regel mehrere Sätze, die mit «Ich danke» beginnen oder mit «wir danken». Dieser Dank ist der tragfähige Boden, auf den sich Paulus stellt, wenn es danach im Hauptteil der Briefe um die aktuelle Gemeindesituation geht, mitunter auch um schwerwiegende Konflikte.

Für den 1. Thessalonicherbrief ist charakteristisch, dass der Dank das ganze erste Kapitel umfasst, aber auch in den beiden nächsten noch anklingt (2,13; 3,9). Der Dank ist die ganze Zeit der Ton, der die Musik macht!

Ein zweites Merkmal: Wir finden am Anfang und darüber hinaus viel Gemeindegründungsvokabular, das die Gemeinde an ihren eigenen Anfang erinnert: «Ihr wisst ja, wie das war, als …» Was sie damals erlebt haben, das soll sie in der Gegenwart stärken und ihre Zukunft bestimmen.

Alle diese Beobachtungen passen zum Gründungsbericht in Apostelgeschichte 17. Datiert man mit fast allen Fachleuten das Verfassen des Briefes ins Jahr 50, wird klar: Diese Anfänge liegen erst wenige Monate zurück, maximal ein Jahr. Es geht hier also um die Vergewisserung einer noch kein Jahr alten Gemeinde; um «Azubis» gegen Ende des ersten Lehrjahres – und im letzten Drittel des Briefes um Themen, die Paulus damals nicht mit den Thessalonichern besprechen konnte, weil er überstürzt abreisen musste. – Auch dieser Brief hat jetzt sein spezielles Gesicht, seine spezielle Gestalt bekommen.

Das waren drei Briefe von begrenztem Umfang: 104, 95 und 89 Verse. Bewährt sich die Suche nach Charakteristika, die sich zu einem Gesamteindruck zusammenfügen, auch bei langen Briefen? Am besten probiert man das beim Hebräerbrief aus, denn er ist nicht nur der drittlängste Brief im Neuen Testament, er gilt auch als besonders schwierig.

Der Hebräerbrief: der (doch nicht) ganz besonders schwierige Brief

Wer ihn zunächst einmal ganz liest, wird gegen Ende des Briefes auf die richtige Fährte gesetzt: «Lasst euch dieses Wort der Ermahnung gefallen» (vgl. Hebräer 13,22). Ein «Wort der Ermahnung», wir könnten auch sagen: Briefseelsorge, will der Hebräerbrief sein. Die Sprachform der Ermahnung ist oft der Imperativ. Aber auch Nebensätze, die ein Ziel formulieren, kommen in Frage, sogenannte Finalsätze.

Solche Mahnungen aus diesem Brief zu sammeln und im Text zu markieren oder sie aufzulisten, ist leicht: Hebräer 3,1.8.12.13; 4,1.11.14.16; 5,12f.; 6,12; 10,22–24.32.35.39; 12,1–3.12f.15.25. Sortiert man diese Mahnungen, findet sich ein Grundthema, das nahezu überall erkennbar ist. Es geht um Christen, von denen keineswegs klar ist, dass sie Christen bleiben werden. Nach außen hin ist der Mut zum Bekenntnis abhandengekommen. Das hat einen inneren Grund. Die Hoffnung ist drauf und dran, ins Exil zu gehen.

Es hat einmal bessere Zeiten gegeben. Man ist sogar in der Lage gewesen, Widerstand auszuhalten. Man hat auch einmal das ABC des Glaubens gelernt. Aber das ist schon lange her. Statt fähig zu sein, anderen qualifiziert sagen zu können, worum es beim Glauben geht und wie man das macht: glauben, ist man zurückgefallen in das Stadium von Baby-Christen, die man noch auf den Schoß nehmen und mit Milch füttern muss. Die Hände sind matt geworden und können nicht mehr zupacken. Die Knie sind wackelig geworden. Das Aufsehen zu Jesus ist nicht mehr selbstverständlich.

Einige pflegen ausgerechnet jetzt von den Gottesdiensten wegzubleiben (10,22–25), ein Phänomen, das sich dann später durch die ganze Kirchengeschichte ziehen wird: Gerade dann, wenn man den Gottesdienst am nötigsten hat, bleibt man weg. Verbitterung droht. Man könnte das Vertrauen zu Jesus, das einem einmal das Wichtigste überhaupt war, wegwerfen wie überflüssigen Ballast. Gottes Gnade verpassen, das ist die Gefahr, in die diese Christen – wohl Judenchristen – hineingeraten sind.

Der Briefseelsorger ist aber voller Hoffnung für die Gefährdeten. Nicht: «Da ist Hopfen und Malz verloren.» Sondern: «Ich bin aber, was euch angeht, von etwas Besserem überzeugt» (vgl. 6,9). Zentnerweise Probleme auf der einen Seite, kein Gramm Resignation auf der anderen, obwohl die Gefahr illusionslos gesehen wird und auch eine Grenze in Sicht kommt, jenseits derer nichts mehr zu hoffen ist. Sie wird markiert (6,4–8; 10,26–31), damit sie nicht überschritten wird. Dazu gibt es keinen Grund, aber glücklicherweise gibt es eine Fülle von Gründen, bei Jesus zu bleiben.

Wie helfen? Man muss diesen Abstiegskandidaten neu zeigen, wer Jesus ist. Das tut der Briefschreiber vom Alten Testament her. Jesus ist der große Hohepriester, der ein für alle Mal die Rettung erwirkt hat. Davon ist vor allem im mittleren Briefteil die Rede. Hier spricht einer, der in der Bibel wirklich zu Hause ist. «Theologie des Alten Testaments» wird so zur Briefseelsorge.

Um deutlich zu machen, wie konkurrenzlos wichtig und gut Jesus ist, wird immer wieder der alte Bund mit dem neuen Bund verglichen. Das geschieht aber nicht nur in Kapitel 8. Dort ist ausdrücklich der Bezug zu Gottes Versprechen, einen neuen, qualitativ unüberbietbaren Bund zu stiften, ausführlich dargestellt. Durch den ganzen Brief hindurch finden wir bei Eigenschaftswörtern die Sprachform des Komparativs, des steigernden Vergleichs: besser, dauerhafter, herrlicher … Es lohnt sich, einmal diese Komparative in der eigenen Bibel zu markieren.

Das Ziel dieser immer wieder auftauchenden Formulierungen lässt sich leicht erkennen. Wenn Jesus, wie ich euch gerade zeige, so viel besser ist als Mose, die Engel, die Priester, die Opfer, besser als all das, was Gott früher in seiner Liebe veranstaltet hat, und wenn diese neue Wirklichkeit einmal euer Lebenselement geworden ist: Welchen Sinn hat es dann, Jesus nicht mehr zu vertrauen? Keinen! Sich von Jesus zu distanzieren ist das Allerschlechteste, was man tun kann. Dann tritt man nicht einfach einen Schritt zurück auf eine frühere Glaubensstufe, dann verliert man alles. Sinn hat nur eins: neu zu Jesus aufblicken und den Weg mit ihm gemeinsam weitergehen, gestärkt mit einer Hoffnung, die von ihm selbst kommt.

Ist es wirklich so schwer, den Hebräerbrief zu verstehen? Fasst man Hebräer 13,22 als briefinternen Lesetipp auf, sammelt und sortiert man einmal die Mahnungen und achtet man drittens auf die häufigen Zitate aus dem Alten Testament und den Vergleich von altem und neuem Bund, wird das Ganze schnell klar. Damit ist man zum Glück mit dem Brief nicht fertig. Man kann hier ein langes Leben lang immer neue Entdeckungen machen. Aber bereits jetzt hat man gemerkt, wie der Hebräerbrief «tickt».

Bälle, Bücher und Bekannte

Zum Schluss dieses Kapitels ein Besuch im Möbelhaus. Nahe beim Eingang das Kinderparadies: tausende bunter Plastikbälle, so viele wie in keinem Kinderzimmer. Also tauchen die Kleinen kopfüber hinein, bis sie unter den Bällen fast nicht mehr zu sehen sind. Sie tauchen wieder auf, werfen Bälle in die Höhe; es macht nichts, wenn ihnen ein paar auf den Kopf fallen. Die Eltern widmen sich inzwischen dem Einkauf. Manche bleiben auch eine Weile stehen und sehen den Kindern zu. Man müsste noch mal fünf Jahre alt sein …

Schwierig wird es allerdings, wenn die kleine Petra die Bälle aufsammeln will. Einer, zwei, drei, das geht noch. Den abgewinkelten Unterarm an den Bauch gedrückt, jetzt sind es sogar fünf Bälle. Vielleicht lässt sich noch einer dazunehmen. – Petra bückt sich, und es passiert das, womit die Erwachsenen schon gerechnet haben: Alle Bälle fallen wieder herunter. Also wieder von vorne anfangen. Bis das Kind nach dem x-ten Fehlversuch aufgibt.

Biblische Bücher können wie bunte Bälle sein. Uns entfällt schnell, was uns eben noch so interessiert hat. Es stimmt auch, dass manche Teile der Bibel einander so ähnlich sehen wie ein gelber Ball einem gelben Ball. – Philipperbrief, Kolosserbrief, 1. Thessalonicherbrief, Hebräerbrief: Vielleicht sind sie jetzt nicht mehr wie die Bälle im Kinderparadies. Briefe können ein Gesicht, eine Gestalt bekommen, unverwechselbar werden und dabei auch beinahe unvergesslich. Es scheint gar nicht so schwer zu sein, wie man gedacht hat.

Was bei diesen vier Briefen gelang, könnte auch bei anderen Briefen klappen. Jede Hilfe ist willkommen, erscheine sie auch zunächst sonderbar. James-Bond-Fans erinnern sich bei Jakobus 2,2: «wenn in eure Versammlung ein Mann käme mit einem goldenen Ring», sofort an «Goldfinger». Das geschähe in keinem anderen Brief. Von da aus ist man schnell bei der Reichtumskritik des Briefes. Liest man noch einmal die fünf Kapitel und fragt nach weiteren Themen, fallen wohl «Anfechtung» und «Weisheit» auf. Jetzt hat man noch nicht den ganzen Brief, aber schon viel Charakteristisches. Das reicht für den Anfang.

Beim 2. Korintherbrief könnte einem auffallen, dass es dauernd um die Beziehung zwischen der Gemeinde und dem Apostel geht. So viel apostolische Beziehungsreparatur gibt es nur hier.

Auch im 1. Korintherbrief war da einiges zu reparieren, man denke nur an den Parteienstreit in den ersten Kapiteln, aber da hatte es auch noch andere Themen gegeben. Es sieht so aus, als beantworte Paulus einen Fragenkatalog der Gemeinde: «Wovon ihr aber geschrieben habt, darauf antworte ich …» (7,1). «Über die Jungfrauen …» (7,25), «Was aber das Götzenopfer angeht …» (8,1), «Über die Gaben des Geistes aber will ich euch …» (12,1), «Was aber die Sammlung für die Heiligen angeht …» (16,1). Als Lohn für ihr Mühen beim Griechischlernen haben Theologiestudierende es hier besonders leicht. Jedes Mal steht hier die griechische Präposition *perì*. Eselsbrücke: Der 1. Korintherbrief ist der *perì*-Brief, der 2. der der apostolischen Beziehungsreparatur.

Überhaupt lässt sich die Suche nach den Charakteristika ei-

nes biblischen Buches gut mit der Suche nach Eselsbrücken verbinden. Die «Kleinen Propheten» sind, von Jona abgesehen,
meist die großen Verlierer, was den Bekanntheitsgrad angeht.
Da haben die Psalmen die Nase vorn oder die Schöpfungs-
geschichte, Abraham und David, aber doch nicht Haggai oder
Habakuk. Aber wer hier aufmerkt, merkt schnell: Die Kleinen
Propheten sind aller Aufmerksamkeit wert. Oft reichen schon
wenige Haftpunkte, um Zugang zum Ganzen zu finden.

Zum Beispiel könnte das Prophetenbuch des Nahum das
Stichwort «3N» bekommen. Erstes N: Nahum. Logisch. – Zweites N: Ninive. Das Gericht Gottes über die assyrische Hauptstadt
Ninive ist Thema des Nahumbuches. Beim dritten N muss man
aus dem Buch selbst hinausgehen: Drittes N = Nikolaus. Wann
ist Nikolaustag? Am 6.12. Wann ist Ninive erobert worden? 612
vor Christus, wie es mir die Zeittafel am Ende der Bibel sagt.
Man hat also mit den drei N den Namen des Buches, ein Stichwort des Hauptthemas und eine zeitliche Einordnung. – Nicht
jeder Esel geht über jede Brücke, aber es klappt doch erstaunlich oft.

Man kann noch einen Schritt weitergehen. Die meisten Bibelausgaben enthalten Zeittafeln. Es ist außerordentlich hilfreich, aus einer Zeittafel die fünf Zahlen herauszusuchen, die
man selbst für ganz besonders wichtig hält. Lernt man sie auswendig, sortiert sich sehr vieles in der Bibel. Fünf Zahlen sind
fast schon die halbe Miete, was die biblische Chronologie angeht. Mit zehn Zahlen kommt man nochmals deutlich weiter.

Eckhard J. Schnabel (geb. 1955) bietet in seinem Buch *Urchristliche Mission*[27] eine Zeittafel von zwölf Seiten nur für die

Zeit von 4 vor bis 117 nach Christus; ein hervorragendes Werkzeug zum Nachschlagen! Verglichen mit der verschwindend geringen «Menge» von fünf bis zehn Zahlen sind diese Datenmengen vielleicht «die andere Hälfte» des Klärungsbedarfs, viel mehr aber nicht. Denn bereits mit fünf bis zehn Zahlen hat man so viel Nutzen wie mit den vielen weiteren. Sie bringen die Groborientierung, die man immer braucht. Der große Gewinn liegt hier im kleinen Anfang.

Es könnte freilich sein, dass ein gelingender Anfang mit einer kleinen chronologischen Grundausstattung so viel Klarheit gibt, dass man einfach weitermacht.

Was bei der Beschränkung auf fünf Zahlen allerdings auf jeden Fall vorkommen sollte, ist das Todesdatum Jesu. Es lässt sich genau bestimmen: 7. April 30.[28]

Kapitel 4
Missverständnisse
WIE MAN VERMEIDEN KANN, SICH SELBST EIN BEIN ZU STELLEN

Missverständnisse sind herrlich! Vorausgesetzt, man kommt durch sie hindurch über sie hinaus. Das Gleiche gilt für Schlagwörter, vorausgesetzt, man benutzt sie zum Nachdenken und nicht zum Schlagen. Das scheint aber eher selten zu sein; deshalb heißen sie immer noch Schlagwörter und nicht Denkwörter. – Im Folgenden geht es um Wörter, die durch Missverständnisse einen Karriereknick erlitten haben und auf die Anklagebank geraten sind. Auf der Anklagebank sitzen: die Disziplin, die Askese, die Gesetzlichkeit und die Leistung. Ich plädiere für Freispruch und Rehabilitation. Hier mein Plädoyer – wie es sich gehört, mit einem gewissen Verständnis für die Anklage.

Problemzone «Disziplin»

Das Wort klingt wie drei Wespenstiche auf einmal. Dem scharfen stimmlosen S folgt ein stechendes Z; drei kalten I steht kein wärmendes O oder U bei. Die Länge der dritten Silbe ist lediglich ein Fall von erfolgloser Schadensbegrenzung. Fehlte nur noch, dass jemand aus dem weichen D ein hartes T machte. Disziplin: nichts zum Verlieben.

Man denkt gleich an etwas Schweres, an etwas von außen Auferlegtes, an autoritäres Gehabe, an die Zumutung von Unzumutbarem. Was Disziplin in der Schule betrifft, hat der ehemalige Schulleiter Bernhard Bueb (geb. 1938) sich mit seiner Streitschrift *Lob der Disziplin*[1] absichtsvoll in die Nesseln gesetzt und prompt Widerspruch im Namen der Wissenschaft(!) gefunden[2], zum Teil mit recht undisziplinierter Argumentation und Polemik.

In römisch-katholischer Spiritualität war Disziplin ein Fachausdruck für alte Bußformen, für Selbstabtötung, die zuweilen der Grenze zur Selbstzerstörung bedenklich nahekam. Fasten ginge ja noch, aber Selbstgeißelung?[3]

Ein gewisses Recht wird der Selbstdisziplin zugestanden. Die Spieler von Bayern München brauchen sie, um vielleicht doch noch einmal die Champions League zu gewinnen, und selbst Anne-Sophie Mutter (geb. 1963) würde bei all ihrer Begabung ohne Selbstdisziplin nicht so wunderschön Violine spielen. Und wenn in einer Clique von Teenagern Sebastian eine Viertelstunde vor der vereinbarten Party absagt, weil er plötzlich keine Lust zu haben glaubt, ist am Frust der anderen zu merken: Sie hätten in diesem Fall eine gewisse Selbstdisziplin durchaus begrüßt.

Wer sich in die dicke Bibel hineinwagt, braucht Disziplin. Wer sich 90 Minuten lang von einem Video bespaßen lässt, braucht wohl keine.

Für Christen gibt es über das hinaus, was von anderen zu lernen ist, einen besonderen Zugang zu diesem Wort. Denn sprachlich hat Disziplin etwas mit dem *discipulus,* dem Schüler zu tun.[4] Wenn man das weiß, ist es nicht mehr weit zu einer Überraschung: Die Jünger Jesu, im neutestamentlichen Griechisch *mathetaí,* Schüler genannt, heißen auf Lateinisch *discipuli.* Christen sind im Englischen *disciples of Jesus,* Jünger von Jesus.

Das ist etwas extrem Gutes, und von daher kann nun auch Disziplin als etwas Gutes entdeckt werden. Unter diesem Vorzeichen ist Disziplin sinnvoll und erstrebenswert. Sie ist die angemessene, sinnvolle, erstrebenswerte Reaktion des Jüngers auf das «Folge mir nach!» des Meisters. Von Jesu Gleichnis her gesprochen: Es ist das passende Verhalten dessen, der den großen Schatz, die eine kostbare Perle gefunden hat (Matthäus 13,44–46).

Da fragt man logischerweise: Wie lässt sich behalten, was Jesus sagt? Wie lässt sich verwirklichen, was Jesus im Sinn hat? Wie lassen sich die Hindernisse wegräumen, die der Nachfolge im Weg stehen?

Disziplin ist die vertrauens-, liebe-, hoffnungsvolle Anpassung an die Berufung. Wenn Jesus der Herr ist, bei dem man nicht zu kurz kommt (Johannes 10,10), muss man bei ihm nicht befürchten, was man bei allen anderen Herren befürchten müsste. Auf ihn kann man sich einlassen wie auf niemanden sonst.

Disziplin ist also die konkrete Weise des Auswanderns aus der Besorgnis um sich selbst und des Einwanderns in die

Freundschaft mit Jesus (Johannes 15,15). In der Disziplin gewinnt Gestalt, dass Christen dem gehören, der sie erlöst hat. In der Selbstdisziplinierung der Jünger kommt die Freude zum Ausdruck, dass nicht alles beim Alten bleiben muss, sondern «neue Kreatur» entstanden ist (2. Korinther 5,17). Dazu im Folgenden zwei Beispiele aus den Paulusbriefen.

Römer 6,19: «Wie ihr eure Glieder hingegeben hattet an den Dienst der Unreinheit und Ungerechtigkeit zu immer neuer Ungerechtigkeit, so gebt nun eure Glieder hin an den Dienst der Gerechtigkeit, dass sie heilig werden.»

Ohne dass das Wort vorkommt, lässt sich erkennen, dass Disziplin die konkrete Form der Hingabe ist. Die Betonung der Leibesglieder signalisiert: Es geht sehr konkret zu, nämlich darum, mit Haut und Haaren zur Verfügung zu stehen, eine Art Umschulung zu erfahren, von der die Gerechtigkeit etwas hat. Umschulung der Christusschüler.

Hier nicht mitzumachen hieße sich vorenthalten und ins Abseits geraten. Disziplin ist also die charakteristische Art und Weise, wie Christen sich Christus zur Verfügung stellen. Dieses Positive ist bestimmend. Die Abwehr des Negativen gehört dazu, etwa der Widerstand gegen den heimlichen Kult der Verehrung der eigenen Trägheit oder die tiefsitzende Verführbarkeit, sein eigener Diktator zu werden. «Ich will mich nicht ändern müssen» hört auf, oberster Grundsatz zu sein.

Disziplin ist aktiv gestaltete Freiheits-Behauptung gegen vorher träge zugelassene Freiheits-Beraubung und ein wunderbares Gegenmittel gegen die Diktatur des Nächstliegenden.

Wer zum Beispiel einmal den Weg eines freilaufenden Huhns beobachtet, sieht einen Zickzackkurs. Während das Huhn ein Korn aufpickt, sieht es schon das nächste usw. Ein Huhn hat eben nur eine Hühnerphilosophie. Für das Huhn ist das in Ordnung. Menschen wird das Leben von Korn zu Korn nicht gerecht, von einem zufälligen Reiz zum nächsten.

Demgegenüber ist Disziplin die Art und Weise, wie man sich Christus und seinen Absichten zur Verfügung stellt. Das Leben bekommt eine Ausrichtung.

Das zweite Beispiel: *2. Timotheus 1,7.* «Gott hat uns nicht gegeben den Geist der Furcht, sondern der Kraft und der Liebe und der Besonnenheit.»

Hier steht im griechischen Grundtext nicht das normale Wort für Furcht (*phóbos*), sondern *deilía,* die feige Rückzugsmentalität. Gott hat uns nicht den Geist gegeben, der dann, wenn es schwierig wird, klein beigibt und sich verkrümelt.

Positiv wird Gottes Gabe als Geist der Kraft und der Liebe bezeichnet. Das ist wohl der Grund, warum dieser Bibelvers Karriere gemacht hat. Viele Paare haben ihn als Trauspruch gewählt; auch auf christlichen Postkarten und Postern ist er zu finden.

Beim dritten positiven Begriff der Aufzählung hieß es früher in der Lutherbibel «Zucht». Seit einigen Jahrzehnten steht da «Besonnenheit». Vermutlich klang «Zucht» zu hart und nicht mehr zumutbar, mindestens missverständlich.

«Besonnenheit» ist durchaus eine passable Übersetzung für

das griechische *sophronismós*. Das Problem: «Besonnenheit» kann auch missverstanden werden als etwas, was vor allem oder gar ausschließlich im Kopf geschieht. Gemeint ist aber der Geist, der zur konkreten gesunden Selbstdisziplinierung befähigt: dass man sich von sich selber nicht alles gefallen lassen muss, sondern aktiv Zucht an sich selbst übt, sich erzieht und an sich arbeitet.

Es ist das Bestreben des Heiligen Geistes, Christen dazu zu bringen. Es ist nicht sein Bestreben, es ihnen abzunehmen. Sonst sollte man ihn besser nicht mehr den Geist der Kraft und der Liebe nennen. Disziplin ist das gelebte Ja zu einer großen Gestaltungsaufgabe: als Jünger Jesu in der Kraft des Heiligen Geistes zu leben.

Dazu gehört, sich an das zu gewöhnen, was man sich vor kurzem noch nicht vorstellen konnte, wie die frei erfundene Geschichte über Thomas Ellenberger zeigt:

Der neue Nachbar war ein Ekel. Eindeutig. Am Umzugstag hatte es noch anders ausgesehen. Man hatte sich auf dem Bürgersteig freundlich begrüßt. Arnold Schaumann hatte den Neuankömmling mit einigen guten Tipps versorgt, ein paar Tage darauf hatte ihn Thomas Ellenberger zu einem Glas Wein eingeladen.

Dabei war es passiert: Arnold hatte Thomas zum Joggen eingeladen. «Nichts Größeres, nur vier, fünf Kilometer, die kleine Schleife am Steinbruch vorbei, keine fünfzig Höhenmeter.» Zehn Minuten später hatte Thomas mit gefrorener Miene seinen Gast verabschiedet.

Arnold wusste gar nicht, was er falsch gemacht hatte. Er hatte nicht beachtet, dass Thomas 127 Kilogramm wog und dass deshalb vier Kilometer keine kleine Schleife, sondern eine große Unmöglichkeit waren und fünfzig Höhenmeter eine Kategorie aus einer anderen Welt. Thomas reichten die drei Treppenstufen vom Vorgarten zur Haustür völlig. Mehr war nicht drin, und wenn ihm das jemand ins Bewusstsein rief, kamen die Aggressionen in ihm hoch.

Wäre Ende Oktober nicht der Herzinfarkt dazwischengekommen, Thomas wäre bei seiner schlechten Meinung über Arnold geblieben. Aber in der Rehaklinik hatten sie ihn schon am zweiten Tag aufs Ergometer gesetzt, unter Kontrolle freilich, und dann jeden Tag zweimal, dazu Diätberatung.

Nach drei Wochen ein gemeinsamer Spaziergang in der Gruppe, eine zumutbare Strecke in zumutbarem Tempo. Thomas hatte sich dabei erstaunlich wohl gefühlt und hinterher die Gruppenleiterin gefragt, wie weit sie gelaufen seien. «Vier Kilometer.»

Thomas konnte sich nicht erinnern, wann er zum letzten Mal vier Kilometer zu Fuß zurückgelegt hatte. Der Erfolg verlieh ihm zwar keine Flügel, aber seine Füße trugen ihn jetzt über immer weitere Strecken.

Zwei Wochen nach der Reha war er gar nicht mehr so überrascht, als er sich in einem Sportgeschäft vor dem Spiegel stehen sah, in einen Trainingsanzug gekleidet, der nicht mehr viel gemeinsam hatte mit dem, den er früher immer beim Fernsehgucken getragen hatte, die Bundweite der Hose schon gar nicht.

Als ihm auf dem Heimweg Arnold Schaumann begegnete, grüßte er ihn mit einer Höflichkeit, die fast schon an Freundlichkeit grenzte. Sie blieben eine Weile beieinander stehen, und nach weniger als zehn Minuten fragte Thomas: «Wie lang war noch die kleine Schleife am Steinbruch vorbei?»

«Das Denken ist gefangen im Leben», hat man früher gesagt. An was wir uns gewöhnt haben, bestimmt, was wir für möglich halten. Wer dreimal pro Monat ein halbes Kapitel in der Bibel liest, wird bald der Meinung sein, dieses Buch könne man nicht durchlesen. Er wird natürlich recht behalten. Bei diesem Tempo würde er etwa 83 Jahre für die ganze Bibel brauchen.

Wer sich dagegen angewöhnt hat, einmal im Jahr die Bibel durchzulesen, den wird man kaum überzeugen können, dass es hier überhaupt ein Problem gibt.

Doch mit Irritationen sollte man rechnen, wenn man auf einem neuen Weg vorwärtskommen will. Es gibt Tage, an denen man keinerlei Lust verspürt, nach der Bibel zu greifen. Überhaupt ist es rund um den Globus eine oft gemachte Erfahrung, dass Menschen, die sich in die Bibel einleben wollten, innerhalb weniger Monate ihre eigene Trägheit kennen lernten.

Dazu passt die andere Erfahrung: Je intensiver die Begegnungen mit der Bibel werden, desto klarer wird der Blick für die Fluchttendenzen des eigenen Herzens. Die Bibel ist oft gerade das Buch, dessen Ansprüchen man sich lieber entziehen und für das man lieber keine Zeit haben möchte. Es sind nicht immer die anderen, die uns die Zeit für die Bibel stehlen. Oft sind wir es selbst. Wir weichen aus und schaffen uns Nötigungen, statt das Notwendige zu tun.[5] Gegen alle Fluchttendenzen bei der Sache zu bleiben liegt nicht jedem. Vielleicht den meisten nicht.

Problemzone «Askese»

Askese heißt Übung oder Training. Im Christsein muss vieles geübt werden; insofern sind Askese und Disziplin eng miteinander verwandt. Deshalb geht es im Folgenden lediglich darum, einige Aspekte zu ergänzen. Wie bei der Disziplin geht es um Distanzierung und um Annäherung, um Verlernen und Erlernen. Die Distanzierung geschieht um der Annäherung willen, das Verlernen zugunsten des Erlernens.

Negatives wird vermieden. Geschieht nur das, kommt man über moralinsaure Spießbürgerlichkeit meistens nicht hinaus. Positives wird angestrebt. Geschieht nur das, hätte man nicht bedacht, wie zäh und langlebig das sein kann, wovon man wegwill.

Für Askese, Training, hat das Neue Testament noch ein zweites Wort: *gymnázein*. Auch wer kein Griechisch kann, hört hier sofort das Wort «Gymnastik» heraus. Durch Gymnastik im Wort Gottes lernt man Gutes und Böses zu unterscheiden, heißt es im Hebräerbrief (5,13f.); und Timotheus soll sich in der Gottesfurcht üben, also Gottesfurcht-Gymnastik treiben (1. Timotheus 4,7).

Christsein ist seinem Wesen nach sportlich. Es hat eine Kampfstruktur. Fleisch und Geist tendieren in entgegengesetzte Richtungen und haben entsprechend auch ein entgegengesetztes Ergebnis: Tod oder Leben (vgl. Römer 8,11–17). Ernst und Freude gehören in der Askese zusammen.

Paulus muss in seinen Briefen oft auf das zu sprechen kommen, was eigentlich schon längst überwunden war; aber was Gott schenkt, ist so gut, dass es zur Einübung des Neuen kommt und das Trainieren sich lohnt. Gut, wenn man merkt: Hier trainieren nicht Sklaven, voller Angst vor Scheitern und Strafe, sondern Kinder Gottes, die Gott bereits auf die Gewinnerseite gestellt hat. Sie trainieren in einem Geist, der «Abba» (Papa) ruft (Römer 8,15; Galater 4,6).

Einer der wichtigsten Texte zur Askese ist quer durch die Jahrhunderte hindurch 1. Korinther 9,24–27 gewesen: der Lauf im Stadion und der Boxkampf als Bilder für die Sportlichkeit des Glaubens. Wer hier aufs Treppchen will, kann nicht herumbummeln und lediglich ab und zu einmal das Chillen durch ein paar Minuten Jöggeln unterbrechen. Paulus greift zu sehr intensiven Worten; nur sie entsprechen der Sache. Er konzentriert sich in der Vorfreude auf einen ewigen Siegespreis. Wer das Ziel will, muss auch den Weg wollen. Weil alle Glaubenden zur Gemeinschaft mit Christus berufen sind (1. Korinther 1,9), teilt sich die Sportgemeinschaft nicht auf in Akteure und Zuschauer; alle gehören aufs Spielfeld.[6]

Training hat in erheblichem Maß mit Verzicht zu tun. Powerriegel statt Chipstüte, der Trainingsanzug wird wirklich zum Training angezogen und nicht zum Chillen auf dem Sofa.[7] Lust oder Unlust sollen nicht entscheiden, was geschieht und was nicht. Was sein muss, muss sein. Aber es muss im Dienst eines lockend Schönen stehen. Verzicht geschieht nicht um des Verzichtes willen.

Das ist auch außerhalb des spezifisch Christlichen zu beobachten. Hans verzichtete auf die Sportschau und traf sich mit Anneliese. So fand er das Glück seines Lebens, und noch nach der Silberhochzeit erinnerten sie sich gegenseitig an den «Verzicht» am Anfang ihrer Liebesgeschichte. Dabei hatten weder Anneliese noch Hans die berühmte kleine Schrift «Der Feldweg» gelesen, in der der Philosoph Martin Heidegger (1889–1976) geschrieben hatte: «Der Verzicht nimmt nicht. Der Verzicht gibt.»[8] Ähnlich Bernhard Bueb: «Wir müssen den Mut aufbringen, Askese nicht als lebensfeindlich, sondern als lebenssteigernd zu verkünden.»[9]

Raissa Orlowa-Kopelewa (1918–1989), im Januar 1981 aus der Sowjetunion ausgebürgert, wusste, dass der Neuanfang in Westdeutschland eine gehöriges Maß an Selbstbegrenzung nötig machen würde: «Wichtig ist, wie mir scheint, dem verführerischen Überangebot inneren Widerstand entgegenzusetzen. Man kann quantitativ nicht alles aufnehmen, ohne in Oberflächlichkeit zu verfallen. Man muss entscheiden, was für die eigene seelische Struktur wichtig ist, und worauf man besser verzichtet.»[10]

Diese Auswahl kann man nicht den Medien überlassen, «es muss meine eigene innere Freiheit sein».[11] Auswählende Vereinfachung ist notwendig, aber nicht populär. Nochmals Heidegger: Den Heutigen «fällt nur noch der Lärm der Apparate, die sie fast für die Stimme Gottes halten, ins Ohr. So wird der Mensch zerstreut und weglos. Den Zerstreuten erscheint das

Einfache einförmig. Das Einförmige macht überdrüssig. Die Ver-
drießlichen finden nur noch das Einerlei. Das Einfache ist ent-
flohen. Seine stille Kraft ist versiegt.»[12]

Zurück zum Christsein und zur Bibel. Es geht um mehr, als
dem Slogan *«Simplify your life»* zu folgen,[13] aber auch um etwas
anderes als um meinen selbstgebastelten Lebensentwurf. Es
geht um Gottes Entwurf für unser Leben, um den sinnvollen
Gottesdienst im Alltag, die Hingabe des Leibes (einschließlich
des Denkens; auch das geschieht leiblich!) als lebendiges Lob-
opfer für Gott, um ein Beten des Vaterunsers, das auf den Alltag
abfärbt, um die gelebte Freude am Doppelgebot der Liebe, um
Gottes Einzigartigkeit, die ein Staunen erregt, das zur Anpassung an Gottes Willen führt und sich nicht den Schemata dieser
Welt gleichschalten lässt; es geht um ein Hören auf Gott, das ihn
wirklich Gott sein lässt.[14] In diesem Sinn ist die dicke Bibel das
großartige Lehrbuch der Askese, das Übungsbuch für Glauben
und Nachfolge.

Fehlformen der Askese finden sich in zwei Jahrtausenden
Kirchengeschichte häufig. Aber davon kann man lernen. Die
Versuchung, jahrzehntelang auf einer Säule zu stehen wie
Symeon Stylites der Ältere (389–459), scheint gegenwärtig
nicht viele zu befallen. In der Wohlstandsgesellschaft neigen
Christen auch kaum zur Selbstgeißelung. Der freiwillige Schlaf-
entzug einiger Wüstenväter[15] ist längst abgelöst durch viele Formen stressverursachter Schlaflosigkeit, und Fasten geschieht
meist unter medizinisch-ästhetischem Horizont. Askese-Bedarf
gäbe es freilich schon: Die sieben Todsünden haben weiterhin
Hochkonjunktur, auch in der säkularisierten Gesellschaft, wie

Heiko Ernst (geb. 1948), ehemaliger Chefredakteur von «Psychologie heute», humorvoll und scharfsinnig beschrieben hat.[16]

Das alles ist eine Einladung zum Nachdenken, das einem profilierten Christsein dient. Dabei ergeben sich auch überraschende Weisen der Einübung. Nur ein Beispiel: Ein Bischof, der täglich mit vielen Menschen in Berührung kommt, entdeckt für sich das «Stressfasten».

Klaus Hemmerle (1929–1994) schreibt: «Nicht aus dem Stress heraus sagen ‹Jetzt kommt auch noch der!›, sondern jene geistliche Haltung üben, die ich mit einer Art von ‹Stressfasten› bezeichnen will. Ein solches ‹Stressfasten› sieht wie folgt aus: Wenn ich bei jemand oder etwas war und nun geht es zu Ende, dann gebe ich das Bisherige ganz bewusst ab, weg, in Seine Hände. Und wenn ich irgendwohin komme, dem Nächsten begegne oder die Tür aufmache, dann atme ich einmal durch und nehme diesen neuen Nächsten, dieses neue Nächste ganz bewusst an. Dann hängt nicht mehr das Früher in mir fest und dann lastet nicht das Folgende schon auf mir, sondern ich bin *jetzt* frei, um mich *jetzt* mit dem eins zu machen, was jetzt fällig ist. Ich glaube, *das* ist die ganz banale Diakonie des Augenblicks.»[17]

Askese stellt sich auch der Angst, die in einer Überflussgesellschaft übermächtig wird. «Ich habe Angst, mir werde, was ich nicht brauche, genommen», heißt es bei Martin Walser (geb. 1927),[18] und Patricia Gucci, Gattin eines italienischen Firmenchefs, möchte «lieber in einem Rolls-Royce weinen als auf einem Fahrrad glücklich sein».[19]

Askese ist in diesem Zusammenhang der praktizierte Mut,

sich nehmen zu lassen, was nicht gebraucht wird, die Entschlossenheit, sich nicht vom Reichtum verbiegen zu lassen, sondern
das Förderliche im Erlaubten zu erkennen, statt sich mit Erlaub-
tem bis «zum lebensbehindernden Überfluss»[20] zu überfüllen.
Sie speist sich aus dem Qualitätsbewusstsein derer, die zugleich
wissen, dass sie Gefährdete bleiben.

Askese will Erlebnisdiät als Hilfe zur Lebensqualität sein.
Sie übt den Weitblick auf das Hochzeitsmahl der himm-
lischen Vollendung und trainiert auf diesen Tag hin «Hochzeitsreigengelenkigkeit», wie Erich Przywara (1889–1972)
schreibt: «Menschliche Askese innerhalb der Offenbarungs-
askese[21] wird zu einem Geheimnis der Hochzeit ihren eigent-
lichen Sinn haben als Übung bis zur Härte und Entsagung
für Hochzeitsmanieren und Hochzeitsmahlmanieren und
Hochzeitsreigengelenkigkeit.»[22]

Problemzone «Gesetzlichkeit»

Sie hatte ihn schon wieder geküsst. Fast exakt um die gleiche
Zeit wie gestern, um 6.17 Uhr. Er hatte sich gerade rasiert, da
war sie ins Bad gekommen, und schon hatte sie ihn geküsst; so
wie gestern, wie vorgestern, wie in der letzten Woche. Wenn er
es genau bedachte, war das schon seit ihrer Hochzeit so, und
die war inzwischen neununddreißig Jahre her. Jürgen Moll begann sich Sorgen um seine Frau zu machen. Ob man diese
Regelmäßigkeit nicht besser «Gesetzlichkeit» nennen sollte?
Dass Gesetzlichkeit schädlich war, wusste er schon, seit er in

den Jugendkreis gegangen war. Bisher hatte er keinen Grund gesehen, seine Meinung zu ändern. Er hatte sogar ein paar Christen kennen gelernt, die er ihrer Gesetzlichkeit wegen für dringend therapiebedürftig hielt. – Ob seine Frau auch eine Therapie brauchte?

Wir nehmen solche Geschichten glücklicherweise nicht ernst, und natürlich ist die gerade gelesene frei erfunden. Viele Ehemänner finden es nicht nur tolerabel, allmorgendlich von ihren Frauen geküsst zu werden. Sie warten schon darauf und sind überzeugt, dass das die beste Art und Weise ist, einen Tag zu beginnen, jeden Tag. – Warum in aller Welt messen wir hier mit zweierlei Maß? Sich jeden Tag küssen ist liebevoll, jeden Tag in der Bibel lesen gesetzlich? Beim einen ist Regelmäßigkeit gut – natürlich kann sie zur Routine werden, die nicht mehr viel bedeutet, aber es gibt auch liebevolle Routine[23] –, beim andern scheint Regelmäßigkeit von vornherein problematisch zu sein. Da muss man genauer hingucken.

Wenn der Vorwurf der Gesetzlichkeit und Pedanterie laut wird, kann ein Gesprächsdefizit im Hintergrund stehen. Dem anderen wird ein Denkschema untergeschoben, das bei ihm vielleicht gar nicht da ist. Er hat gar keine Chance, mir zu zeigen, dass seine Regelmäßigkeit etwas Liebevolles, Gutes ist. Würde man öfter miteinander reden und einander Einblick geben, was einem wichtig ist, schnell käme es zu gegenseitigem Verständnis.

Es kann aber auch ein problematischer Umgang mit der Bibel vorliegen. Dafür fünf Beispiele:

Psalm 1,1f.: «Wohl dem, der ... Lust hat am Gesetz des Herrn und sinnt über seinem Gesetz Tag und Nacht!» Wer hier nur noch strenges Gebot sieht und nicht beachtet, dass hier gratuliert wird, kann leicht die Freude aus dem Text vertreiben. Aus der Seligpreisung wird der Befehl: «Du musst viel in der Bibel lesen.» Hilfreich wäre, miteinander die Lust an Gottes Weisung wiederzugewinnen.

Psalm 57,9: «Wach auf, meine Seele, wach auf, Psalter und Harfe, ich will das Morgenrot wecken!» Ein Einzelner, den Gott gestärkt hat, gewinnt die Vitalität des Lobes, wenn andere sich noch im Bett umdrehen. Daraus den Satz zu machen: «Alle Christen sollten Frühaufsteher sein», verändert, was da steht; er könnte wie ein Frosthauch für gerade aufkeimende Motivation sein.

Psalm 119,147f.: «Ich komme in der Frühe und rufe um Hilfe; auf dein Wort hoffe ich. Ich wache auf, wenn's noch Nacht ist, nachzusinnnen über dein Wort.» Diese Worte haben auf dem Hintergrund des längsten aller Psalmen etwas unbeschreiblich Schönes. Wie kommen wir dahin, dass andere gerne einstimmen: «Ich auch!»?

Psalm 119,164: «Ich lobe dich des Tages siebenmal um deiner gerechten Ordnungen willen.» Wenn daraus sieben regelmäßige Gebetszeiten entstehen, ist das eine gute Ordnung für eine Gemeinschaft. eine Klostergemeinschaft oder eine evangelische Kommunität. Auch Einzelne haben das schon für ihre Tagesgestaltung übernommen. Aber wo steht denn geschrieben, dass alle das nachmachen müssen? Wichtig wäre, zunächst die Wohltat in den «gerechten Ordnungen» Gottes zu entdecken. Da wird sich dann schon eine passende Antwort finden.

Kolosser 3,16: «Lasst das Wort Christi reichlich unter euch wohnen.» Nur zu sagen: «Du musst ganz viel in der Bibel lesen», führt nicht weiter. Dann hätte man ja gerade das nächstliegende Bibelbuch, den Kolosserbrief, nicht gelesen. Wer im Kolosserbrief den Reichtum Christi entdeckt und staunt, wie Gott seiner Gemeinde an dieser Christusfülle Anteil gibt, in dem wird sicher die Freude wach, diesem Reichtum reichlich Platz einzuräumen.

Der Vorwurf der Gesetzlichkeit könnte aber auch Ausweichmanöver verdecken: Wer etwas als «gesetzlich» disqualifiziert, bräuchte sich dann an diesem Punkt nicht zu ändern. Wehren sich hier Sklaven der Spaßgesellschaft gegen jeden Ernst, der sie heilsam stören könnte? Blockadepolitik gegen das, was helfen würde, motiviert durch die Angst, Gott könne einem dreinreden? Aber was wäre das für ein Gott, der sich uns gegenüber aufs Applaudieren beschränkte? Wir können Gott nicht zum Freund haben wollen und uns vorbehalten, was er uns sagen darf und was nicht. Schon vor dreißig Jahren hat Wolfgang Bittner formuliert: «Unter dem Deckmantel des Kampfes gegen die Gesetzlichkeit wird heute der Kampf gegen die Ordnungen Gottes geführt.»[24] Es gibt aber eine Sehnsucht nach Ordnung, die ist von Pedanterie meilenweit entfernt: Ordnung, die Freiheit schenkt.

Hinter einem Verhalten, das andere gesetzlich nennen, könnte Angst als Motiv stehen. Hier muss man besonders behutsam sein. Wer die Bibel aus Angst liest, Gott werde ihm sonst böse sein, hat zweierlei verstanden. Er hat etwas gemerkt von dem starken Willen Gottes, sich uns mitzuteilen. Und er hat etwas gemerkt von der abgründigen Trägheit und dem Widerwillen, mit dem wir uns oft Gottes Reden entziehen. Wer aber aus Angst die Bibel liest, könnte vielleicht dort gerade das nicht findet, was ihm die Angst nimmt. Er würde den Gott nicht erkennen, der ihn trösten und fröhlich machen will: Es soll «nicht dunkel bleiben über denen, die in Angst sind» (Jesaja 8,23).

Wenn Regelmäßigkeit als Gesetzlichkeit missverstanden wird, kann etwas sehr Positives im Hintergrund stehen: eine Hochschätzung der Spontaneität. Es ist gut, das Lob der Spontaneität zu singen. Das soll auch so bleiben. Wo wir etwas spontan tun, da ist Bereitwilligkeit offenkundig. Jemand tut etwas aus eigenem Antrieb, keiner muss es ihm von außen aufnötigen. So etwas steckt an.

Wir lieben Überraschungen (wenn auch nicht jede). Wie viel Gutes hätten wir schon verpasst ohne die Bereitschaft für das Ungeplante! Das Leben ist reicher, als der Terminkalender vorhersagt, und die «Gunst des Augenblicks» ist sprichwörtlich. Es ist herrlich, dass das Leben nicht komplett durchplanbar ist. Hier hat das überstrukturierte Westeuropa vielleicht immer noch einen Nachholbedarf an Spontaneität.

Die Journalistin Carola Stern (1925–2006) schrieb über ihre Freundin Raissa Orlowa-Kopelewa, 1981 mit ihrem Mann Lew aus der Sowjetunion ausgebürgert: «Aus einem Ostblockstaat, in dem der Plan regiert, nach hier verschlagen, registriert die kluge Russin mit Erstaunen, welche Rolle auch hier das Planen, und zwar bei den einzelnen Menschen, spielt.

Sie vermisst das Unvorhergesehene, das nicht Eingeplante, kurzum Spontaneität.»[25]

Wenn das Leben aber nur noch eine Aneinanderreihung von spontanen Ereignissen wird, nennt man das nicht mehr Spontaneität, sondern Chaos. Wer nur Spontaneität will, bekommt Probleme, wenn das Leben etwas länger dauert – was es glücklicherweise meistens tut. Wenn etwas mehr Zeit braucht, bis es fertig ist, reicht Spontaneität nicht aus.

Um noch einmal auf das Küssen zurückzukommen: Der frischverliebte Marco kann seiner Andrea spontan einen Kuss geben – auch mehrere –, aber er kann ihr zum Beispiel nicht spontan ein Haus bauen. Das dauert selbst bei Fertighäusern deutlich länger als ein Kuss. Da kann man nicht schnell einmal spontan einen detaillierten Plan zeichnen, spontan die Baugenehmigung einholen, spontan die Finanzierung klären, spontan Material auf die spontan gefundene Baustelle fahren und spontan Maurer, Zimmerleute und Elektriker zu einem Baustellenmeeting zusammentrommeln. Der Entschluss, ein Haus zu bauen, kann durchaus spontan fallen, die Ausführung ist es nicht mehr. Freilich ist auch dann immer wieder Spontaneität gefragt, aber sie allein bringt nicht ans Ziel.

Was für den Hausbau gilt, gilt auch für den Ausbau von Beziehungen. Dass hier Spontaneität viel hilft, muss nicht extra begründet werden. Aber wir sprechen zu Recht von Beziehungs*pflege* und von Beziehungs*kultur*. Beides ist übrigens das Gleiche, lateinisch *cultura* heißt im Deutschen «Pflege». Pflege aber hat immer auch mit Regelmäßigkeit zu tun. Das zeigt sich schon bei der Autopflege, wie man besonders samstags in der Waschanlage sehen kann.

Spontaneität ist gut, Spontaneität als Prinzip ist ein Killer. Als Lebensprinzip ist Spontaneität ungeeignet. Vieles geht nur regelmäßig, oder es geht gar nicht.

Unser Herz schlägt sehr regelmäßig. Wenn nicht, bekommen wir es mit der Angst zu tun und wenden uns an den Arzt. Und wenn der dann Herzrhythmusstörungen feststellt, gefällt uns das gar nicht.

Wir atmen auch ziemlich regelmäßig. Der Rhythmus des Ein- und Ausatmens prägt unser Leben. Deswegen haben die meisten Leute gute Aussichten, ziemlich alt zu werden.

Überhaupt gibt es viele Regelmäßigkeiten, die sind einfach da. Wir bemerken sie kaum, aber sie sind die Grundlage für vieles Spontane. Manches sehr Spontane gelingt nur, wenn man vorher sehr regelmäßig geübt hat. Beim Fußball ist das offensichtlich. Überhaupt wehren sich viele gerade beim Spielen heftig dagegen, wenn einer die Regeln nicht einhält. Das macht das Spiel kaputt.

Auch im künstlerischen Bereich, etwa bei Malern, Bildhauern und Schriftstellern, stößt man keineswegs dauernd auf «kreative Chaoten» und Spontis mit genialen Geistesblitzen. Oft steckt hinter einem gelungenen Roman ein Autor, der regelmäßig hart an sich gearbeitet hat. Fragen Sie mal Martin Walser, um wie viel Uhr er sich jeden Morgen an seinen Schreibtisch setzt.

Also: Liebe will und braucht Regelmäßigkeit. Liebe braucht und will Spontaneität. Spontaneität und Regelmäßigkeit fördern einander.

Problemzone «Leistung»

Der Vorschlag regelmäßiger Bibellektüre wird seit ein paar Jahren oft mit dem Hinweis zurückgewiesen, bei Jesus müsse man nichts leisten. In einer Leistungsgesellschaft, in der vom Einzelnen wie von den Institutionen immer mehr verlangt wird, ist dieser Einwand verständlich.

Wer ab halb sieben im Büro Leistung bringen, vielleicht sogar Woche für Woche um seinen Arbeitsplatz fürchten muss, wessen Kreativität ausgequetscht wird wie eine Zitrone, wer sich unberechtigte Kritik anhören muss, wer auch in der Familie kaum ermutigt wird, der sieht sich irgendwann umstellt von lauter Forderungen. Beide Ohren hören nur noch Leistungs-Kommandos.

Irgendwann kommt dann der Zeitpunkt, an dem alles gründlich durcheinandergeraten ist. Geburtstagskarten werden als Drohbriefe gelesen, Liebeserklärungen als Leistungsbefehl gehört. «Man hört nur mit dem Herzen gut», sagt man, aber ein verzagtes Herz kann nicht mehr gut hören. Und das Auge sieht nur Herausforderungen, denen man nicht gewachsen ist.

Daneben gibt es natürlich genügend Leute, denen die Leistungsgesellschaft dauernd als Lieferant für dumme Ausreden dient. Leistungsallergiker, die ihre Faulheit zelebrieren, und auf der anderen Seite Leistungsjunkies, die sich berauschen an dem, was sie leisten oder angeblich leisten. Aber wenn die Leistungsallergiker gegen die Leistungsjunkies antreten, ist egal, wer gewinnt. Es verlieren immer beide.

Wir schießen uns ein Eigentor nach dem anderen, wenn wir einfach für die Gestaltung geistlichen Lebens übernehmen, was längst zu einem politisch-ideologischen Kampfbegriff geworden ist.

Hans steht am Morgen auf, will Inge gerade einen Kuss geben, da schießt es ihm durchs Hirn: «So fängt der Tag mit Leistungsstress an.» Fritz Friedlich und Friederike Fröhlich sind abends bei Freunden zum Essen eingeladen. Die Gastgeber haben sich alle Mühe gegeben, und als Fritz zu Messer und Gabel greift, entfährt ihm der Ausruf: «Schon wieder Leistung bringen!» Nein, dieser Ausruf wird Fritz nicht entfahren. Er wäre im besten Fall ein in Ironie verpacktes Kompliment, im schlechtesten Fall eine Beleidigung.

Jenseits von Leistungsstolz und Leistungsverdruss könnte ein Wort neuen Glanz gewinnen, das in den zwei, drei Jahrzehnten nach dem Zweiten Weltkrieg noch leuchtete. Nämlich das Wort «Bibelarbeit». Dass die Bibel erarbeitet werden möchte und dies Energie und Durchhaltevermögen braucht, ist schon immer so gewesen. Zu allen Zeiten hat es Schwächephasen und Müdigkeit gegeben.

Es käme auf eine Stärkung an, die einen wieder anpacken lässt. So wie im Buch Haggai, 520 vor Christus. Das Exil ist vorbei. Der Wiederaufbau der Häuser Jerusalems hat viel Kraft gekostet. Und jetzt auch noch den Tempel aufbauen? Dieses Riesenprojekt schultern? Man versucht's. Die Anfänge entmutigen. «Sieht es nicht wie nichts aus?» (Haggai 2,3).

In der Tat. Es sieht wie nichts aus. – Dort hinein ein Wort Jahwes an die beiden Hauptverantwortlichen und an das ganze

Volk: «Seid getrost […] und arbeitet. Denn ich bin mit euch. […] Mein Geist soll unter euch bleiben. Fürchtet euch nicht» (Vers 4–5).

Das hätten die Frustrierten als Zumutung hören können. Zuckerbrot und Peitsche, wahrscheinlich vor allem Peitsche. Aber zumindest einige müssen da gewesen sein, die haben hier einen anderen Ton gehört – statt Zumutung Ermutigung. Kein göttliches «Macht was ihr wollt, und wenn ihr nicht wollt, dann lasst es eben bleiben, ist auch egal», aber auch kein «Mein Wohlwollen müsst ihr euch erst mal verdienen», sondern etwas heilsam Definitives, getragen von dem unbändigen Willen Gottes, seine große Geschichte mit dem kleinen Volk weiterzuführen und sich so einzumischen, dass da etwas klappt. «Ich bin bei euch, also müsst ihr euch nicht mehr fürchten.» Statt Furcht und Druck: Leben mit dem Gott, der den Schwachen Herrlichkeit und Schalom besorgt.

Problemzone «Freiheit»

Auch wenn das Wort nur zwei-, dreimal gefallen ist: Wir haben die ganze Zeit von Freiheit geredet. Im disziplinierten Umgang mit der dicken Bibel greift Freiheit nach den Lesern. Askese ermöglicht Freiheit. Regelmäßigkeit macht regelmäßig frei. In der Spontaneität zeigt sich die Kreativität der Freiheit. In den Zumutungen liegt Ermutigung, die Schritte auf dem Weg der Freiheit zu gehen.

Als Programmwort der letzten zweieinhalb Jahrhunderte

hat sich die Freiheit einiges gefallen lassen müssen. Höchst Widersprüchliches wurde unter dieses Wortdach gestellt. Viele unserer Sehnsüchte sind hier automatisch mit dabei.

Wenn Freiheit proklamiert wurde, stand oft eine sehr optimistische Sicht vom Menschen im Hintergrund. An seine Möglichkeiten, sich zu befreien, knüpfte man große Hoffnungen. Es waren dann nicht nur die beiden Weltkriege, die diesen Optimismus dämpften.

Seit einigen Jahrzehnten wird das Leiden an der Freiheit artikuliert. Formulierungen wie «zur Freiheit verdammt» wären noch vor 150 Jahren kaum denkbar gewesen. Wo kein Sinn im großen Ganzen gesehen wird, hat jeder die Freiheit, dem eigenen Leben den Sinn zu stiften, den er möchte. Diese Freiheit ist vielen zur Überforderung geworden. Viele hat sie in die Arme von Ideologien getrieben.

Je länger je mehr scheint Freiheit zu einem Austauschwort für «Einsamkeit» zu werden. Die Freiheit stirbt den Kältetod der Isolation. Wer heute von Freiheit redet, muss auch von Angst und von Einsamkeit reden. Menschen haben Angst um ihre Freiheit; viele sind im Ringen um ihre Freiheit einsam geworden. Jetzt haben viele Angst *vor* ihrer Freiheit.

Die meisten sind davon überzeugt, dass Freiheit eine Freiheit zum Tun und eine Freiheit zum Lassen einschließen muss. Etwas immer tun zu müssen und es nicht lassen zu können, wird nicht als Freiheit, sondern als Unfreiheit, oft als Sucht erfahren. Etwas immer lassen zu müssen und nie tun zu können, wird ebenfalls nicht als Freiheit erfahren, sondern als ein aufgenötigtes Entbehren. Tun und Lassen können zu Diktatoren werden.

In der Bibel ist von der Freiheit nicht ganz so oft die Rede wie in der öffentlichen Diskussion der Gegenwart. Aber wenn, dann in besonderer Weise. Charakteristisch ist hier, dass manche menschlichen Freiheitsbehauptungen weniger optimistisch gesehen werden, sich aber gleichzeitig größere Hoffnung zeigt. Dem unerwartet Unfreien wird unerwartet große Freiheit geschenkt. Freiheit wird davon befreit, eine Leerformel zu sein. Sie gewinnt Gestalt und wird zur Liebe. Damit hängt es wohl zusammen, dass das Konstruktive und Erfüllende von Freiheit manchmal paradox formuliert wird.

Das Schlusswort in diesem Kapitel bekommt Rabanus Maurus[26] (ca. 780–856), Benediktinermönch, Abt des Klosters in Fulda, später Erzbischof von Mainz: «Die Alten redeten viel von Freiheit. Wir aber erfuhren auf schwerer Fahrt: Die wahre Freiheit sei eine heilige Gefangenschaft des Herzens.»[27]

«Die Alten redeten viel von Freiheit.» Einer aus dem Mittelalter blickt zurück und sieht: Längst vor meiner Zeit war Freiheit Dauerthema. Das Leben ist so von Unfreiheiten und Knechtschaften, von Diktaturen aller Art geprägt, dass auch uns gar nichts anderes übrig bleibt, als uns diesem Thema zu stellen.

«Wir aber erfuhren auf schwerer Fahrt»: Bedrängende Not gab dem Nachdenken Tiefe. Mit oberflächlichen Lösungen war nicht weiterzukommen. Man musste nach dem Ausschau halten, was wirklich trägt.

«Die wahre Freiheit»: So redet, wer sich abzugrenzen weiß von falscher Freiheit. Schon damals stand auf vielem Freiheit drauf, wo nicht Freiheit drin war. Unfreiheit bekämpft man nicht mit Freiheitsparolen und Freiheitspathos. Die wahre Freiheit muss man suchen. Das lohnt sich.

«Eine heilige Gefangenschaft des Herzens»: Die paradoxe Redeweise signalisiert das ganz Besondere: Wer sich vom dreieinigen Gott «gefangennehmen» lässt, wird frei. Wer unter seinen Augen zu leben lernt, distanziert sich gegenüber dem eigenen Herzen von den unheiligen Gefangenschaften; diese versklaven wirklich und zerstören das Leben. Es gibt etwas, da kann man mit dem ganzen Herzen dabei sein. Es ist gut, sich selbst aus der Hand und in Gottes Hand zu geben.

Knapp ein Jahrtausend nach Rabanus Maurus – Rabanus heißt übrigens «Rabe» – hat Immanuel Kant (1724–1804) den Menschen ein «krummes Holz» genannt.[28] Noch ein paar Jahrzehnte später nannte Ernst Bloch (1885–1977), ein anderer Philosoph, den aufrechten Gang als Sinnbestimmung des Menschen, die er aber noch nicht erreicht hat.[29] «Wie kommt krummes Holz zum aufrechten Gang?», fragte der Theologe Helmut Gollwitzer (1908–1993).[30]

Rabanus hätte auf diese Frage hin wohl gelächelt und noch einmal sein Sprüchlein von der heiligen Gefangenschaft des Herzens aufgesagt. Gut gekrächzt, Rabe!

Kapitel 5
Konkretisierungen
WIE ES WIRKLICH GEHEN KÖNNTE

Es bleibt dabei: Die Bibel ist dicker als unser Leben. Man kann sie nicht auslesen, sagen viele, die sie schon ein paar Mal durchgelesen haben. Man kann freilich einiges in sie hineinlesen: die eigene Langeweile, bis einem die Bibel zum langweiligen Buch wird; die eigenen Vorurteile, bis einem die Bibel zum Sammelsurium von Halbwahrheiten wird; die eigene Geschwätzigkeit, bis einen die Bibel anschweigt; die eigene Leere, bis die Bibel hohl und leer klingt.

Der Mathematiker Georg Christoph Lichtenberg (1742–1799) notierte: «Wenn ein Buch und ein Kopf zusammenstoßen und es klingt hohl, ist das allemal im Buch?»[1] Ein Satz, den man sich vorne in die Bibel schreiben könnte …

Durch das Buch, das dicker ist als unser Leben, redete und redet der lebendige Gott auf unerschöpflich vielfältige Weise. Wie kann dann unser Leben mit der Bibel eine einigermaßen entsprechende Vielfalt gewinnen? Mit dieser Frage haben sich alle bisherigen Kapitel beschäftigt. Nun soll sie nochmals aufgenommen werden. Drei Konkretisierungen werden jetzt zum Thema:

- Wer die Bibel liest, liest sie in irgendeinem Tempo.
- Er liest sie still oder in irgendeiner Lautstärke oder lässt sie sich vorlesen.
- Drittens will das dicke Lebens- und Lesebuch auch so angeeignet werden, dass wir es in uns tragen und nicht nur bei uns haben.

Den Abschluss des Kapitels bilden einige Anregungen für eine gute Mischung aus Beständigkeit und Beweglichkeit.

Langsam und schnell

Nein, für *Aus dem Tagebuch einer Schnecke*[2] hat Günter Grass den Literaturnobelpreis nicht bekommen. Den gab es für die *Blechtrommel*[3]. Im «Tagebuch» stellt Grass die Schnecke als sein politisches Wappentier vor. Wer die Welt im Eiltempo verbessern will, riskiert, altersbitter im Zynismus zu landen. Da ist es besser, heute Skeptiker zu sein und sich zum Schneckentempo des Fortschritts zu bekennen.

Auch was das Bibellesen angeht, empfiehlt sich die Schnecke als Wappentier, jedoch nicht aus Skepsis, sondern aus Hoffnung und Dankbarkeit. Es gehört zum Abenteuer der Bibellektüre, der Bibel die Zeit zu geben, die sie braucht. Wenn heute viele zur Entschleunigung raten, könnte dies zusätzlich motivieren.[4]

Im Herunterbremsen besinnlich werden, sich konzentrieren, sich der Prägekraft eines Abschnittes, eines Verses, eines Satzes aussetzen und nicht gleich im Kopf durchrechnen, dass man bei diesem Vorgehen Jahrzehnte brauchen wird, um auch nur einmal durchzukommen. Flüchtiges Lesen ist, wie schon der Name sagt, eine Art von Flucht. Bibelleser brauchen gute Bremsen. Wer hofft, bremst.

Der lutherische Theologe Wilhelm Stählin (1883–1975) verbrachte einige Tage als Gast im Kloster Maria Laach. Ein Pater zeigte ihm die Schätze der Bibliothek.

«Er schleppte die großen und kostbaren Messbücher der Abtei in meine Gastzelle, um sie mir zu zeigen; darunter war ein handgeschriebenes neues Missale[5] in ‹karolingischer› Schrift; ich fragte, warum man gerade diese altertümliche und schwer lesbare Schrift gewählt habe, und bekam die überraschende Antwort, bei langen und sorgfältigen Vergleichungen habe sich diese Schrift als diejenige erwiesen, die dem raschen Lesen die stärksten Hemmungen entgegensetze und also den Priester am meisten vor flüchtigem Lesen bewahre.»[6]

Was den Liturgieexperten recht ist, sollte jedem Bibelleser billig sein. Die dicke Bibel: das Buch für die, die für Hektik keine Zeit haben. Langsam lesen. Noch langsamer lesen. Und noch langsamer.

Sehr langsames Lesen hat übrigens eine Nebenwirkung. Es führt dazu, dass man Lust bekommt auf die passende Ergänzung: auf das große Ganze und auf ein zügiges Tempo. Jetzt ist die Zeit des Schmökerns gekommen – aber das tut ein gebildeter Mensch ja nicht. Wer bei «Schmökern» an billige Arztromane und allerlei Kitsch denkt, befindet sich in der guten Gesellschaft von Wörterbüchern:

Im berühmten Wörterbuch der deutschen Sprache der Gebrüder Jacob und Wilhelm Grimm (1785–1863 bzw. 1786–1859) bedeutet Schmökern, «*alte schlechte, auch nur unwissenschaftliche Bücher lesen:* er schmökert den ganzen tag; liebesgeschichten, räuberromane schmökern»[7]. Das Substantiv «Schmöker» steht «*verächtlich für ein altes buch; übertragung des niederdeutschen* smöker, *schmaucher, tabakraucher … auf ein verräuchertes druckwerk, wol zunächst in studentischen kreisen:* ein alter schmöker … *altes schlechtes buch*».[8] In diesem Sinn wäre es in der Tat unpassend, die Bibel einen Schmöker zu nennen.

Aber wohl dem, der bei der Bibellektüre ins Schmökern gerät! – Schon vergessen, wie wir vor Spannung rote Ohren bekamen, als uns bei Astrid Lindgren zum ersten Mal Michel aus Lönneberga begegnete? Wie wir die Zeit vergaßen und auf wundersame Weise in die beglückende Gefangenschaft eines Kinderbuches gerieten? Was wäre die Bibel, wenn sie Ähnliches bei uns nicht schaffte? Was wären wir, wenn wir so abgeklärt, so abgestumpft, so verdorrt wären; und wenn wir nicht einmal bei der Bibel ins Schmökern gerieten?

Es gibt ein schnelles Lesen, das ergänzt das langsame. Hier hat das Überfliegen Übersicht zur Folge. Oberflächlichkeit ist jetzt durchaus sinnvoll. Der schmökernde Leser ist eins der eindrucksvollsten Komplimente für die Wirkkraft der Bibel.

Zwischen den Extremen *schnell* und *langsam* liegen viele Nuancen. Je sensibler jemand für die Bibel wird, desto differenzierter wird er wahrnehmen, dass die verschiedenen Bücher der Bibel auch verschiedene Lesegeschwindigkeiten mögen. Man bräuchte für die Bibel fast so etwas wie einen deutschen Schilderwald: Schritttempo in der Spielstraße, Hartgummischwellen nötigen zum Drosseln der Geschwindigkeit; 30 km/h im Wohngebiet, 50 innerorts, außerorts 70 km/h wegen irgendetwas, sonst 80 oder 100 km/h. Und 120 km/h auf der Autobahn.

Auch unser rundes weißes Lieblingsschild «Aufhebung der Geschwindigkeitsbeschränkung» fände an vielen Stellen der Bibel seinen Platz. Für die Psalmen und die Sprüche kann aber Schrittgeschwindigkeit schon zu schnell sein. Bei den Königsbüchern darf es ruhig schneller zugehen, damit man die großen Linien erkennt. Die Briefe könnte man in einem Zug durchlesen, schließlich sind es ja Briefe. Dann am besten gleich wieder von vorne anfangen, jetzt aber langsamer. Und die Evangelien? Ruhig einmal 120 km/h für Anfänger. Man merkt dadurch sehr gut, wer hier die Hauptpersonen sind und worauf sich alles zubewegt. Wer vom Bibelleseplan die Scheibchentaktik gewohnt ist, weiß, dass das ein gutes System ist. Aber zwischendrin täte eine Überlandfahrt in etwas höherem Tempo wieder einmal gut.

Generell sollte man nicht pingelig sein und nicht etwa mehr Zeit für Geschwindigkeitsdiskussionen als für das Lesen selbst verwenden. Es muss nicht alles genau passen; es reicht, wenn es nicht allzu unpassend wird. Zuweilen ist es sogar sinnvoll, absichtlich die «falsche» Geschwindigkeit zu wählen. Wer einmal in drei Stunden – das ist die Zeit, die man zum Anschauen von zwei Tatort-Krimis benötigt – alle 150 Psalmen durchliest, der wird einiges entdecken, das er beim «richtigen» Tempo – gut: ein Psalm pro Woche, am besten täglich, also siebenmal langsam gelesen – gar nicht bemerkt hat. Er könnte merken, dass der Anteil an Klagepsalmen zunächst sehr hoch ist, gegen Ende des Psalters aber das Lob dominiert.

Zu guter Letzt: Freispruch für die Bibellesepläne, falls jetzt eine gewisse Unzufriedenheit aufgekommen sein sollte. Sie tun, was sie können, und können nicht anders, und was sie erreichen, ist sehr viel. Sie müssen nun einmal vereinheitlichen und können nicht für jedes biblische Buch detailsensibel sein und sich schließlich auch noch dem persönlichen Biorhythmus jedes Lesers anpassen. Sie sind gut, so wie sie sind, und gut ist besser als perfekt.

Leise und laut

Seit es die Bibel auch als Hörbuch gibt, hat eine neue Epoche begonnen. Eine Dimension mehr! Zwar gab es auch vor dem Hörbuch Vorlesen und Zuhören, aber doch meist nur für wenige Minuten im Gottesdienst, am Krankenbett, hier und da. Jetzt kann man sich vorlesen lassen, so lange der Akku reicht. Beim Joggen gerät vielleicht der Jogger, nicht aber der Vorleser außer Atem; man liest im Auto, auch zu Hause, wenn der Fernseher für eine Weile zum Schweigen gebracht ist. Das Wort «Schweigeminute» bekommt einen neuen sympathischen Sinn – gut, wenn Schweigeviertelstunden daraus werden. Für wenig Geld hat sich eine Form der Bibelaneignung etabliert, von der Gottes Volk früher nicht einmal geträumt hätte. Wir können uns durchs Ohr ernähren.

Werden wir den nächsten Schritt tun und wiedergewinnen,

was jahrhundertelang als gute Erfahrung in der Christenheit selbstverständlich war: das eigene halblaute Lesen? Hier haben wir als Kulturfortschrittsbeschädigte ein Erfahrungsdefizit. Es wäre leicht zu beheben; alles Nötige steht zur Verfügung. Was nur noch fehlt, ist, dass wir selbst zur Verfügung stehen. Argumente sind eigentlich nicht nötig, obwohl es genug davon gäbe. Es reicht ein Vierteljahr Übung. Danach muss man niemanden mehr überzeugen. Man muss nur noch die Verwunderung aufarbeiten, dass man nicht früher darauf gekommen ist.

Apropos früher: Augustinus (354–430) bekommt Kontakt zum vielbeschäftigten Bischof Ambrosius von Mailand (339–397). Der nutzt kurze Verschnaufpausen im eng getakteten Bischofsalltag zu geistlicher Lektüre. Eines Tages erwischt Augustin ihn bei etwas, das ihn irritiert. «Wenn er las, glitten die Augen über die Blätter, und das Herz spürte nach dem Sinn, Stimme und Zunge aber ruhten.»[9] Das geschieht immer wieder.

Augustinus sucht nach Gründen für dieses befremdliche Verhalten: Ambrosius liest vielleicht lautlos, weil er vermeiden will, dass zufällige Zuhörer den Bibelspezialisten um Auskunft über schwer verständliche Bibelstellen bitten. Das wäre das Ende der bischöflichen Erholung. Oder der Herr Bischof hat Angst vor Heiserkeit. Schließlich muss er von Berufs wegen viel reden.

Es ist bezeichnend, dass man am Ende des vierten Jahrhunderts stilles Lesen begründen muss. (Halb-)Lautes Lesen ist selbstverständlich, auch bei denen, die gut lesen können und eine eigene Bibel haben. Das wird noch ein gutes Jahrtausend so bleiben.[10]

Immer wieder hat es in neuerer Zeit Stimmen gegeben, die das stille Lesen für eine Verarmung halten. Sie könnten recht haben. Friso Melzer (1907–1998), Theologe, Indienmissionar und Sprachforscher, meinte, die Sprache stehe der Musik näher als der Schrift. Sie «lebt im Klang und naht sich auf dem Weg der Töne, sie lebt nur als gesprochene und gehörte Rede. Was wir schwarz auf weiß sehen und mit dem Auge lesend zusammensammeln, das sind nur Notenzeichen. Die Schrift dient der gesprochenen Sprache und wartet, dass der Leser sie in die Musik lebendiger Rede übersetze. Wer aber weiß das noch? So haben wir uns das stille Lesen angewöhnt, jenes stumme Beäugen, das auch die innere leise Stimme des Gemüts erstickt. Sprechen und Hören ist uns nicht mehr ein Geschenk des ganzen Menschen. Wir haben es in der Dunkelkammer des Verstandes eintrocknen lassen. So sind wir unnatürlich geworden und verkrampft».[11]

Halblautes Lesen empfiehlt sich mindestens als heilsame Ergänzung. Was ich laut lese, zeichne ich vor allem anderen aus, das ich nur leise lese. – Die Hindernisse sind überwindbar: knapper Wohnraum in hellhörigen Neubauten, immer hört jemand zu. Der Begriff des «outdoor reading» scheint noch nicht erfunden zu sein, die Sache gibt es aber längst, und das eigene Auto ist vielleicht ein bequemeres Lesezimmer als das von Bischof Ambrosius. Reden wir von lautem Lesen, kann das Modewort «Ganzheitlichkeit» guten Sinn gewinnen: eine Dimension mehr.

Außen und innen

«Höre Israel, der HERR ist unser Gott, der HERR allein. Und du sollst den HERRN, deinen Gott, lieb haben von ganzem Herzen, von ganzer Seele und mit all deiner Kraft» (5. Mose 6,4f.). Das «Sch^ema Israel» ist glücklicherweise bei Juden und Christen ein Zentralwort des Lebens. Weniger bekannt ist die direkte Fortsetzung: «Und diese Worte, die ich dir … gebiete, sollst du zu Herzen nehmen und sollst sie deinen Kindern einschärfen und davon reden, wenn du in deinem Hause sitzt oder unterwegs bist, wenn du dich niederlegst oder aufstehst» (Vers 6–7).

«Zu Herzen nehmen» meint hier wohl konkret das Auswendiglernen.[12] Das Gedächtnis ist eine Sache des Herzens. Das passt zum direkt anschließend genannten Einschärfen, zu dem die Eltern verpflichtet werden. Hier entsteht ein Generationenvertrag, der noch wichtiger ist als der bei der Rente. Reicht es nur zu verschwommener Religiosität mit farbigen Nebeln, oder bekommt Gottes Wort durch konkretes Aufnehmen konkrete Gelegenheit, zu prägen?

Im frühen Judentum hat man eine ausgeprägte Lernkultur erarbeitet. «Ein frommer Jude [zur Zeit Jesu] besaß eine solide, wenn auch einseitige Bildung. Er konnte lesen und schreiben und vermochte unter Anwendung einfacher mnemotechnischer Hilfsmittel große Stoffmassen im Gedächtnis zu behalten.»[13]

Wie bei allem Guten gibt es Einwände. Die sollte man ernsthaft hören. Hat man sie jedoch gehört, könnten sie sich als falsche Antworten auf berechtigte Fragen erweisen und auf den Weg zu besseren Antworten schicken.

Erster Einwand: Auswendiglernen ist eine mechanische, oft stumpfsinnige und geisttötende Angelegenheit. Sie mag bestenfalls für einfache Gemüter in Frage kommen, aber Verstehen ist etwas anderes.

Zweiter Einwand: Auswendiglernen wird oft empfohlen, indem man auf Krieg, Alter und Tod hinweist. Es gehe um eine «eiserne Ration», von der man sich in Grenzsituationen Hilfe erhofft. Grenzsituationen kommen aber im Leben nur selten vor. Das normale Leben tickt anders.

Dritter Einwand: Im elektronischen Zeitalter ist Auswendiglernen weder nötig noch sinnvoll. Schließlich ist die Bibel nur noch einen Mausklick entfernt. Auch unterwegs kann ich Bibelstellen sofort im Display meines Handys anzeigen lassen.

Vierter Einwand: Auch wenn Auswendiglernen prinzipiell sinnvoll wäre, sind die Stoffmassen einfach zu groß.

Fünfter Einwand: Auch im Judentum der Gegenwart ist das Auswendiglernen aus der Mode gekommen.

In jedem dieser Einwände steckt viel Wahres.

«Stets stand das Gedächtnis im Vordergrund der Erziehung, weit vor der heute so früh geübten Fähigkeit zu Kombination und Urteil»[14], stellte der Ägyptologe Hellmut Brunner (1913–1997) im Blick auf die Erziehung im alten Ägypten fest.

Das lässt sich auch auf Israel übertragen. Man soll, sagen die jüdischen Gelehrten, den Schüler «wie einen Ochsen stopfen». «Wer seinen Abschnitt hundertmal wiederholt, ist nicht mit dem zu vergleichen, der seinen Abschnitt hunderteinmal wiederholt.»[15]

Religionslehrer haben übrigens gemerkt: Mit Auswendiggelerntem können sich auch schwächere Schüler im Unterricht einbringen.[16] Generell gilt: Man braucht «Material» zum Denken. Auswendiggelerntes lehrt Nachdenken und verhindert hochtouriges Denken im Leerlauf.

«Spare in der Zeit, dann hast du in der Not.» Nach dem Zweiten Weltkrieg haben ehemalige Kriegsgefangene berichtet, wie auswendig gelernte Bibelworte und Liedverse ihnen in unfreiwillig bibelloser Zeit das geistliche Leben erhalten haben. Mancher Kranke hat sich an Auswendiggelerntem festgeklammert. «Anders wäre ich nicht durchgekommen.» Altgewordene, deren Sehvermögen nachgelassen hatte, wurden dankbar für den geistigen Besitz, den sie seit Jahrzehnten in sich trugen. Sterbenden wurden Bibelworte, die sie kannten, ins Ohr geflüstert, als sonst gar nichts mehr half.

Aber was ist mit denen, die nicht in den Krieg müssen, die hoffentlich noch lange gesund durchs Leben spazieren und denen all die anderen Möglichkeiten, der Bibel zu begegnen, offenstehen? Was ist mit der Gegenwart?

Die elektronischen Möglichkeiten außer Acht zu lassen und in besinnungsloser Sturheit beim Alten zu bleiben, wäre peinlich und ginge an den meisten Leuten vorbei. Aber «nur einen Mausklick entfernt» kann auch bedeuten: «Lichtjahre weit weg». «Ganz nah draußen» ist eben noch nicht «drinnen».

Die paar Zentimeter zwischen Handy in der Brusttasche und Herz sind einfach ein paar Zentimeter zu viel. Das weiß jeder, der Bibelworte beim Wandern still vor sich hin beten kann, der an der Bushaltestelle erfährt, wie sie ihm zu denken geben, oder wer sie im Gespräch zur Verfügung hat. Man

muss ja nicht gleich den Gesprächspartner mit einer Wort-
lawine verschütten.

Auch wenn es immer wieder einmal Christen gibt, die das
ganze Neue Testament auswendig können, bewegen sich die
meisten nicht mal im Promillebereich des biblischen Stoff-
umfangs. Vaterunser, Psalm 23, vielleicht die Zehn Gebote. In
der Regel schauen wir ziemlich ungläubig drein, wenn uns jemand belehrt, wie viel früher möglich war.

Im modernen Judentum gibt es viele Parallelen zum modernen Christentum. Israel ist keineswegs das Land der verinner-
lichten Bibel.[17] Lebensläufe deutscher Juden aus Kaiserreich
und Weimarer Republik zeigen natürlich große Unterschiede,
aber auch die Schwierigkeiten, die man überwinden müsste,
wenn man «Bibel lernen» möchte.

«Ein junger Jude am Anfang dieses Jahrhunderts stand,
wenn er nicht aus der gestreng gesetzestreuen Minorität stammte, einem Prozess fortschreitender Zerfaserung des Judentums
gegenüber»,[18] schreibt der Berliner Jude Gershom Scholem
(1897–1982). Er selbst fand zu Hause nur wenige Überbleibsel
jüdischer Religiosität vor.[19] Bei der Bar-Mizwa-Feier[20] musste
der Jugendliche zwar einige wenige schnell eingepaukte Thora-
Verse und Segenssprüche hebräisch lesen können, daraus entstand aber in der Regel kein eigenständiges Interesse an der jüdischen Bibel.

Führt trotzdem ein Weg von diesen Einwänden zum gelingenden Memorieren?

Vielleicht hilft ein Ausflug in eine fremde Welt. Wer die
Dinge von außen sieht, kommt meistens auf andere Gedanken.

In diesem Fall führt der Umweg in die Sowjetunion zur Zeit der Diktatur Josef Stalins (1878–1953). Die Öffentlichkeit erfährt zunächst fast nichts über die Straflager des Gulag[21], in denen auch Schriftsteller und Dichter eingesperrt sind. Für sie ist Auswendiglernen eine Form inneren Widerstands und des Kampfes ums Überleben. Doch nicht nur für sie.

Diese Straflager wurden weltweit zunächst vor allem durch Alexander Solschenizyns (1918–2008) Erzählung *Ein Tag im Leben des Iwan Denissowitsch* (1962) bekannt. Für sie erhielt er 1970 den Literaturnobelpreis. Das mehrbändige Werk *Der Archipel GULAG* (ab 1973) machte Solschenizyn zum politisch wirksamsten Schriftsteller des 20. Jahrhunderts. Selbst inhaftiert, später verbannt, trug er viele Gedichte und Prosatexte in sich, die ihm Halt gaben.[22]

Im Lager verfasste er Gedichte und Prosatexte, ohne zu wissen, ob sie je gedruckt werden könnten. Ich hatte «nur den einen sehnlichen Wunsch: ihr Geheimnis zu bewahren und damit auch mich selbst. Dafür musste ich im Lager die Gedichte auswendig lernen – viele Tausende von Zeilen. Dafür dachte ich mir eine Art Rosenkranz aus, mit einem metrischen System, und in den Etappengefängnissen Markierungen mit Streichholzstückchen. Gegen Ende der Lagerzeit, als ich mich von der Leistungsfähigkeit meines Gedächtnisses überzeugt hatte, ging ich daran, Prosadialoge aufzuschreiben und auswendig zu lernen, und nach und nach auch geschlossene Prosa. Das Gedächtnis nahm alles auf! Es ging. Aber ich brauchte immer mehr Zeit für das allmonatliche Wiederholen all des Auswendiggelernten – bis zu einer Woche pro Monat.»[23]

Später, im amerikanischen Exil, ließen Alexander und Natalja ihre Kinder täglich ein russisches Gedicht auswendig lernen.[24] Das sollte ihre Identität stärken, zur Distanzierung von den Gefahren einer Wohlstandgesellschaft verhelfen[25] und eine eventuelle Rückkehr nach Russland geistig vorbereiten.

Anna Achmatowa (1889–1966), die bekannteste russische Dichterin im 20. Jahrhundert,[26] hatte ihr Poem «Requiem» ihrem inhaftierten Sohn Lew gewidmet. Diese «Klage und Anklage im Namen all derer, die unter dem Stalin-Terror gelitten haben»[27] war zu brisant, um sie schriftlich aufzubewahren.

Achmatowas Freundin Lidija Tschukowskaja (1907–1996) lernte die neu geschriebenen Verse jeweils auswendig. Dann verbrannte sie die Zettel über einer Kerze.[28] Natürlich vergaßen beide immer wieder Sätze oder ganze Abschnitte des langen, mehrteiligen Werkes. Aber spätere mühsame Rekonstruktionsversuche, dokumentiert in Tschukowskajas Tagebuch, führten durchweg zum Erfolg. «Unter Wehklagen, dass sie [Anna Achmatowa] die ersten vier Zeilen hoffnungslos vergessen habe, verlangt sie von mir, dass ich mich auf sie besinnen soll. Ich mache ihr klar: ‹Dieses Gedicht haben Sie mir soeben zum ersten Mal vorgesprochen.› Aber sie wiederholt beharrlich: ‹Aber versuchen Sie es doch … Ich bitte Sie, bitte, erinnern Sie sich doch … Ich bitte Sie sehr! Hier fehlen nur vier Zeilen … Das ist für Sie doch eine Kleinigkeit! Sie sind meine letzte Hoffnung!›»[29]

Als sich Achmatowa und Solschenizyn zum ersten Mal trafen, erzählte er ihr, «er habe ihr großes und sehr komplexes *Poem ohne Held* auswendig gelernt.»[30]

Der russische Dichter Ossip Mandelstam (1891–1938) ging

mit nicht einmal fünfzig Jahren im Straflager zugrunde.[31] Seine Frau Nadeschda (1899–1980) lernte seine Gedichte auswendig, «um sie vor Stalins Häschern zu bewahren».[32] Schon vor seiner Verhaftung hatte Mandelstam in sein Jackett eingenäht, was ihm unverzichtbar war: etwa 360 Seiten aus Dantes «Göttlicher Komödie»[33]. Mandelstam schrieb darüber den 20.000-Worte-Text «Gespräch über Dante»[34]; seine Frau lernte auch diesen Text auswendig.[35] Sie hatte ebenfalls große Passagen der «Göttlichen Komödie» im Gedächtnis präsent.[36]

Mandelstams Texte halfen, auswendig gelernt, anderen Bedrängten. Die russische Schriftstellerin Olga Sedakowa (geb. 1949) berichtet von einem Dissidenten, der monatelang täglich verhört wurde. Schließlich war die Widerstandskraft aufgebraucht. «Ich erwachte mit dem Gefühl, dass ich heute alles unterschreiben würde, was von mir verlangt wurde. Nicht aus Angst, sondern weil alles egal war. Nichts mehr hatte irgendeine Bedeutung. Da tauchte in meinem Geist plötzlich Mandelstams Gedicht ‹Theta und Iota der griechischen Flöte› auf, vom Anfang bis zum Schluss. […] Nach diesem Erlebnis wusste ich mit Bestimmtheit, dass ich nichts unterschreiben würde.»[37]

Die hier Genannten haben alle Mühen akzeptiert, die nun einmal zum Auswendiglernen gehören. Das «Mechanische» entpuppte sich aber nicht als das Geisttötende; es war nicht Ersatz, sondern Hilfe zum eigenen Nachdenken.

Auch wenn diese Schriftsteller zu einer geistigen Elite gehören, ist Auswendiglernen nicht primär elitär. In allen Bevölkerungsschichten ließen sich Beispiele finden.

Auswendiglernen stabilisiert in einer schwer durchzustehenden Minderheitensituation. Auswendig gelernt wird immer, oft auch nur halb bewusst. Die gestanzten Phrasen der kommunistischen und der nationalsozialistischen Partei bei ihren Versammlungen und im Radio, die aufdringlichen Spruchbänder im Alltag jeder Stadt, die Parolen in den Lagern … sie alle bewirkten, dass vieles sich in den Köpfen einnistete, was da nicht hingehörte. Da ist Lernen Aufmüpfigkeit gegen Entmündigung.

Das Gelernte ist aber nicht nur für die Krise da. Es gehört einfach zur Innenausstattung eines Lebens, das die Bezeichnung «Leben» verdient. Es ist eine Horizonterweiterung. Manchmal ist es sogar eine Liebeserklärung an Texte und ihre Verfasser.

Die hier genannten Schriftsteller standen dem christlichen Glauben sehr unterschiedlich nah bzw. fern, geben aber auf jeden Fall wertvolle Impulse.

Wir lernen sowieso auswendig, dafür sorgt schon die Werbung. So weiß fast jeder, wie die zarteste Versuchung heißt, seit es Schokolade gibt, und manchem Stadtkind muss man extra beibringen, dass nicht alle Kühe lila sind.

Die Zeit des Dritten Reiches ist voller Beispiele für «Auswendiglernen aus Versehen» oder unter Druck. Noch leben Tausende, die froh wären, wenn das Horst-Wessel-Lied nicht mehr in ihnen tönte. Vieles hat uns geprägt, das dringend eine Alternative braucht.

Die Kernstelle aus dem Alten Testament, 5. Mose 6,4–7, setzt jedoch nicht beim Widerstand gegen das Negative – die Götzen! – an, sondern bei dem einzigartigen Gott, der Israel erwählt hat und dem jetzt alle Liebe gelten soll. Auswendiglernen ist Gestalt der Gottesliebe! Es findet da Raum, wo man den Unvergesslichen nicht mehr vergessen möchte. Bibelbüffeln: ein integraler Bestandteil des Lebens unter Gottes Augen, ein stilbildendes Lebenselement. Die Liebe lernt auswendig und erreicht vieles, das sonst unerreichbar wäre.

Was gut ist, praktiziert man am besten so früh wie möglich. Deshalb gehörte Auswendiglernen vor dem verhängnisvollen Traditionsbruch der 1970er Jahre zur christlichen Fairness gegenüber den Kindern und Jugendlichen. Man sollte im Gottesdienst Vaterunser und Glaubensbekenntnis mitsprechen können, im Gespräch sagen können, was und warum man glaubt, Texte in sich beherbergen, die dem Durcheinander im Kopf abhelfen und die in Stunden des Alleinseins etwas Förderndes hineinbringen und beim Einschlafen die Tür des vergangenen Tages leise schließen.

Auswendiglernen ist gut fürs Unterbewusste und eine gute Alternative, dass «nicht Werbesprüche, Schlagerfetzen, Illustrierten-Bilder und Schaufensterdekorationen das Feld der Phantasie beherrschen».[38] Ja, es verhindert, dass Selbstbesinnung nur ein Kreisen um sich selbst ist, und gibt Maßstäbe, wo es im Leben langgeht.

Wenn man erst mal Appetit bekommen hat, lassen sich die Portionen den eigenen Möglichkeiten anpassen.

▪ Sabine geht in ihrer Lutherbibel den fettgedruckten Stellen entlang und legt sich eine kleine Liste mit zwanzig Kurztexten an, die sie auswendig lernen möchte.

- Dirk lernt jede Woche einen Vers auswendig, den Wochen-spruch, den er jeweils im Losungsbuch findet.

- Marion hat von einem Sommerlager eine Liste mit 100 Ver-sen mitgebracht, weiß nicht, wer sie erstellt hat, jedenfalls klappt es bis in den Herbst hinein einigermaßen, und am Jahresende steht sie da, wo sie es im Sommer nicht erwartet hätte.

- Wilfried, der Pastor, lernt seit acht Monaten jede Woche den Predigttext für die nächste Predigt auswendig und merkt, wie gut ihm das tut.

- Eine Gruppe Theologiestudierender wagt sich an längere Texte, den Prolog des Johannes-Evangeliums, den Kreuzi-gungsbericht nach Lukas, den Gebetstext Epheser 3,14–21. Gemeinsam geht's besser und schließlich sogar so gut, dass man auch alleine weiterkommen würde.

- Ein Jugendkreis interviewt einen Seniorenkreis: «Was habt ihr früher gelernt? Was ist daraus geworden?», und entdeckt erstaunlich viel Gemeinsames mit den Oldies.

Auch Extrembeispiele können motivieren. Zum Beispiel doku-mentieren die Tagebücher des schon erwähnten Gershom Scho-lem[39] eindrucksvoll, wie bei seiner Einwanderung ins ange-stammte Judentum das Hebräischlernen, das Auswendiglernen und geeignete Kontakte zusammenwirkten.

Später schrieb der 33-Jährige seinem 22 Jahre älteren Lehrer Martin Buber (1878–1965), der zusammen mit dem deutsch-jüdischen Historiker und Philosophen Franz Rosen-zweig (1886–1929) eine «Verdeutschung der Schrift»[40] begonnen hatte und gerade beim Jesajabuch angekommen war.

Scholem riet Buber, doch vor der Übersetzung die Texte erst einmal auswendig zu lernen, und der Lehrer hatte die Größe, dem Schüler zu gehorchen. Buber antwortete am 23. April 1930: «Ihr Rat […] ist unmittelbar einleuchtend und ich möchte Ihnen dafür besonders die Hand drücken. Ich habe daraufhin sofort mit den ersten Jeremia-Kapiteln angefangen und habe auch schon gemerkt, wie gut das einem bekommt.»[41]

Keiner muss so weit kommen wie Scholem, aber niemand muss da stehen bleiben, wo er gerade ist. Schon ein wenig ist sehr viel und macht Lust auf mehr.

Auch im Blick auf das Thema dieses Buchs, den Umfang der Bibel, ergeben sich jetzt neue Einsichten. Man könnte zum Beispiel zu den einzelnen biblischen Büchern je einen einigermaßen charakteristischen Vers auswählen. Der könnte wie ein Aussichtsturm dienen und vieles sehen lassen, das man vorher nicht gesehen hat. Spruch- und Buchorientierung verbänden sich hier auf glückliche Weise. Schon der Auswahlprozess bringt einen ein gutes Stück vorwärts. Man kann sich dabei an Vorschlägen anderer orientieren, aber Selbersuchen ist besonders spannend und nachhaltig.

Fazit: Drei Wappentiere braucht der Bibelumfangsgenießer: die Schnecke als Wappentier für langsames Lesen, für schnelles Lesen vielleicht den Gepard – und den Büffel fürs Büffeln, das viel besser ist als sein Ruf und uns daran erinnert: Christen sind Wiederkäuer.

Beständigkeit und Beweglichkeit

Zwei, die einander lieben und füreinander da sind: Beständig-keit und Beweglichkeit.[42] Sie blühen auf, wenn sie zeigen kön-nen, wie sehr sie auf gegenseitige Ergänzung angelegt sind. Voneinander getrennt leiden beide: Beständigkeit wird zu Mo-notonie, zur Langeweile und zur Betriebsblindheit. Aus Beweg-lichkeit wird ein besinnungsloses Hin und Her, Sprunghaftig-keit, Nervosität, Labilität. Das gilt auch für die Bibellektüre.

Wer zur Sprunghaftigkeit neigt, kann ja zur eigenen Kon-trolle Buch führen, wobei als «Buch» in diesem Fall schon ein Zettel reicht. Und wer in sich mehr «stetige Anteile» verspürt, kann aus den folgenden Beispielen zunächst einmal vorsichtig nur eines oder zwei ausprobieren.

Jede Leseweise hat ihre Vor- und Nachteile. «Aus keiner Ge-fahr rettet man sich ohne Gefahr», heißt es bei Niccolò Machia-velli (1469–1527)[43], aber die Restgefahr ist in diesen Fällen meist sehr klein. Bangemachen gilt nicht. Welche der folgenden Beispiele erfunden, welche miterlebt sind, wird nicht verraten. Aber Vorsicht! Was nicht ganz realistisch erscheinen mag, könnte gerade die Wirklichkeit wiedergeben.

■ Christiane hat gute Erfahrungen damit gemacht, den Bibel-leseplan im Losungsbuch nicht Tag für Tag, sondern schon ein paar Wochen im Voraus anzusehen. Kommt ein kurzes biblisches Buch an die Reihe, das innerhalb von ein bis zwei Wochen durchgelesen werden kann, geht sie einen besonde-ren Weg.

Das hat sie zum ersten Mal beim Philipperbrief getan. Für die vier Kapitel hatte der Bibelleseplan elf Tage vorgesehen. Christiane hatte ihn zuerst einmal ganz durchgelesen und festgestellt: Ich habe viel weniger Zeit gebraucht als erwartet. Und dann hatte sie an jedem der verbleibenden zehn Tage jeweils zwei Kapitel gelesen.

Nach dem elften Tag hatte sie den Brief also fünfmal gelesen und kannte ihn ziemlich gut. Nun blätterte sie die Bibel durch und notierte sich alle Bücher, die fünf Kapitel oder weniger hatten. Ab jetzt waren sie ihre «lieben Kleinen».

Mit den großen Büchern musste sie anders verfahren, aber hier halfen ihr die Gliederungen in den Bibeln und in ihrem Bibellexikon, um sich einen eigenen Plan zu erstellen.

▪ Norbert schreibt ab und zu – immer öfter! – den Tagesabschnitt langsam mit der Hand ab. Das tut ihm gut, weil es ihn herunterbremst. Er würde sonst sehr schnell über manches hinweglesen. Anschließend liest er den Abschnitt Gott halblaut vor. Der, der den Text kennen lernt, liest dem vor, der ihn am besten kennt. Norbert meint nicht, er müsse Gott durch das Vorlesen informieren; aber auf diese Weise nimmt er ernst, dass er seine Bibel in der Gegenwart Gottes liest. Gottes Wort in Gottes Ohr.

▪ Karin probiert im Urlaub etwas Neues aus: Sie liest täglich nur ein bis zwei Verse und macht Notizen. Am Abend liest sie sie noch einmal. Daraus wird ein Tagesschluss der beson-

deren Art. Wer sagt denn, dass Papier ein schlechter Wärmeleiter ist! Und in den ersten Tagen nach dem Urlaub
merkt Karin, dass sie deutlicher als früher die verschiedenen
Zeiten des Lebens unterscheidet: den Berufsalltag, den freien
Samstag, den Sonntag, den Urlaub, die Tage der Sorge, die
Tage der Freude.

■   Wolfgang, Pastor, hat sich vor Jahren ein Stehpult gebastelt. Irgendwann hat er einmal seine Bibel morgens dort
aufgeschlagen liegen lassen. So kam es, dass er die Tageslese bis zum Abend acht Mal gelesen hatte: in der Stillen
Zeit, nachdem er die Fahrtkostenabrechnung für den vergangenen Monat fertiggestellt hatte, nach einem Beerdigungsgespräch, vor der Vorbereitung einer Sitzung, als er
von einem Krankenbesuch nach Hause kam … Seitdem
liegt seine Bibel täglich dort; unterwegs hat er seine Zweitbibel dabei.

■   Hans und Inge hatten sich immer schon gewünscht, gemeinsam Bibel lesen zu können. Aber während Inge von
Montag bis Freitag ins Büro ging und sich vorher gut eine
halbe Stunde Zeit nehmen konnte, war Hans frühmorgens
längst mit seinem Lkw auf der Autobahn. Einmal pro Woche nach Spanien und zurück und meist drei Tagestouren
dahin, wo der Disponent seiner Spedition ihn gerade hinschickte.
Hans hatte im Lauf der Zeit gelernt, Standzeiten zu nutzen;
da wurde die Fahrerkabine zur Hauskapelle. Er freute sich

immer auf das gemeinsame Frühstück am Samstag, und bei einem solchen Frühstück hatte Inge die Idee des Jahres: «Wir lesen beide dieselben Texte, und im Lauf der Woche notiert jeder drei Verse, die ihn besonders angesprochen haben, und die erzählen wir uns samstags beim Frühstück.» Seitdem dauerte das Frühstück etwas länger; das war gut so. Auch eine zweite Idee ließ sich ohne große Mühe verwirklichen: «Jeder bringt eine Frage mit zu dem, was er gelesen hat.» Seither reden Inge und Hans über Sachen, über die viele Leute nie reden. Das tut dem Glauben gut und auch der Ehe.

▪ Sophie weiß nie, wie viele Verse sie am Tag lesen wird. Sie liest, bis sie stolpert: über eine einzelne Formulierung, die ganz anders klingt, als sie je selbst formuliert hätte; über eine Geschichte, die sie fast aus der Bahn wirft oder zum zwanzigsten Mal begeistert; über einen Satz, den sie sich herausschreibt und mit in den Tag nimmt. Manchmal stolpert sie erst nach einigen Minuten, manchmal schon nach ein paar Zeilen. «Stolpern erhöht die Aufmerksamkeit. Durch Stolpern lernt man Laufen», sagte Sophie neulich zu ihrer besten Freundin.

▪ Frank hatte beim Predigthören aufgeschnappt, dass der Pastor von einem «vierfach gewundenen Kränzlein» gesprochen hatte. Das hatte sehr altertümlich geklungen, stammte wohl auch aus dem 16. Jahrhundert[44], und Frank konnte sich auch nicht erinnern, jemals ein Kränzlein gewunden zu haben. Es war aber trotzdem ein guter Tipp gewesen. Wenn du in der Bibel gelesen hast, dann mach aus dem Gelesenen vier Gebete: ein Dankgebet, ein Sündenbekenntnis, eine Bitte für dich und eine Fürbitte für andere.

Nicht immer kamen vier Gebete zusammen, und Frank merkte schnell, wie viel er für sich und wie wenig er für andere betete, aber jetzt konnte er das ja ändern. Im Lauf der Zeit wurde er sehr sensibel für die Gebetsvorschläge, die ihm der jeweilige Bibeltext machte.

■ Mirjam schrieb im Lauf weniger Monate ihr eigenes Bibelkundebuch. Für jedes der 66 biblischen Bücher nahm sie ein DIN-A4-Blatt, für die großen Bücher nicht mehr, für die kleinen nicht weniger. Zuerst notierte sie, was sie von früher her noch in Erinnerung hatte. Danach war noch viel, viel Platz auf dem Blatt. Dann las sie das biblische Buch durch und notierte, was sie für besonders charakteristisch hielt. Als Drittes schaute sie im Bibellexikon nach der genauen oder ungefähren Abfassungszeit. Auch die kam auf ihr Blatt. Bei der nächsten Lektüre würde wieder etwas Neues hinzukommen. Was, wusste sie noch nicht, aber das musste sie ja jetzt auch noch nicht wissen.

■ Herbert joggte dreimal pro Woche; das hatte ihm der Arzt geraten. Dabei ließ er sich per Ohrstöpsel aus der Bibel vorlesen. Das hatte ihm der Arzt nicht geraten; da war Herbert selbst draufgekommen. Am Anfang reichte die Kondition nur für Bibelteile von der Größe des Propheten Habakuk oder des 2. Petrusbriefes, aber nicht einmal ein halbes Jahr verging, da hielt Herbert das ganze Markus-Evangelium ohne Muskelkater durch. Herbert fand, diese Abwechslung vertrüge sich bestens mit der Beständigkeit, in der er morgens den Abschnitt der ökumenischen Bibellese aus dem Losungsbuch durchmeditierte.

▪ Die Männer vom Männertreff nahmen die Gleichnisse des Markus-Evangeliums mit auf den «Westweg»: in einer Woche von Pforzheim durch den Schwarzwald nach Basel. Immer wenn sie eine kurze Rast einlegten, las einer das nächste Gleichnis vor. Wer wollte, konnte unterwegs darüber reden. Hinterher stellten sie fest, dass sie bei dieser Wanderung erstaunlich wenig über Autos und Motorräder geredet und fast gar nicht über ihre Vorgesetzten in der Firma geschimpft hatten.

▪ Milena waren bei der Lektüre des Johannes-Evangeliums die Fragezeichen aufgefallen. Das war ihr noch nie passiert. Aber es schloss ihr manches auf. Ab jetzt legte sie sich beim Bibellesen immer einen grünen Stift bereit, um jedes Fragezeichen zu markieren.

Wer Beständigkeit und Beweglichkeit kombiniert, wird recht bald ein gutes Augenmaß für das jeweils Passende bekommen. Er wird wohl auch entdecken, dass emotionale Hürden oft höher sind als intellektuelle. Vielleicht teilt er jetzt ab und zu die Welt in Yes-Butter und Why-Notter ein: Die einen sagen Ja (oder: «Eigentlich schon»), aber dann kommen die Bedenken und verschlucken das Ja. Andere sagen: «Warum nicht?», und fangen einfach mal an. Sie entdecken, dass der Weg vom Möglichen zum Wirklichen kürzer ist, als sie gedacht hatten. Anders formuliert: Sie sind nicht ins Scheitern verliebt, sondern ins Gelingen.[45] Nach Philipper 1,6 ist Gott das übrigens auch.

Beständigkeit und Beweglichkeit: drei Bilder zum Schluss.

Es lohnt sich, Bibel zu lesen, wie einige Leute Sportwagen fahren. Samstagfrüh von Kiel Richtung Mailand, dort eine Pizza und ein Eis essen und Sonntagabend wieder zu Hause sein. Da blieb keine Zeit zum Blumenpflücken, aber irgendwie war's toll. Der Vorteil eines so rasanten Bibellesens ist nicht nur, dass dadurch die Umwelt nicht belastet wird. Die Groborientierung ist phänomenal!

Es lohnt sich auch, das große Feld der Bibel abzufahren wie ein Mähdrescher. Das geht viel langsamer als das Fahren mit dem Sportflitzer, aber der Ertrag ist groß.

Und es lohnt sich schließlich, die Bibel zu lesen, wie man Kerzen zieht. Ein Docht wird in flüssiges Wachs getaucht und wieder herausgezogen. Was da jetzt abkühlt, sieht noch gar nicht nach Kerze aus. Aber nach dreißig-, vierzigmal Eintauchen festigt sich der Eindruck, dass hier wirklich eine Kerze entsteht, und erfreulicherweise ist es ja auch so.

Finale Gedanken

Wo die Bibel ihren Sitz im Leben hat

Auf manchen Bildern macht er ein Gesicht, als hätte er gerade Bill Gates getroffen und der hätte ihm die digitale Revolution erklärt: ein ängstlicher Blick, gerunzelte Stirn. Auf anderen Bildern scheint es ihm besser zu gehen.

In Wirklichkeit sind die beiden einander nie begegnet: Gates ist Jahrgang 1955, Johannes Gutenberg[1] zwischen 1393 und 1404 geboren. Aus jubiläumstechnischen Gründen hat man sich kurz vor der Wende zum 21. Jahrhundert international auf 1400 als symbolisches Geburtsjahr geeinigt,[2] und Gutenberg, nicht Bill Gates, wurde zum «Man of the Millennium»[3] gewählt.

Seine wichtigste Erfindung war der Buchdruck mit beweglichen Lettern. Statt Texte blockweise in Holz zu schneiden, es einzufärben und eine begrenzte Zahl von Abzügen herzustellen, stellte man in Gutenbergs Werkstatt Einzelbuchstaben aus Metall her, die immer neu zu Wörtern, Zeilen und Seiten kombiniert werden konnten. So ließen sich viel höhere Auflagen erzielen, auch war man nicht länger auf Holztafeldrucke angewiesen und auf die klösterlichen Schreibwerkstätten.

Gutenbergs Biograf Stephan Füssel (geb. 1952) hat errechnet, dass vorher ein Schreiber etwa drei Jahre brauchte, um eine komplette Bibel abzuschreiben. In derselben Zeit konnten nun etwa 180 Bibeln hergestellt werden. Mindestens sechs Monate seien nötig gewesen, um die ca. 60.000 Typen zu gießen, weitere zwei Jahre waren für den Satz der einzelnen Seiten nötig; das Drucken erforderte wohl auch mindestens zwei Jahre. Insgesamt kommt Füssel bei seinen Berechnungen auf 230.760 Arbeitsgänge für die Bibel von 1282 Seiten.[4]

Was hier geschah, war eine «Kommunikationsrevolution»[5]. Als Gutenberg im Februar 1468 starb, hatte sich die Welt verändert.

Ein halbes Jahrtausend später. Die Fotografin Ebba Dangschat bringt 2002 ihren ersten großen Bildband heraus: *Erlesene Orte*[6], ein sehr aufschlussreiches Dokument individualisierter Lesekultur. Fotos von 53 Personen an Orten, an denen sie gerne lesen: der Astronaut Ulf Merbold in einer Weinberghütte, der Tänzer und Choreograph Gregor Seyffert in der Badewanne, die Schauspielerin Nina Petri auf einem Fährschiff, die Regisseurin Doris Dörrie in einer Hängematte, die Moderatorin und Journalistin Nina Ruge auf grüner Wiese unter buntem Sonnenschirm, der Regisseur Christoph Schlingensief auf einer Baustelle, umgeben von viel Beton.

Der Verleger Michael Klett sitzt in seiner zweistöckigen Bibliothek auf der Treppe, der Regisseur und Drehbuchautor Volker Schlöndorff blickt vom Buch auf und schaut durchs Fenster des Eisenbahnwagens.

Der Verleger Vito von Eichborn hat seinen Lesesessel vor

zwanzig Jahren in einem Trödelladen erstanden, der Industrielle und Politiker Hans-Olaf Henkel weiß es zu schätzen, einen Chauffeur zu haben und während der Fahrt lesen zu können, der Modemacher Wolfgang Joop liest als Vielflieger auch über den Wolken, und Clownin Gardi Hutter legt ihr Buch gerade umgekehrt aufs blaue Balkongeländer; so braucht man kein Lesezeichen.

Abgelichtet wurden natürlich auch Leser im Stehen, beim Wandern, auf Steinbänken und im Kaffeehaus, auf dem Spielplatz und am Stehpult. Die Schauspielerin Suzanne von Borsody liegt auf der Dachterrasse, den Rücken an die Dachziegel gelehnt, hoffentlich sind die Bandscheiben damit einverstanden.

Insgesamt ist es eine Liebeserklärung an das Lesen, an den ganz persönlichen, oft erkämpften Freiraum für mußevolle Einsamkeit, für Sammlung oder Zerstreuung, für den Abstand von den vielen anderen, die immer mitgestalten und dreinreden wollen. «Lesen ist für mich Jogging für den Kopf mit gleichzeitiger Seelenmassage», sagt der prominente österreichische Koch Eckart Witzigmann.[7]

Eine völlig andere Situation: die makedonische Stadt Beröa im Jahr 50 n. Chr. An einem Sabbat nehmen Paulus und Silas am Synagogengottesdienst teil. Wie in jedem jüdischen Gottesdienst wird die Thora gelesen, vielleicht gibt es auch eine darauf abgestimmte Lesung aus den Propheten.[8] Und es kommt zu Gesprächen über den Messias, den die beiden neuen Besucher mit Jesus von Nazareth identifizieren.

Lukas berichtet davon und macht den Leuten ein Kompliment: «Sie forschten täglich in der Schrift» (Apostelgeschichte 17,11); sie wollten wissen, ob es hier Widerspruch oder Übereinstimmung gibt. Darauf lässt sich der Apostel gern ein. In der Heiligen Schrift zu forschen, hat er bei Gamaliel gelernt (Kapitel 22,3), nach seiner Lebenswende weiter praktiziert, und wo er bei anderen Ähnliches sieht, gefällt ihm das. Hier bekommt seine Verkündigung eine faire Chance.

Es ist wichtig, die damaligen Möglichkeiten von den heutigen zu unterscheiden. Das «Forschen in der Schrift» geschieht nicht in einer Privatwohnung. Da greift keiner schnell ins Regal zu einer von mehreren Bibelübersetzungen. Dieses Überprüfen ist auch nicht Sache des Einzelnen. Wer in der Schrift etwas nachsehen will, muss zur Synagoge gehen. Nur dort sind Schriftrollen vorhanden, und logischerweise vollzieht sich das Forschen im Gespräch mehrerer über der aufgewickelten Schriftrolle.

Das bleibt noch jahrhundertelang so, nicht nur im Judentum, auch im Christentum. Die Schrift ist da vorhanden, wo Gottesdienst gehalten wird, in den Synagogen und in den christlichen Gemeinden. Erst nach und nach gibt es auch Bibeln im Privatbesitz, aber die müssen von Hand geschrieben werden und sind entsprechend teuer.

Die Erfindungen Gutenbergs bringen neue Möglichkeiten. Das Lesen hat langsam begonnen, ein auch privates Tun zu werden. Dieser Trend gewinnt nun an Dynamik: Das Buch des Volkes Gottes wird auch das Buch des Einzelnen.

Seit wir die Bibel für uns privat haben können, wird eben auch deutlich, dass *privare* eigentlich «berauben» heißt. Die

Nebenwirkung des gutenbergschen Medikaments: Der einzelne Christ kann sich von der Gemeinde isolieren und seine
private Jesusbeziehung pflegen. Er hat ja seine Bibel und seinen Gott. Und wenn es regnet, braucht er zum Bibellesen
keinen Schirm; zum Gang in den Gottesdienst wäre der schon
nötig gewesen.

Als privater Leser würde dieser private Christ gut in Ebba
Dangschats Bildband passen, weniger gut zur Bibel selbst.
Denn die sagt an Hunderten von Stellen, dass Gott ein Volk
hat, und der Messias eine Gemeinde. Die trifft sich zum Gottesdienst und hört dort auf die Heilige Schrift.

Nicht zufällig gibt es nur eine einzige Stelle im Neuen Testament, die vor dem Fernbleiben aus dem Gottesdienst warnt.
Dort geht es um Christen, deren Glaube müde geworden ist;
man muss ernsthaft fragen, ob sie morgen noch Christen sein
werden. Lasst uns «nicht verlassen unsre Versammlungen, wie
einige zu tun pflegen, sondern einander ermahnen» (Hebräer
10,25).

Ein großer Teil der Christenheit hat durch die Jahrhunderte hindurch die Wechselwirkungen zwischen Gemeinde
und Bibel gut verstanden. Ein Beispiel aus dem 18. Jahrhundert, des Württemberger Theologen Johann Albrecht Bengel
(1687–1752): «Die Schrift hilft der Kirche auf und unterhält
sie. Die Kirche gibt der Schrift Zeugnis und bewahrt sie. Wenn
die Kirche wacker ist, so glänzt die Schrift; wenn die Kirche
kränkelt, dann liegt die Schrift danieder. Demnach pflegt gewöhnlich die Gestalt der Kirche und der Schrift zugleich ent-
weder als gesund oder als kränklich zu erscheinen, und nach

der Beschaffenheit der Kirche richtet sich je und je die Be-
handlung der Schrift.»[9]

Viele Protestanten halten solche Sätze für katholisch und
übersehen dabei ihre eigenen Erfahrungen. Von wem haben
sie denn ihre erste Bibel bekommen? Von der christlichen Pa-
tentante, von einer Freundin. Oder sie haben sie selbst gekauft,
weil im Jugendkreis die anderen schon eine Bibel hatten. Auch
in dieser Hinsicht ist die Bibel nicht vom Himmel gefallen.

«Gottes Methode ist Menschen», hat man gesagt. Das ist
schlechtes Deutsch, aber gute Theologie. Millionenfach ist das
passiert: Glieder am Leib Jesu Christi haben aus der Bibel gelebt;
das hat andere angesteckt und sowohl dem Leib Christi wie
auch der Bibel gutgetan. Oder es leuchtete in der Predigt im
Gottesdienst etwas auf, das gab den Blick für weite Horizonte
frei; es löste Klärungsprozesse aus, räumte mit Missverständnis-
sen auf oder … Guter Schriftgebrauch ist durch alle Jahrhunderte hindurch immer eine indirekte Empfehlung gewesen,
sich der Bibel zuzuwenden.

Aber Bengel hat auch beim Negativen recht: Wenn Pastor X
in fast jeder Predigt die Bibel schlechtredet, dann wird auch das
die Gemeinde prägen. Am Ende wird aus der Engelsbotschaft
«Siehe, ich verkündige euch große Freude, die allem Volk wi-
derfahren wird» (Lukas 2,10) ein neuprotestantischer oder neu-
katholischer Skeptizismus: «Siehe, wir diskutieren jede Menge
unlösbarer Bibelprobleme, die schon längst von allem Volk hätten bemerkt werden sollen.»

Da wandert die Freude ins Exil und die Vernunft gleich mit;
das Bibellesen macht schlapp. «Wir machen aus der Bibel gar zu

schnell eine Pfütze. Sie ist aber eine Quelle.»[10] Es ist in der Tat entscheidend für das Ansehen und den Umgang mit der Bibel, wie die Gemeinden mit ihr umgehen. – Bengel sagt dazu: Das ist «gewöhnlich» so. Bibel und Gemeinde, ein Wechselverhältnis auf Gedeih und Verderb.

Das Ungewöhnliche kommt – Gott sei Dank! – auch vor: Wo niemand damit rechnete, greifen Menschen, die das eigentlich gar nicht vorhatten, zur Bibel. Was sie da wahrnehmen, stellt sie auf einen neuen Weg, und sie sind im wahrsten Sinn des Wortes Heil-froh, dass ihnen das passiert. Und schon machen andere mit. Gottes Geist braucht nicht unbedingt gute Umstände, um wirken zu können. Wo sie fehlen, kann er sie selbst schaffen.

Die Bibel führt uns also zur Hochachtung der Gemeinde, und die Gemeinde führt uns zur Hochachtung der Bibel. «Gottes Volk und Gottes Wort gehören untrennbar zusammen», sagte Martin Luther.[11] Auch in dieser Hinsicht gilt: Gut, dass die Bibel so dick ist!

Hört man Christen zu, wie sie über ihre Gemeinden reden, könnte man manchmal meinen, sie gehörten zur «Bei uns klappt gar nichts-Gemeinde». Egal, ob katholisch oder protestantisch: Es gibt eine Ökumene des Sich-in-den-Keller-Redens. Wer aber die Bibel daraufhin studiert, wie hier Gemeinde gesehen wird, kann zu einer neuen Optik, zu neuer Dankbarkeit und zu neuem Engagement kommen. Wie nüchtern wird da vom Volk Gottes geredet! Und zugleich: wie erfreulich!

Der Tempel des Heiligen Geistes sei die Gemeinde, das Haus Gottes, ja sogar die Braut Christi, und jedes Mal sind real existierende Gemeinden im Blick. Da kann man die vielgescholtene «Bei uns klappt gar nichts»-Gemeinde als «Irgendwas klappt immer»-Gemeinde schätzen und lieben lernen. Wenn der drei-einige Gott unverdrossen am Werk ist, wer wollte da kommen und dieses Werk verachten? Nein, das will ich nicht. Ich nehme «Werk im Glauben», «Arbeit in der Liebe» und «Geduld in der Hoffnung» (1. Thessalonicher 1,3) wahr und mache demütig mit. So entsteht Leidenschaft für das Alltägliche und Leiden-schaft für das Ganze.

Zur neuen Optik, die uns die Bibel über die Gemeinde ver-schafft, gehört deshalb, dass wir einander sagen, was schon ge-lingt! Sicher, man kann den andern mit dem Schwärmen von guten Erfahrungen auch erdrücken. Doch hier macht der Ton die Musik. Viele, die miteinander nicht klarkommen, würden vielleicht sehr schnell zueinanderfinden, könnten sie sehen, was im Leben mit der Bibel beim anderen entstanden ist.

Sogar das gibt es: Anja liest am Morgen in der Bibel. Nichts Besonderes passiert, keine besonderen Erkenntnisse, keine be-sonderen Gefühle, eine Bibellese wie das Wetter, heute eher grau. Was tut Anja? Sie dankt Gott für die vielen Tausende, de-nen Gott an diesem Tag mehr gegeben hat als ihr. Sie kennt diese Menschen nicht, freut sich aber, mit ihnen zusammen-zugehören.

Mit ihrem Dank ehrt sie Gott gleich am Beginn des Tages und nimmt ernst, dass sie ein Glied am Leib Jesu Christi ist. Sie freut sich auch, dass Gottes Volk eine Wirklichkeit quer durch die Jahrhunderte ist. Und als sie in einer Predigt hört, der Leib Christi sei eine «pneumatische Realität», eine «geistliche Wirklichkeit», klingt das etwas ungewohnt, aber sie findet das gut.

Und die christliche Fischverkäuferin in Konstantinopel, von der sie mehr als eineinhalb Jahrtausende trennen, ist eine liebe Nachbarin im Glauben; von Paul Gerhardt (1607–1676), der den Dreißigjährigen Krieg überlebt und dessen Lieder danach sogar zwei Weltkriege überdauert haben, trennt sie die Frisur, aber nicht der Glaube; und mag auch Hildegard von Bingen (1098–1179) zu ihrer Zeit «die größte Frau des Jahrhunderts»[12] gewesen sein: Sie ist Anjas geistliche Schwester, und das macht fröhlich.

Es hat heilsame Wirkungen, die Bibel als ein Glied am Leib Jesu Christi zu lesen. Da werden Menschen zu Persönlichkeiten, und der Pastor muss nicht mehr über den Individualismus schimpfen. Oft haben die Pastoren recht gehabt; selten hat Schimpfen genützt. Ja, es gibt narzisstische Frömmigkeit, die ist religiöse Selbstbefriedigung. Die Kinder der Wohlstandsgesellschaft spielen Religion – jeder für sich.

Aber Anja hat entdeckt: Gemeinde «unter dem Wort» – ein fast vergessener, wunderschöner Ausdruck! – ist mehr als die Summe der frommen Einzelnen; sie ist Weggemeinschaft und als Weggemeinschaft ist Seelsorge eine Wohltat auch für die, die gerade mit ihrem Bibellesen oder mit dem Glauben überhaupt Mühe haben. «Wir wissen, dass keiner von uns immer glaubt.»[13]

«Das muss jeder mit sich selbst ausmachen!» – Diese gnadenlose Einstellung ist in Deutschland weit verbreitet. Wenn Religion Privatsache wäre, wären wir in der Tat dazu verdammt.

Wenn aber der Leib Christi, das Volk Gottes, Wirklichkeit ist und aus der Bibel lebt, sieht es anders aus. Ich lasse mir vorlesen, lasse mir die Schrift auslegen, höre auf das, was die Schwestern und Brüder in der Schrift finden, ernähre mich durchs Ohr und werde gesund.[14]

Noch ein letztes Mal negativ formuliert: Die Bibel ist kein Gemeinde-Ersatz, und die Gemeinde ist kein Bibel-Ersatz. Wir haben nicht zwischen Ersatz und Ersatz zu wählen. Positiv: Gott gönnt uns mehr! Was ihm am Herzen liegt, ist Gemeinde und Bibel in einem sich vertiefenden und in die Weite führenden Miteinander. Christen werden sensibel und dankbar für gepredigte und ungepredigte Bibel[15]; aus ungeliebter Gemeinde – «Das Schiff, das sich Gemeinde nennt, wird von lauter Nieten zusammengehalten» – wird Gemeinde als Kostbarkeit. So wird sie fähig zum Wirken nach außen. Die Gemeinde ist «kein Selbstzweck, hat aber einen unverbrüchlichen Eigenwert».[16]

Als Hör- und Lesegemeinschaft, als Gymnastikgruppe im Wort Gottes (vgl. Hebräer 5,14) kommt die Gemeinde zum Gottesdienst zusammen. Die Bibel liegt auf dem Lesepult oder dem Altar, in manchen Kirchen wird sie zu Beginn des Gottesdienstes feierlich hereingetragen. Gemeindeglieder bringen ihre Bibel mit; in wieder anderen Gemeinden bekommt man beim Hereinkommen eine Bibel in die Hand gedrückt, oder es steht ein Regal mit Bibeln im Eingangsbereich. Hier kommt nicht nur eine Priorität, sondern das Wesen der Gemeinde zum Ausdruck.

Die Bibel gehört ganz zentral in den Gottesdienst. Aber: Wer ein ganzes Jahr lang jeden Gottesdienst besucht – wie viel Prozent Bibel hat er vorgelesen bekommen? Umfragen in Gemeindeseminaren ergaben meist Werte von unter zwanzig, manchmal sogar unter zehn Prozent. In Wirklichkeit ist es weniger als ein Prozent. Der Gottesdienst bedarf also der Ergänzung durch Bibelgruppen, Seminare und Projekte.

«Lasst das Wort Christi reichlich unter euch wohnen» (Kolosser 3,16). Nicht kleckern, klotzen! Es ist wunderbar, wenn der Leib Christi lesen lernt! Hier muss nicht jeder alles können, aber man kann sein Maß finden. Statt am Unzumutbaren zu resignieren, lernt man miteinander, sich das Zumutbare zuzumuten. So entstehen konstruktive Realitäten.

«Die Gemeinde Jesu in aller Welt bildet den umfassenden Kommentar zur Heiligen Schrift. Ihr Zusammenkommen, Hören und Reden, ihr Auseinandergehen und ihr alltägliches Dasein legt fortlaufend und immer neu die Schrift aus. Alles, was die Gemeinde miteinander und je in den einzelnen Gliedern ist und tut, verdunkelt, verdreht, erhellt und verklärt die Schrift – je nachdem.»[17]

Je nachdem.

«Ich freue mich über dein Wort wie einer,
der **große Beute** macht.»
Lutherbibel

«An deinen Worten hab ich große Freude,
so wie sich jemand über **Beute** freut.»
Gute Nachricht

«Ich freue mich über deine Verheißung
wie einer, der **reiche Beute** gemacht hat.»
Einheitsübersetzung

Psalm 119,162

Literaturverzeichnis

Adversus haereses → Irenäus von Lyon: *Adversus haereses = Gegen die Häresien,* Freiburg.

ARP → *Arbeiten zur Religionspädagogik,* Göttingen 2012.

BB → *Baba Bathra,* Traktat im Babylonischen Talmud

BWA → *Bockmühl-Werkausgabe,* Gießen.

Chag → *Chagiga,* Traktat im Babylonischen Talmud

Dei Verbum → lateinisch «Gottes Wort». *Dei Verbum* ist eine der vier Konstitutionen des Zweiten Vatikanischen Konzils, benannt nach ihren Anfangswörtern, wie es bei solchen Texten üblich ist.

De fin → Marcus Tullius Cicero: *De finibus bonorum et malorum*

DtPfrBl → «Deutsches Pfarrerblatt», Kernen.

Ep → Seneca: *Epistulae morales liber XV/15. Buch*

Epistulae → St. Aurelii Augustini: *Opera omnia, editio latina*

FAT → *Forschungen zum Alten Testament*, Tübingen ab 1991.

HDThG → *Handbuch der Dogmen- und Theologiegeschichte*, Göttingen.

HNT → *Handbuch zum Neuen Testament*, Tübingen.

RGG → *Religion in Geschichte und Gegenwart*, Tübingen.

SC → *Sources Crétiennes*, Paris 1942ff.

Sent → Bernhard von Clairvaux: *Sämtliche Werke Band IV: Sentenzen und Parabeln*, Innsbruck 1993

ThBeitr → «Theologische Beiträge», Witten.

WA (Weimarer Ausgabe) → *D. Martin Luthers Werke*, Weimar, 1883–2009.

WUNT → *Wissenschaftliche Untersuchungen zum Neuen Testament*, hrsg. von Jörg Frey, Tübingen.

Anmerkungen

Einleitung

[1] *Martin Luther und die Reformation in Deutschland. Ausstellung zum 500. Geburtstag Martin Luthers,* veranstaltet vom Germanischen Nationalmuseum Nürnberg in Zusammenarbeit mit dem Verein für Reformationsgeschichte, Frankfurt/ Main 1983, 275.

[2] Canstein, Carl Hildebrand Freiherr von: «Ohnmaßgeblicher Vorschlag. Wie GOTTES Wort denen Armen zur Erbauung um einen geringen Preiß in die Hände zu bringen [sei]», Berlin 1710. Aufruf zur Spende für dieses Projekt.

[3] Details bei Rüdiger Safranski: *Romantik. Eine deutsche Affäre,* Frankfurt/Main ³2010, 48f.

[4] *Dei Verbum,* 22.

[5] *Katechismus der Katholischen Kirche,* München 1993, 70.

[6] Constantine R. Campbell: *Keep Your Greek. Strategies for Busy People,* Grand Rapids, Michigan 2010, 76–80, Zitat: S. 78.

[7] Aus dem Lied «Herr, dein Wort, die edle Gabe, diesen

Schatz erhalte mir» von Nikolaus Ludwig von Zinzendorf
(1700–1760).

8 Zitiert nach Oscar Paret: *Die Bibel. Ihre Überlieferung in
Druck und Schrift,* Stuttgart ²1950, Vorsatzblatt.

9 Dieses Begriffspaar verdanke ich Schalom Ben-Chorin:
Jugend an der Isar, München 1988, 190.

1. Spannungsfelder

1 Johann Georg Hamann: *Londoner Schriften. Historisch-kriti-
sche Neuedition von Oswald Bayer und Bernd Weissenborn,*
München 1993.

2 Die Lutherübersetzung sagt «gehorsames Herz». Wörtlich
heißt es: «hörendes Herz».

3 Dieses Stichwort ist für das Johannes-Evangelium besonders wichtig. Vgl. Wolfgang Bittner: *Jesu Zeichen im Johannesevangelium. Die Messias-Erkenntnis im Johannesevangelium
vor ihrem jüdischen Hintergrund,* WUNT, Reihe II/26, Tübingen 1987.

4 Jörg Zink: *Die goldene Schnur. Anleitung zu einem inneren Weg,*
Freiburg 2013 (1. Aufl. 1999), 165.

5 Titel der ersten Rede in: «Vier erbauliche Reden 1844». In:
Gesammelte Werke, hrsg. von Emanuel Hirsch und Hayo Gerdes, 13. Abteilung, Gütersloh 1981 (¹Düsseldorf 1964),
5–34.

6 Adolf Schlatter: *Erlebtes,* Berlin 1924, 22.

7 3. Mose 26,12; 1. Johannes 3,1; Johannes 15,15.

8 «Was ist aber die heilige Schrift als gleichsam ein Brief des
   allmächtigen Gottes an seine Geschöpfe?», in: *Des heiligen
   Kirchenlehrers Gregorius des Großen ausgewählte Briefe,* übersetzt und mit Anmerkungen versehen von Theodor Kranz-
   felder, Kempten 1874, S. 211. *Epistulae* 5,46.

9 Vgl. Wolfhart Schlichting: «Der alte Mann, über der Atha-
   nasius lächelte. Marcell von Ancyra oder: Die Selbsttäu-
   schung des Biblizismus», ThBeitr, 5. Jg. (1974), 159–171.

10 Roland Deines: «Jüdische Steingefäße und pharisäische
   Frömmigkeit. Ein archäologisch-historischer Beitrag zum
   Verständnis von Johannes 2,6 und der jüdischen Rein-
   heitshalacha zur Zeit Jesu», WUNT II/52, Tübingen
   1993.

11 Klaus Bockmühl: «Hören auf den Gott, der redet», in: *Leben
   mit dem Gott, der redet,* hrsg. von Horst-Klaus Hofmann,
   BWA Abteilung 1, Band 6, Gießen 2009, 77–180.

12 Hebräer 1,1–2a: «Nachdem Gott vorzeiten vielfach und auf
   vielerlei Weise zu den Vätern geredet hat durch die Propheten, hat er in diesen letzten Tagen zu uns geredet durch
   den Sohn …»

13 Adolf Schlatter: *Einleitung in die Bibel,* Calw und Stuttgart
   ³1901, 7.

14 Hans Urs von Balthasar: *Wer ist ein Christ?,* Einsiedeln
   ⁴1966, 61.

15 Martin Buber: *Ich und Du,* Heidelberg ¹⁰1979, 19. Buber
   wechselt bei seinen Formulierungen dauernd zwischen
   «Begegnung» und «Beziehung» ab, manchmal innerhalb
   desselben Satzes.

16   Siegfried Lenz: *Schweigeminute. Novelle,* Hamburg 2008, 72.

17   Fulbert Steffensky: *Wo der Glaube wohnen kann,* Stuttgart
     2008,150–152, nennt Behandlungswissen, Bemächtigungs-
     wissen, Erklärungswissen, Jägerwissen, Kausalwissen und
     Vereinigungswissen. Der Philosoph Max Scheler unter-
     scheidet Bildungs-, Erlösungs- und Herrschafts- oder Leis-
     tungswissen (in: «Die Wissensformen und die
     Gesellschaft», Ges. Werke, Band 8, Bern 1960, 205, zitiert
     nach Dominik Klenk: *«Gegenwartsverlust» in der Kommunika-*
     tionsgesellschaft, Münster 1999, 80f.). Den Begriff «Ambiva-
     lenzwissen» entleihe ich von Peter Sloterdijk: *Kritik der*
     zynischen Vernunft, Band 1, Frankfurt/Main 1983, 96.

18   Der Pädagoge Bernhard Bueb (geb. 1938) in einem Fern-
     sehinterview.

19   Peter Sloterdijk: *Kritik der zynischen Vernunft,* Band 1, 8.

20   Ebenda, 338f.

21   Vgl. Heinzpeter Hempelmann: Artikel «Erkennen, Erkennt-
     nis», in: *Das große Bibellexikon,* hrsg. von Helmut Burkhardt
     u. a., Wuppertal 1987, 325–332.

22   Gott hat πολυμερῶς καὶ πολυτρόπως (*polymeros kai polytropos*)
     gesprochen.

23   Matthäus 7,24–27 und öfter.

24   Søren Kierkegaard: «Der Augenblick» (Nr. 7), in: *Gesam-*
     melte Werke, hrsg. von Emanuel Hirsch und Hayo Gerdes,
     34. Abteilung, Gütersloh 1985 ([1]Köln 1959), 258.

25   Josua 15,39.45.

26   In 2. Samuel 17,28f. werden genannt: «Weizen, Gerste,
     Mehl, geröstete Körner, Bohnen, Linsen, Honig, Butter,

Kuh- und Schafskäse» (LB). / 1. Könige 7,21: «Und er rich-
tete die Säulen auf vor der Vorhalle des Tempels; die er zur
rechten Hand setzte, nannte er Jachin, und die er zur linken Hand setzte, nannte er Boas» (LB).

[27] Paul Schütz: *Evangelium. Sprache und Wirklichkeit der Bibel in
der Gegenwart. Gesammelte Werke,* Band I, hrsg. von Hans F.
Bürki, Moers 1984, 369.

[28] Bibelauslegung.

[29] Klaus Haacker: «Was zählt im Studium des Neuen Testaments? Blicke zurück und nach vorn», ThBeitr, 39. Jg.
(2008), 232–243, Zitate: S. 233f.

[30] *«Scientia sine caritate inflat, caritas sine scientia aberrat, scientia
cum caritate aedificat»* (nicht ganz wörtlicher Ausspruch, vgl.
SC 8,6 u. Sent III 109).

2. Perspektiven

[1] Hans-Joachim Kraus: *Julius Schniewind. Charisma der Theologie,* Neukirchen-Vluyn 1965, 122.

[2] Zitiert nach Franz Wiedmann: *Georg Wilhelm Friedrich Hegel.
In Selbstzeugnissen und Bilddokumenten dargestellt,* Reinbek
1965, 40.

[3] Malcolm Muggeridge: *Gott ist mir auf den Fersen. Von Utopia
nach Emmaus. Zeitkritische Bekenntnisse eines Satirikers. Vorgestellt von Ulrich Parzany,* Wuppertal 1973, 73.

[4] Gottes Hand bzw. Hände (viele Stellen), zum Beispiel:
Psalm 8,7–9: Schafe, Rinder, Vögel, Fische sind «deiner

Hände Werk». Psalm 89,14: «Du hast einen gewaltigen Arm, stark ist deine Hand, und hoch ist deine Rechte» (LB). «… ich vergehe, weil deine Hand nach mir greift» (Psalm 39,11; LB). «Siehe, in die Hände habe ich dich gezeichnet» (Jesaja 49,16). Füße: Vgl. zum Beispiel 2. Samuel 22,10: Gott «neigte den Himmel und fuhr herab, und Dunkel war unter seinen Füßen» (LB). Jesus sagt, die Erde sei der Fußschemel Gottes: Matthäus 5,35.

5   *WA 4, Psalmenvorlesung,* 608,32–609,1, zitiert nach Oswald Bayer: «Oratio, Meditatio, Tentatio. Eine Besinnung auf Luthers Theologieverständnis», in: *Lutherjahrbuch 55. Jg.,* Göttingen 1988, 29.

6   Hartwig Thyen: *Das Johannesevangelium. HNT 6,* Tübingen 2005, 65. Meist spricht man vom «Prolog des Johannes-Evangeliums» oder auch von einem «Foyer». So Donald A. Carson: *The Gospel According to John,* Leicester und Grand Rapids 1994, 111.

7   Zitiert nach Joseph Chambon: *Die Bibel, Gottes Wort,* Zürich 1951, 12.

8   Zitiert von Cicero, Seneca und Augustinus. Cicero: *De fin.* 3,63; Seneca: *Ep.* 95,54; Augustinus: *Epistola* 155,14, https://de.wikipedia.org/wiki/Homo_sum,_humani_ nihil_a_me_alienum_puto, aufgerufen am 5.4.2017.

9   Max Scheler (1874–1928). Zitiert nach Dominik Klenk: *«Gegenwartsverlust» in der Kommunikationsgesellschaft. Anstöße zu einer dialogischen Ethik der (Massen)Kommunikation mit Martin Buber und zwei Gespräche mit Harry Pross,* Münster 1998, 26.

[10] Johann Wolfgang von Goethe: *Faust. Eine Tragödie,* Werke Band 3, München 1998, 41.

[11] Hermann Hesse: *Der Steppenwolf,* Frankfurt/Main 1974, 65.

[12] Ebenda.

[13] Ebenda, 9.

[14] «Wer bin ich? Das kommt ganz auf die Situation an!», in: «Psychologie heute», Okt. 2012, 38. Der Artikel befasst sich mit Sam Sommers: *Situations Matter. Understanding How Context Transforms Your World,* New York 2011.

[15] Rüdiger Safranski: *Wieviel Globalisierung verträgt der Mensch?,* Frankfurt a. M. 2004, 113.

[16] Ebenda, 18.

[17] Roméo Dallaire: *Handschlag mit dem Teufel. Die Mitschuld der Weltgemeinschaft am Völkermord in Ruanda,* 2. Auflage, Frankfurt am Main 2007, 19.

[18] Eberhard Jüngel: *Das Evangelium von der Rechtfertigung des Gottlosen als Zentrum des christlichen Glaubens,* Tübingen ⁴2005, 5–7. Vgl. auch Martin Walser: *Über Rechtfertigung, eine Versuchung,* Reinbek bei Hamburg ⁴2012.

[19] Die erste Auflage erschien 1952 unter dem Titel: *Nur wer Gott kennt, kennt den Menschen.* Heute als Taschenbuch zusammen mit einer anderen Betrachtung erhältlich. Romano Guardini: *Die Annahme seiner selbst / Den Menschen erkennt nur, wer von Gott weiß,* Mainz ⁵1997.

[20] Johannes Calvin: *Unterricht in der christlichen Religion,* übersetzt und bearbeitet von Otto Weber, Neukirchen-Vluyn ²1963, 1f. (Institutio I,1,1–3).

[21] Helmut Thielicke: *Zwischen Gott und Satan,* Hamburg 1957, 28.

[22] Johannes Calvin: *Unterricht in der christlichen Religion,* 45.

[23] Fulbert Steffensky: *Wo der Glaube wohnen kann,* Stuttgart 2008, 62.

[24] 1. Mose 3,5.

[25] Klaus Hemmerle: *Dein Herz an Gottes Ohr. Einübung ins Gebet,* München, Zürich, Wien [2]1999, 17f.

[26] Dietrich Bonhoeffer: *Die Psalmen. Das Gebetbuch der Bibel,* Bad Salzuflen, Gießen, Basel [14]1995. Die neuste Auflage (2016) bietet zusätzlich eine Einführung von Peter Zimmerling.

[27] Heinrich Bornkamm (Hrsg.): *Martin Luthers Vorreden zur Bibel,* Hamburg 1967.

[28] Vier Orte = die vier Himmelsrichtungen.

[29] *Martin Luthers Vorreden zur Bibel,* hrsg. von Heinrich Bornkamm, Hamburg 1967. Darin S. 51–55: «Zweite Vorrede auf den Psalter», 1528; Zitate: S. 53.

[30] Eric Clapton: *Mein Leben,* Köln 2009, 172, 208, 242.

[31] Hans Urs von Balthasar: *Das betrachtende Gebet,* Einsiedeln [4]1955, 17.

[32] Luther meint hier nicht nur die kanonisierten Heiligen der römisch-katholischen Kirche, sondern alle Glieder des Gottesvolkes, ähnlich, wie etwa Paulus in seinen Briefen die Adressaten Heilige nennt.

[33] *Martin Luthers Vorreden zur Bibel,* 54.

[34] Ebenda, 55.

[35] www.wolfgang-bittner.net.

36 Dietrich Bonhoeffer: *Die Psalmen*, 10.

37 Ebenda, 12.

38 Jean-François Six: *Beten in der Nacht des Glaubens*, Freiburg
    1972, 57.

39 Ebenda, 64.

40 Ebenda, 76.

41 Dietrich Bonhoeffer: *Die Psalmen*, 12.

42 Jean-François Six: *Beten in der Nacht des Glaubens*, 57f.

43 Hans Urs von Balthasar: *Das betrachtende Gebet*, 26.

44 Victor Klemperer: *Ich will Zeugnis ablegen bis zum Letzten. Ta-
    gebücher 1933–1945*, hrsg. von Walter Nowojski unter Mit-
    arbeit von Hadwig Klemperer, Berlin ¹1999. Eine Fülle
    sprachlicher Beobachtungen findet sich auch in den Tage-
    buchveröffentlichungen aus den Jahrzehnten davor und
    danach.

45 Victor Klemperer: *LTI. Notizbuch eines Philologen*, Stuttgart
    ²²2007. LTI = *Lingua tertii imperii*, Sprache des Dritten Rei-
    ches.

46 Peter Longerich: *Joseph Goebbels. Biographie*, München
    ²2010.

47 Victor Klemperer: *LTI*, 153f. 165.

48 Victor Klemperer: *LTI*, 295. Etwas detaillierter auf 343:
    Die «eigentliche Leistung, und in ihr ist Goebbels uner-
    reichter Meister, besteht in der skrupellosen Mischung
    der heterogenen Stilelemente – nein, Mischung trifft
    nicht völlig zu –, in den schroffst antithetischen Sprüngen
    vom Gelehrten zum Proletenhaften, vom Nüchternen
    zum Ton des Predigers, vom kalt Rationalen zur Rühr-

seligkeit der männlich verhaltenen Träne, von Fontane-
scher Schlichtheit, von Berliner Ruppigkeit zum Pathos
des Gottesstreiters und Propheten».

[49] Victor Klemperer: *LTI*, 299.

[50] Victor Klemperer: *LTI*, 210.

[51] Walter Porzig: *Das Wunder der Sprache. Probleme, Methoden
und Ergebnisse der modernen Sprachwissenschaft*, München,
⁹1993 (¹München, Bern 1950).

[52] Nikolaus Nützel: *Sprache oder Was den Mensch zum Menschen
macht*, München ²2007.

[53] George Steiner: *Nach Babel. Aspekte der Sprache und des Über-
setzens*, Frankfurt/Main 2004.

[54] Martin Heidegger: *Unterwegs zur Sprache*, Gesamtausgabe
Band 12, Frankfurt/Main 1985.

[55] Frankfurt/Main 1963 (¹London 1922).

[56] Band I (Teil 1 und 2), Heidelberg 1963, Band II (Teil 3 und
4) Heidelberg 1964.

[57] Hans-Georg Gadamer: *Gesammelte Werke Band 1, Hermeneu-
tik 1: Wahrheit und Methode*, Tübingen 1990 (1. Aufl. 1960),
383.

[58] Peter Sloterdijk: *Zur Welt kommen – Zur Sprache kommen*.
Frankfurt/Main 1988.

[59] Brief an Johann Gottfried Herder aus dem Jahr 1784. Johann Georg Hamann: *Briefwechsel. 5. Band 1783–1785*, hrsg.
von Arthur Henkel, Frankfurt/Main 1974, 177.

[60] Vgl. Eugen Rosenstock-Huessy: *Ja und Nein. Autobiographi-
sche Fragmente*, Heidelberg 1968, 20: «So viele Menschen-
kinder verkommen, weil die Welt sie zwingt, fortgesetzt die

Sprachkraft zu schänden.» 37: «Die meisten Menschen sind Scherben einer in Stücke gebrochenen Grammatik.»

[61] Hans-Georg Gadamer: *Philosophische Lehrjahre. Eine Rückschau,* Frankfurt/Main 1977, 219.

[62] Marina Zwetajewa: *Im Feuer geschrieben. Ein Leben in Briefen,* hrsg. und aus dem Russischen übersetzt von Ilma Rakusa, Frankfurt/Main 1996, 270.

[63] *Duden. Die deutsche Rechtschreibung,* Berlin [26]2013, 880.

[64] *Duden,* 534.

[65] Klaus Bockmühl: «Hören auf den Gott, der redet», in: *Leben mit dem Gott, der redet,* hrsg. von Horst-Klaus Hofmann, BWA I/6, Gießen 1998, 77–180.

[66] Luther gab das Wortspiel mit «Mann»/«Männin» wieder.

[67] Im Folgenden verzichte ich auf den Einzelnachweis aller ca. 30 Stellen. Sie sind schon beim Überfliegen dieses biblischen Buches leicht erkennbar.

[68] Jörg Magenau (geb. 1961) spricht von «Verbalinkontinenz»: *Martin Walser. Eine Biographie,* Reinbek bei Hamburg 2005, 343.

[69] Bahnbrechend: Rainer Riesner: *Jesus als Lehrer. Eine Untersuchung zum Ursprung der Evangelien-Überlieferung,* WUNT II/7, Tübingen 1981. Ohne Kenntnis von Griechisch und Hebräisch verständlich ist Franz Stuhlhofer: *Jesus und seine Schüler. Wie zuverlässig wurden Jesu Worte überliefert?,* Gießen 1991.

[70] Vgl. zum Beispiel Jakobus 3,1–12.

[71] Ich danke Herrn Dr. Gerhard Gutscher, Steinen, für den Hinweis, dass dieses Wort der Alltagssprache und des

Rechtswesens auch spezifisch im Kontext der Psychiatrie gebraucht wird.

[72] Dieses alte Gegensatzpaar aus der chinesischen Philosophie hat im 20. Jahrhundert auch eine spezifisch psychologische Akzentuierung bekommen.

[73] Immanuel Kant: *Werke in zehn Bänden,* hrsg. von Wilhelm Weischedel, Band 9, Darmstadt 1983, 53–61, Zitat: S. 53; auch http://gutenberg.spiegel.de/buch/-3505/1; Zugriff am 10.4.2017.

[74] James M. Houston: *In Search of Happiness. A Guide to Personal Contentment,* Oxford 1990. Zitate: S. 218, 225f. (Übersetzung EH).

[75] Vgl. Kolosser 1,16.

[76] Michael Jürgs: *Bürger Grass. Biografie eines deutschen Dichters,* München 2002, 135.

[77] Ebenda, 21.

[78] http://www.zeit.de/kultur/literatur/2015-04/guenter-grass-nachruf; Nachruf von ZEIT ONLINE auf Günter Grass vom 13.4.2015. Dort wird *Das Treffen in Telgte* (Band 9 der Werkausgabe, Göttingen 1997) empfohlen, um zu sehen, wie Grass nach diesem Prinzip arbeitet; Zugriff am 10.4.2017.

[79] Vgl. die neueren Veröffentlichungen von Hartmut Rosa: *Beschleunigung. Die Veränderung der Zeitstrukturen in der Moderne,* Frankfurt/Main 2005; *Beschleunigung und Entfremdung. Entwurf einer kritischen Theorie spätmoderner Zeitlichkeit,* Frankfurt/Main 2013 und Rüdiger Safranski: *Zeit. Was sie mit uns macht und was wir aus ihr machen,* München 2015;

aber auch Ernst Jünger: *Das Sanduhrbuch*, Frankfurt/Main
²1954.

[80] Wilhelm Löhe: «Einfältiger Beichtunterricht für Christen
evangelisch-lutherischen Bekenntnisses», 1836, in: *Gesammelte Werke, Band 3: Die Kirche in Gemeinde, Schule und
Haus / Teilband 1: Erbauliche Schriften*, Neuendettelsau
1951, 153f.

[81] Albrecht Peters: *Vermittler des Christenglaubens. Luthers Kate-
chismen nach 450 Jahren*, Luther, 51. Jg. (1980), 26–44, Zitat: S. 28.

[82] Vgl. George Steiner: *Warum Denken traurig macht. Zehn (mögliche) Gründe*, Frankfurt/Main 2006.

[83] Eine gute Einführung bietet Helmut Egelkraut: *Das Alte Testament. Entstehung – Geschichte – Botschaft*, 5., grundlegend
überarbeitete und erweiterte Auflage, Gießen 2012,
744–768.

[84] Freie Evangelische Schule Lörrach. Jahrbuch 2013–2014, 8f.

[85] Brief vom 19.9.1901, in: Max Schur: *Sigmund Freud. Leben
und Sterben*, aus dem Englischen von Gert Müller, Frank-
furt/Main 1982, 263.

[86] Ebenda, 473.

[87] Ebenda.

[88] Sigmund Freud: *Die Zukunft einer Illusion*, Frankfurt/Main
1927. *Gesammelte Werke Band 14*, 379, zitiert nach Schur:
Sigmund Freud, 476.

[89] Adolf Schlatter: *Erlebtes*, Berlin 1924, 22.

[90] Johann Wolfgang von Goethe: *Faust. Eine Tragödie. Werke
Band 3*, München 1998, 20.

[91] Raphael M. Bonelli: *Selber schuld! Ein Wegweiser aus see-lischen Sackgassen,* München 2013, 264. Der Wiener Psy-chiater und Neurowissenschaftler Bonelli (geb. 1968) stellt die beiden oft gleichzeitig auftretenden Bauchgefühle «Heißhunger auf Schokolade» und «Sehnsucht nach einer Bikinifigur» zusammen, um zu zeigen, dass «Bauchgefühle […] keinen Orientierungssinn [haben …]. Unser Kompass liegt definitiv nicht im Bauch» (235).

[92] Camel-Werbung aus den 1990er Jahren.

[93] Bis 1945 bereits 18 Auflagen; bis 1979 waren es 29 Auf-lagen.

[94] Wilhelm Busch: *Schein und Sein. Nachgelassene Gedichte,* 1909: «Wonach du sehnlich ausgeschaut, / Es wurde dir beschieden. / Du triumphierst und jubelst laut: / ‹Jetzt hab ich endlich Frieden!› / Ach, Freundchen, rede nicht so wild, / Bezähme deine Zunge! / Ein jeder Wunsch, wenn er erfüllt, / Kriegt augenblicklich Junge.»

[95] Walter Kempowski: *Alkor. Tagebuch 1989*, München ²2003, 560.

[96] Franz Rosenzweig an Margrit Rosenstock, 29.5.1918, in: *Die «Gritli»-Briefe,* hrsg. von Inken Rühle und Rafael Rosen-zweig, Tübingen 2002, 103.

[97] Julian Schütt: *Max Frisch. Biographie eines Aufstiegs. 1911–1954*, Berlin 2011, 317.

[98] Hermann Hesse: *Wanderung. Mit vierzehn Illustrationen von Hermann Hesse,* Frankfurt/Main, 1986.

[99] Ebenda, 20.

[100] Ebenda, 30.

[101] Ebenda, 41, im Gedicht «Herrliche Welt».

[102] Ebenda, 42.

[103] Ebenda, 47 (ab: «Als der Wanderer ...»).

[104] Ebenda, 50.

[105] Ebenda, 69.

[106] Ebenda, 127.

[107] Ausführlicher in: Eckhard Hagedorn: «Menschsein jenseits von Resignation und Idylle», Bibelarbeit zu Psalm 131, in: Rolf Hille, Herbert H. Klement (Hrsg.): *Ein Mensch – was ist das?*, Wuppertal 2004, 343–350.

[108] Lukas 12,16–21.

[109] Rudolf Bohren: *Beten mit Paulus und Calvin*, Göttingen 2008, 121.

[110] Alister E. McGrath: «Arrows of Joy. Lewis's Argument from Desire», in: *The Intellectual World of C.S. Lewis*, Chichester 2014, 105–128 (Übersetzung EH).

[111] Søren Kierkegaard: «Gottes bedürfen ist des Menschen höchste Vollkommenheit», in: *Vier erbauliche Reden 1844. Gesammelte Werke*, hrsg. von Emanuel Hirsch und Hayo Gerdes, Abt. 13/14, Gütersloh 1981, 5–34.

[112] Nach anderer Kapiteleinteilung: Jesaja 64,1.

[113] *Luther deutsch. Die Werke Martin Luthers in neuer Auswahl für die Gegenwart*, 9. Band: *Tischreden*, hrsg. von Kurt Aland, Stuttgart 1960, 12f., und 10. Band: *Briefe*, Stuttgart 1959, 18.

[114] Joachim Kaiser: «Das Schöne – es lässt sich nicht abkürzen. Vom tödlichen Tempo oder Ein Plädoyer für die Muße», in: «Focus» 10/1993, 38.

3. Orientierungen

[1] Der Name wird in der Literatur unterschiedlich geschrieben (Marcion/Markion).

[2] Der große Durchbruch gelang Adolf von Harnack (1851–1930) im Jahr 1920 mit seinem Buch: *Marcion. Das Evangelium vom fremden Gott* (Nachdruck der zweiten Auflage: Darmstadt 1985).

[3] Adolf von Harnack: *Marcion,* 30.

[4] Das griechische Wort *télos* kann außer «Ende» aber auch Ziel, Ausgang usw. heißen.

[5] Daher der Untertitel von Harnacks Monografie.

[6] Adolf von Harnack: *Marcion,* 102.

[7] Zum Beispiel fällt Lukas 1,1–4,15 von vornherein weg.

[8] Brief vom 29.7.1925, in: Martin Buber: *Briefwechsel aus sieben Jahrzehnten, Band II: 1918–1938,* hrsg. von Grete Schaeder. Heidelberg 1973, 232. Die Herausgeberin weist in einer Fußnote darauf hin, dass Rosenzweigs Position nicht als Antisemitismus aufzufassen ist.

[9] Die Rede ist zusammengefasst bei Klaus Scholder: *Die Kirchen und das Dritte Reich. Band 1: Vorgeschichte und Zeit der Illusionen 1918–1934,* Frankfurt a. M./Berlin 1986, 702–705, Zitate: S. 704f.

[10] Ebenda, 705.

[11] Gotthold Ephraim Lessing: *Die Erziehung des Menschengeschlechts und andere Schriften,* mit einem Nachwort von Helmut Thielicke, Stuttgart 1985. Die Paragrafen 1–53 erschienen 1777, die vollständige Fassung 1780.

[12] Siehe Alister E. McGrath: «The ‹New Look›: Lewis's Philosophical Context at Oxford in the 1920s», in: *The Intellectual World of C.S. Lewis,* Chichester 2014, 31–54, bes. 42f.

[13] Tatjana Goritschewa: *Unaufhörlich sucht der Mensch das Glück. Eine Reise der Seele,* Freiburg 1992, 31.

[14] Heinz Ludwig Arnold: «Meine Gespräche mit Schriftstellern 1977–1999», MP3-CD, München 2011.

[15] Vgl. zum Beispiel David A. Lamb: *Der missverstandene Gott?,* Basel 2012.

[16] Helmut Lamparter: *Prophet wider Willen. Der Prophet Jeremia,* Stuttgart 1964.

[17] Peter Zimmerling: *Die Losungen. Eine Erfolgsgeschichte durch die Jahrhunderte,* Göttingen 2014. – Gemeint ist hier die fortlaufende Bibellese, die von der Ökumenischen Arbeitsgemeinschaft für Bibellesen verantwortet wird.

[18] Dieter Wyrwa: «Irenäus von Lyon», in: *RGG4,* 4,229f. Etwas ausführlicher bei Norbert Brox: *Irenäus. Klassiker der Theologie I. Von Irenäus bis Martin Luther,* hrsg. von Heinrich Fries und Georg Kretschmar, München 1981, 11–25; C. Andresen: «Die biblische Theologie des Irenäus von Lyon», in: *HDThG I. Die Lehrentwicklung im Rahmen der Katholizität,* Göttingen 1983, 79–98.

[19] *Adversus haereses III,* 11,8.

[20] Das griechische Wort *móschos* kann Stier oder auch Kalb bedeuten.

[21] Irenäus von Lyon: *Adversus haereses / Gegen die Häresien III;* Fontes Christiani Band 8/3; übersetzt und eingeleitet von Norbert Brox, Freiburg 1995, 113.

[22] Als Gelehrter hat er das in seinem *Gnomon novi testamenti* («Fingerzeig in das Neue Testament») zu Philipper 1,4 natürlich lateinisch geschrieben: «*Summa epistolae: Gaudeo, gaudete.*»

[23] Der Römerbrief hat neun Stellen, ist aber viermal so dick wie der Philipperbrief.

[24] Oft wird Philipper 2,5–11 als Hymnus bezeichnet. Es handelt sich aber eher um eine katechetische Formel, wie Detlef Häusser gezeigt hat: *Christusbekenntnis und Jesusüberlieferung bei Paulus. WUNT II/210,* Tübingen 2006, 219–300, bes. 229.

[25] *pas, pantote* usw.: Kolosser 1,3.4.6.9.10 (2 x).11 (2 x).15.16 (2 x).17 (2 x).18.19.20.23.28 (4 x); 2,2.3.9.10.13.19.22; 3,8.11 (2 x).14.16.17 (2 x).20.22; 4,6.7.9.12 (2 x).

[26] Erich Schnepel: *Christus – das alleinige Fundament für Glaube, Kultus und Leben: eine grundsätzliche Besinnung auf Grund der* [sic!] *Kolosserbriefes,* Stuttgart 1950. Spätere Auflagen erschienen unter anderen Titeln.

[27] Eckhard J. Schnabel: *Urchristliche Mission,* Wuppertal 2002. Zeittafel: 42–53.

[28] Ausführliche Argumentation bei Rainer Riesner: *Die Frühzeit des Paulus. Studien zur Chronologie, Missionsstrategie und Theologie. WUNT 71,* Tübingen 1994, 31–52.

4. Missverständnisse

[1] Bernhard Bueb: *Lob der Disziplin. Eine Streitschrift,* Berlin 2006.

2   Micha Brumlik (Hrsg.): *Vom Missbrauch der Disziplin. Antwor-
    ten der Wissenschaft auf Bernhard Bueb,* Weinheim 2007. –
    Ein sehr positives Beispiel von Förderung einer Gemein-
    schaft zeigt das Projekt «Rhythm is it!: you can change
    your life in a dance class» des Dirigenten Sir Simon Rattle,
    der Berliner Philharmoniker, des Choreografen Royston
    Maldoom zusammen mit 250 Jugendlichen aus verschiede-
    nen Berliner Schulen. Der gleichnamige Film zum Projekt
    erhielt 2005 den Deutschen Filmpreis.

3   Ein Beispiel zum Einstieg: In der achtbändigen Neuausgabe
    der Schriften Teresa von Ávilas (1515–1582) weisen die
    Herausgeber P. Ulrich Dobhan OCD und Sr. Elisabeth Pee-
    ters OCD regelmäßig in Fußnoten auf das Stichwort hin
    und ermöglichen eine schnelle Übersicht, welchen Stellen-
    wert Disziplin in dieser Spiritualität hatte (Teresa von Ávila:
    Gesammelte Werke Band 1–8, Freiburg 2001/2013).

4   Von daher auch mit Wissenschaft in ihren verschiedenen
    «Disziplinen».

5   Erich Schick: *Heiliger Dienst. Ein Buch von evangelischer Wort-
    verkündigung und Seelsorge,* Berlin ²1935, 183.

6   Die Geschichte christlicher Spiritualität kennt gefährliche
    Missverständnisse von 1. Korinther 9,24–27. Aber auch
    hier hebt der Missbrauch den rechten Gebrauch nicht auf.
    Vgl. Wolfgang Schrage: *Der erste Brief an die Korinther (1Kor
    6,12–11,16). EKK VII/2,* Neukirchen-Vluyn 1995, 360–380.

7   Vgl. den Slogan des ZDF bei der Fußball-Europameister-
    schaft 2016: «Weltklassesport hat ein Zuhause: Ihr Wohn-
    zimmer.»

[8] Martin Heidegger: «Der Feldweg», in: *Denkerfahrungen 1910–1976*, hrsg. von Hermann Heidegger, Frankfurt/Main 1983, 37–40. Zitat: S. 40.

[9] Bernhard Bueb: *Lob der Disziplin*, 43.

[10] Raissa Orlowa-Kopelew: *Die Türen öffnen sich langsam. Eine Moskauerin erlebt den Westen*, Hamburg 1984, 193.

[11] Raissa Orlowa-Kopelew: *Die Türen öffnen sich langsam*, 194.

[12] Martin Heidegger: «Der Feldweg», 39.

[13] Werner Tiki Küstenmacher mit Lothar J. Seiwert: *Simplify your life. Einfacher und glücklicher leben*, Frankfurt/Main 2004.

[14] Römer 12,1f.; Matthäus 6,9–13; 5. Mose 6,4f.; 3. Mose 19,18; Matthäus 22,36–40.

[15] *Weisung der Väter. Apophthegmata patrum, auch Gerontikon oder Alphabeticum genannt*, Einleitung von Wilhelm Nyssen, Übersetzung von Bonifaz Miller, Trier ³1986.

[16] Heiko Ernst: *Wie uns der Teufel reitet. Von der Aktualität der 7 Todsünden*, Freiburg 2011.

[17] *Alle eins, damit die Welt glaubt. Klaus Hemmerle, ein Bischof nach dem Herzen Gottes. Einheit und gemeinschaftliche Spiritualität im Leben und Denken von Klaus Hemmerle, Bischof von Aachen*, biografische Notizen, erschlossen und verfasst von Wilfried Hagemann, Münster 2000, 168f.

[18] Martin Walser: «Meßmers Gedanken, Meßmers Reisen. Hörstück», Frankfurt/Main 2004.

[19] «manager magazin» 12/2001, 268.

[20] Zufällig bei Anselm Grün aufgeschnappt, keine genauen Angaben möglich.

21 Im Original: «Offenbarungsaszese».

22 Erich Przywara: *Alter und Neuer Bund,* München 1956, 36.
    Ich verdanke diesen Hinweis Herrn Prof. Dr. Ludwig Wei-
    mer, München.

23 Es ist wichtig, das Bild in diesem Wort zu beachten: Rou-
    tine geht einen Weg (Route) immer wieder.

24 Wolfgang Bittner: *Heilung. Zeichen der Herrschaft Gottes,* Neu-
    kirchen-Vluyn 1984, 145.

25 Carola Stern im Vorwort zu Raissa Orlowa-Kopelewa: *Die
    Türen öffnen sich langsam,* 11.

26 Hilfreich dazu ist Stephanie Haarländer (Hrsg.): *Rabanus
    Maurus zum Kennenlernen. Ein Lesebuch mit einer Einführung
    in sein Leben und Werk,* Mainz 2006.

27 Notiert von Dominik Klenk im Editorial der Zeitschrift
    «Salzkorn» 5/2005.

28 «Aus so krummem Holze, als woraus der Mensch gemacht
    ist, kann nichts ganz Gerades gezimmert werden. Nur die
    Annäherung zu dieser Idee ist uns von der Natur auf-
    erlegt.» Immanuel Kant: «Idee zu einer allgemeinen Ge-
    schichte in weltbürgerlicher Absicht», in: *Werkausgabe Band
    XI. Schriften zur Anthropologie, Geschichtsphilosophie, Politik
    und Pädagogik,* hrsg. von Wilhelm Weischedel, Darmstadt
    1983, 41.

29 Ernst Bloch: *Naturrecht und menschliche Würde,* Frankfurt/
    Main 1961, 14.

30 Helmut Gollwitzer: *Krummes Holz, aufrechter Gang,* Mün-
    chen 1973, 9.

5. Konkretisierungen

[1] Georg Christoph Lichtenberg: *Die Aphorismenbücher. Nach den Handschriften hrsg. von Albert Leitzmann*, Neuausgabe Frankfurt am Main 2005, 268.

[2] Neuwied 1972. Jetzt in: *Werkausgabe*, Band 7, hrsg. von Volker Neuhaus und Daniela Hermes, Göttingen 1997.

[3] Darmstadt 1959. Jetzt in: *Werkausgabe*, Band 3, hrsg. von Volker Neuhaus und Daniela Hermes, Göttingen 1997.

[4] Sten Nadolny: *Die Entdeckung der Langsamkeit*, Neuausgabe München 1987; Lothar J. Seiwert und Werner Tiki Küstenmacher: *Wenn Du es eilig hast, gehe langsam. Das neue Zeitmanagement in einer beschleunigten Welt. Sieben Schritte zur Zeitsouveränität und Effektivität*, Frankfurt am Main/New York 1998.

[5] Das Buch, das der Priester bei der Messe benutzt.

[6] Wilhelm Stählin: *Via vitae. Lebenserinnerungen*, Kassel 1968, 245f.

[7] http://woerterbuchnetz.de/DWB/?sigle=DWB&mode=Vernetzung&lemid=GS13999#XGS13999; Zugriff am 24.04.2017.

[8] *Deutsches Wörterbuch von Jacob und Wilhelm Grimm. Band 15, Schiefeln – Seele*, München 1984 (Fotomechanischer Nachdruck der Erstausgabe, Band 9, Leipzig 1899), Band 15, 1105. Auch http://woerterbuchnetz.de/DWB/?sigle=DWB&mode=Vernetzung&hitlist=&patternlist=&lemid=GS13998#XGS13998; Zugriff am 24.04.2017. Günter Grass hat diesem unerschöpflichen Monumentalwerk auf

seine Weise ein Denkmal gesetzt: Günter Grass: *Grimms Wörter. Eine Liebeserklärung,* Göttingen ²2010.

[9] Augustinus: *Confessiones – Bekenntnisse. Lateinisch – deutsch. Eingeleitet, übersetzt und erläutert von Joseph Bernhart,* Darmstadt ⁴1980 (¹München 1955), deutsch: 249.251, lateinisch: 248.250.

[10] Vgl. zum Beispiel die Benediktsregel, die schließlich das ganze abendländische Klosterleben maßgeblich beeinflusste: *Die Benediktsregel. Eine Anleitung zum christlichen Leben. Der vollständige Text der Regel,* übersetzt und erklärt von Georg Holzherr, Abt von Einsiedeln, Zürich, Einsiedeln, Köln 1980, 236, 239f.

[11] Friso Melzer: «Vom Sprechen und Hören», in: «Da hörte ich die Stimme eines Menschen», hrsg. von Horst-Klaus Hofmann, Wuppertal 1979, 26f. Vgl. Friso Melzer: «Vom Beten», in: *Die Sprache der Rose,* Gießen 1992, 34: «Wir sind Kinder einer Zeit, der stilles Beäugen von bedrucktem Papier als Lesen gilt. Wahres Lesen dagegen geschieht laut.»

[12] Karin Finsterbusch: *Weisung für Israel, Studien zu religiösem Lehren und Lernen im Deuteronomium und in seinem Umfeld* (FAT 44), Tübingen 2005, 239, zitiert nach Arndt Elmar Schnepper: *Goldene Buchstaben ins Herz schreiben. Die Rolle des Memorierens in religiösen Bildungsprozessen.* ARP 52, Göttingen 2012, 35. Dort auch eine Liste ähnlicher Stellen: 5. Mose 4,39; 6,6; Psalm 37,31; 119,11; Hiob 22,22; Sprüche 3,3; 6,21.

[13] Rainer Riesner: *Jesus als Lehrer. Eine Untersuchung zum Ursprung der Evangelien-Überlieferung,* WUNT II/7, Tübingen

1981, 199. Mnemotechnik ist der Fachausdruck für Techniken, die dazu dienen, die Gedächtnisleistung zu steigern und etwas leichter zu behalten, das man vorher gar nicht oder nur mit großen Schwierigkeiten behalten hätte. Mnemotechniken sind in der Antike in vielen Zusammenhängen gebräuchlich gewesen.

14   Hellmut Brunner: *Altägyptische Erziehung*, Wiesbaden 1957, 76, zitiert nach Riesner: *Jesus als Lehrer*, 193.

15   Beide Zitate (BB 21a, Chag 9b) nach Riesner: *Jesus als Lehrer*, 193f.

16   Schnepper: *Goldene Buchstaben*, 242.

17   Vgl. für die 1960er und 1970er Jahre Jacobus Schoneveld: *Die Bibel in der israelischen Erziehung. Eine Studie über Zugänge zur Hebräischen Bibel und zum Bibelunterricht in der israelischen pädagogischen Literatur*, Neukirchen-Vluyn 1987, für die jüngste Vergangenheit Tzvia Koren-Loeb: «Die Bedeutung der Bibel für die israelische Identität», ThBeitr, 43. Jg. (2011), 226–239.

18   Gershom Scholem: *Von Berlin nach Jerusalem. Jugenderinnerungen*, Frankfurt am Main ⁴1993, 38.

19   Scholem: *Von Berlin nach Jerusalem*, 19.

20   Feier der religiösen Volljährigkeit mit 13 Jahren. Scholem: *Von Berlin nach Jerusalem*, 52f.

21   Wörtlich: Hauptverwaltung der (Arbeits-)Lager *(Glawnoje uprawlenije lagerej)*. Im weiteren Sinn ist das ganze Lagersystem gemeint.

22   Besonders wichtig ist hier Alexander Puschkin (1799–1837): «Der Prophet». – Stellt man die einschlägigen

Erwähnungen aus den verschiedenen Werken von und über Solschenizyn zusammen, gewinnt man den Eindruck, dass es sich um mehrere hundert Seiten «Lernstoff» gehandelt haben muss, Solschenizyns eigene Texte nicht mitgerechnet.

23 Alexander Solschenizyn: *Die Eiche und das Kalb. Skizzen aus dem literarischen Leben,* TB Reinbek bei Hamburg, 1978,10f. Vgl. Donald M. Thomas: *Solschenizyn. Die Biographie,* Berlin 1998, 257.

24 Thomas: *Solschenizyn,* 561.

25 Alexander Solschenizyn: *Zwischen zwei Mühlsteinen. Mein Leben im Exil,* München 2005, 134: «Der Wohlstand macht es unheimlich schwierig, unnachgiebig und opferbereit zu sein.»

26 Einige Experten setzen Marina Zwetajewa (1892–1941) auf Platz 1. Bei ihr lässt sich Ähnliches beobachten wie bei Achmatowa. Zwei Biografien, die einander gut ergänzen, sind Jelena Kusmina: *Anna Achmatowa. Ein Leben im Unbehausten,* aus dem Russischen von Swetlana Geier, Berlin 1993, und Wolfgang Hässner: *Anna Achmatowa,* Reinbek bei Hamburg, 1998.

27 Hässner: *Anna Achmatowa,* 89.

28 Thomas: *Solschenizyn,* 257.

29 Kusmina: *Anna Achmatowa,* 282.

30 Thomas: *Solschenizyn,* 351.

31 Ralph Dutli: *Mandelstam. Meine Zeit, mein Tier. Eine Biographie,* Zürich 2003.

32 Dutli: *Mandelstam,* 8.

[33] Dante Alighieri (1265–1321): *Die göttliche Komödie,* ins Deutsche übersetzt von Ida und Walther von Wartburg; kommentiert von Walther von Wartburg; Illustrationen nach Holzschnitten von Gustav Doré, Zürich 2015.

[34] Zu finden in: *Gespräch über Dante. Gesammelte Essays II 1925–1935,* hrsg. von Ralph Dutli, Frankfurt/Main.

[35] Thomas: *Solschenizyn;* 380. Dutli: *Mandelstam,* 8.

[36] Thomas: *Solschenizyn,* 132.

[37] Olga Sedakowa: «Poesie und Anthropologie», zitiert bei Dutli: *Mandelstam,* 8f.

[38] Gerhard Martin: «Zum Memorieren im Konfirmandenunterricht», in: «DtPfrBl» 77 (1977), 84., zitiert bei Schnepper: *Goldene Buchstaben,* 242f.

[39] Gershom Scholem: *Tagebücher nebst Aufsätzen und Entwürfen bis 1923,* 1. Halbband 1913–1917 unter Mitarbeit von Herbert Kopp-Oberstebrink, hrsg. von Karlfried Gründer und Friedrich Niewöhner, Frankfurt/Main 1995; 2. Halbband 1917–1923, hrsg. von Karlfried Gründer, Herbert Kopp-Oberstebrink und Friedrich Niewöhner unter Mitwirkung von Karl E. Grözinger, Frankfurt/Main 2000.

[40] «Verdeutschung» zog Buber dem Wort «Übersetzung» vor.

[41] Martin Buber: *Briefwechsel aus sieben Jahrzehnten,* Band II: 1918–1938, hrsg. von Grete Schaeder, Heidelberg 1973, 376.

[42] Dieses Begriffspaar findet sich in umgekehrter Reihenfolge bei Henri Nouwen (1932–1996): *Ich hörte auf die Stille. Sieben Monate im Trappistenkloster,* Freiburg [13]1993, 126.

43 Dr. Franz und Michaele Bossong, Limburg, danke ich für
den Hinweis, dass dieser Satz von Machiavelli stammt.

44 Etwas abgewandelt nach Martin Luther: «Eine einfältige
Weise zu beten. Für Meister Peter, den Barbier» (1535), in:
Dr. Martin Luthers sämtliche Schriften, Band 10, *Katechetische
Schriften,* hrsg. von Georg Walch, Groß-Oesingen 1987,
1394–1415.

45 Vgl. Ernst Bloch: *Das Prinzip Hoffnung,* Band 1, Frankfurt/
Main ⁶1979, 1.

Finale Gedanken

1 Die erhaltenen Bilder zeigen wohl nicht das wirkliche Aussehen. Vgl. Stephan Füssel: *Johannes Gutenberg,* Reinbek bei
Hamburg, ⁴2007, 79.

2 Ebenda, 19.

3 Ebenda, 10.

4 Ebenda, 42.

5 Ebenda, 8.

6 Ebba Dangschat: *Erlesene Orte,* Hildesheim 2002.

7 Ebenda, 169.

8 Im Blick auf die Anfänge im Alten Testament vgl. 2. Mose
24,7; 5. Mose 31,10ff.; Josua 8,34f.; 2. Könige 23,2; Jeremia 36,6.8.

9 Johann Albrecht Bengel: «Von der Übereinstimmung des
Alten und Neuen Testaments», in: *Du Wort des Vaters, rede
du! Ausgewählte Schriften, Predigten und Lieder,* hrsg. von Ju-

lius Roessle, Metzingen 1962 (*Zeugnisse der Schwabenväter,* Band 6), 46.

[10] Albrecht Goes: *Kanzelholz. 30 Predigten,* Hamburg 1971, 11.

[11] Martin Luther: WA 11,408,13.

[12] So Rudolf Bohren: *Große Seelsorger – große Heilige. Von Jesus von Nazareth bis Hildegard von Bingen,* Edition Bohren, Band 6, Waltrop 2006, 215.

[13] Die OJC-Kommunität mit Dominik Klenk: *Wie Gefährten leben. Eine Grammatik der Gemeinschaft,* Basel 2013, 26. Der Satz stammt von Eugen Rosenstock-Huessy.

[14] Vgl. die Entsprechung beim Beten bei Fulbert Steffensky: *Wo der Glaube wohnen kann,* Stuttgart 2008, 20f. Vgl. Heinzpeter Hempelmann: «Wenn die Bibel nicht mehr spricht. Kleine Pathologie geistlichen Hörens», ThBeitr, 39. Jg. (2008), 280–298.

[15] Ein Stichwort, das mehrmals in den Veröffentlichungen Rudolf Bohrens (1920–2010) auftaucht und Beachtung verdient.

[16] OJC-Kommunität: *Wie Gefährten leben,* 21. Dort ist die Formulierung auf eine Kommunität bezogen; sie gilt aber auch für die christliche Gemeinde überhaupt.

[17] Rudolf Bohren: «… dem sollen die Tage jung bleiben», in: Jörg Jeremias, Lothar Perlitt (Hrsg.): *Die Botschaft und die Boten. Festschrift für Hans Walter Wolff zum 70. Geburtstag,* Neukirchen-Vluyn 1981, 1–5, Zitat: S. 1.